2020年度浙江万里学院学术著作出版资助项目

日本地域

综合照护服务体系研究及启示

邵思齐 著

Research and Enlightenment of
Regional Comprehensive
Care Service System in Japan

ZHEJIANG UNIVERSITY PRESS
浙江大学出版社

图书在版编目(CIP)数据

日本地域综合照护服务体系研究及启示 / 邵思齐著
.—杭州：浙江大学出版社，2021.6
ISBN 978-7-308-21436-0

Ⅰ.①日… Ⅱ.①邵… Ⅲ.①老年人－社会保障－研究－日本 Ⅳ.①D731.386

中国版本图书馆 CIP 数据核字(2021)第 111074 号

日本地域综合照护服务体系研究及启示

邵思齐　著

策划编辑	吴伟伟
责任编辑	蔡圆圆
责任校对	郭琳琳
封面设计	十木米
出版发行	浙江大学出版社
	（杭州市天目山路 148 号　邮政编码 310007）
	（网址：http://www.zjupress.com）
排　　版	浙江时代出版服务有限公司
印　　刷	广东虎彩云印刷有限公司绍兴分公司
开　　本	710mm×1000mm　1/16
印　　张	14.75
字　　数	226 千
版 印 次	2021 年 6 月第 1 版　2021 年 6 月第 1 次印刷
书　　号	ISBN 978-7-308-21436-0
定　　价	68.00 元

前　言

日本是亚洲第一个步入人口老龄化社会的发达国家,也是世界上人口老龄化最严重的国家之一,截至 2019 年,日本 65 岁及以上老年人占人口总数的 28.4%,并且在未来 40 年内将会持续增长。不过,人口老龄化带来的一系列问题并未让日本政府措手不及。日本政府通过制定一系列的政策法规,发展地域福利,通过理论与实际相结合成功建立了一个以地域为中心,将护理康复、保健预防、医疗看护、生活援助、居家住宅这五个要素有效衔接起来的地域综合照护服务体系。并且,通过护理保险制度的出台,不断完善和修改护理服务内容,保障最基本的护理服务使用权。日本早于我国 30 年进入人口老龄化社会,其先进经验对于已经步入人口老龄化阶段的我国的整个社会养老服务体系发展具有重要的意义,他山之石,可以攻玉。

正是基于以上的原因,本书以现状分析、文献梳理与述评、体系内容分析、个案研究、维度研究、实证测定、经验借鉴为研究逻辑,在梳理地域福利理论发展的基础上,分析了日本地域综合照护服务体系的特点和内容。并且,通过吉尔伯特社会福利政策理论分析框架对日本地域综合照护服务体系整体运行情况进行维度划分和分析;同时,结合日本各地区发展的实际经验,对我国现阶段社会养老服务现状及其影响因素做了实证检测,以对我国未来社会养老服务的发展提出相应建议。

(1)本书通过对日本"地域福利"专有名词的概念界定并对我国"社区福利"进行梳理,明确了两个概念的共同点和具体差别,并对"社会福利社会化"概念进行总结。同时,对社区照顾理论、需求理论、社会发展理论、福利多元主义理论进行分析和归纳。在此基础上,概括了日本地域福利思想的变迁和发展,对地域福利概念的形成进行梳理。2000 年,随着日本护理保险制度的成立和实施以及推出地域医疗政策、适老化住宅改造政策，并在自助、互助、共助、公助的理念下确立了地域综合照护服务体系，社会各界在地域综合照护服务体系中以当地老年居民为对象开展了一系列的研究和服务活动，本书在此基础上进一步分析了相关研究和服务活动的内容、构成要素、特征以及评估机制。

（2）本书通过使用吉尔伯特社会福利政策理论分析框架从需求、供给主体、输送过程、经费来源四个维度对日本地域综合照护服务体系做了分析，并且对地域综合照护服务体系中医养结合方面、上门护理方面、居民自治方面及特殊地区中产业和地域福利相结合的模式分别进行了个案分析。

（3）对比中日社会养老服务的差异，通过对2014年CLASS数据进行分析，运用Logit模型测算出我国老年人社会养老服务选择的影响因素，最终得出结论：我国虽然与日本在人口老龄化的程度上有些不同，但日本早于我国30年步入老龄化社会，我国可以借鉴日本经验，采取相应的对策。

通过研究发现，日本地域综合照护服务体系的先进经验，可以对我国社会养老服务在政策制定、输送机制、医疗和护理合作模式、福利型社区构建这四个方面给予相关启示。首先，可以进一步明确我国社会养老服务政策发展的目标；其次，有助于选择适合我国的养老服务输送机制；再次，可以借鉴日本医疗和护理服务相衔接的机制以社区为医养结合服务发展平台，以当地老年居民为服务对象，根据老年需求提供切实可行的医养护理服务体制；最后，可以借鉴日本地域综合援助中心的构建和发展经验，在一线城市开展社区养老服务枢纽机构，辐射周围地区，整合当地护理服务资源，同时，可以参照日本过疏地区中社会福利协会的组织形式，对我国人口流失严重的资源枯竭型城市的社区福利和经济产业融合发展提供建议。

由于笔者水平有限，书中难免有错漏和不足之处，诚恳希望前辈、同道以及广大读者批评指正。

目　　录

第一章 导 论

　　2018 年,日本人口出生数为 99.2 万人,再创史上最低值,死亡人数却高达 137 万人,低出生率和相对较高的死亡率使人口持续负增长。并且,人口老龄化程度更为严重,65 岁以上老年人为 3515 万人(老龄化率为 27.7%),预计 2025 年将达到 3657 万人(老龄化率为 30.3%),正式步入超老龄化社会。人口老龄化问题即将制约日本经济发展,低出生率、低经济增长率、低就业率使日本社会被戏称为低欲望社会。然而对这一现象的出现日本政府并未措手不及。从 20 世纪 70 年代步入人口老龄化社会开始,日本政府部门针对一系列的老龄化问题逐一制定福利服务政策和法规,并同时发展地域福利,通过理论与实际相结合,逐步构建了一个以地域为中心的居家照护服务机制。2000 年,日本出台了《护理保险法》,该法除了规定保险费用的支付机制以外,还将护理服务供给体制制度化。日本护理保险制度是在经济持续低迷、增长无法达到预期的情况下建立起来的,旨在以地域为单位通过多元化的服务供给和筹资渠道努力为老年人创造出一个优良的养老环境。现如今,在成熟和强有力的地域福利发展背景下,为应对 2025 年的到来,日本以地域为核心将医疗、护理、保健、福利、家庭衔接成为一体,为老年人在原居地建成一个多元化、多层次、高效率的服务供给养老服务体系,即地域综合照护服务体系。该体系如何建立、运行、发挥衔接和整合机制,如何供我国社会养老服务借鉴,正是本书要分析和研究的内容。

第一节　研究背景

　　20 世纪 40 年代末,日本社会福利制度建立并发展起来,并先后制定了《社会福利法》《生活保护法》等。进入 60 年代,日本经济高速增长,社会保障制度也不断完善,1961 年实现了医疗保险和养老保险的全覆盖,并且,在完善《社会福利法》的同时增加了《老人福利法》。《老人福利法》规定在尊敬老年人、保障老年人健康安全生活的前提下,积极促进老年人参与社会活动,进一步规范老年人福利设施、特别养护老人之家,并且开始重视居家养老。

进入 20 世纪 70 年代,受石油危机的影响,日本经济由高速增长转为稳定趋势,社会福利发展则步入繁荣鼎盛时期,同时日本也加大了社会福利费用支出。1973 年为"福祉元年",日本进一步扩充福利和医疗领域的服务内容,逐步完善养老设施的建设。当时,由于受英国社区照顾(community care)理念和美国社区组织(community organization)的影响,日本政府社会福利改革的目标为:一是加大福利机构资源的整合;二是强调社区照护的作用。日本在针对国民不同需求的前提下,以地域为单位调整各项服务措施,建立了新型的福利服务供给体制。70 年代末到 80 年代末为日本地域福利理论的形成和发展时期,涌现出了一批相关学者,如冈村重夫总结了日本地域福利的内容和概念;永田干夫和三浦文夫强调居家福利的重要性;右田纪久惠对地域的自发性、组织性、内在性进行了概括,倡导自治型地域福利理论;井冈勉指出地域福利政策实施的内容应包括补充式社会保险、公共扶助以及福利服务等。

20 世纪 80 年代,日本经济从稳定时期步入泡沫时期,经济增长放缓导致税收幅度并未增大。但是,人口老龄化进程加快,老龄化率从 1980 年的 9.1%增长到 1990 年的 12.1%,随之带来医疗费用增大、社保费用支出增大,为此日本出台了抑制费用增长过快的一系列政策制度。由于受社区照顾理念的影响,这一时期倡导脱设施化和居家养老福利理念,地域福利中融入了居家福利的概念,居民参与和以居民为主体的地域福利理论开始盛行。

20 世纪 90 年代,日本经济遭遇泡沫崩盘期,随后经济发展开始停滞。人口老龄化程度愈发严重,从 1990 年的 12.1% 到 1995 年的 14.6%,仅仅 5 年就增长了 2.5 个百分点。为了完善养老服务体系建设,针对老年人实施"黄金计划",并且在修改的《社会福利法》中扩大了居家福利服务范围、丰富了服务项目。通过对《社会福利法》的修订,都道府县政府将权力转移给市町村,市町村成为社会福利执行的前线主体,并且,国家把对居家福利的费用的 1/2、都道府县的 1/4 补助给各市町村,市町村开始进入自治的时代。这一时期各个地区开始根据当地实情制定地域福利计划、老年人医疗保健计划,并以社会福利协会为中心引入市场机制开展地域福利活动。这标志着以国家为主导的规制化福利模式开始向以地方为主导的契约化福利模式转变,并且在福利供给体制中引入民间组织、企业组织实行服务契约化的运营管理,规制化色彩渐渐淡出。

　　进入 21 世纪,老龄化程度加速发展,在 1994 年日本就已经步入老龄社会,而到了 2000 年人口老龄化程度高达 17.4%,2005 年更达到 20.2%。由于饱受泡沫经济影响,经济走势依旧低迷,但人均 GDP 保持稳定增长,1990—2015 年间由 365 万日元(约合 10 万元人民币)增长到 423 万日元(约合 25 万元人民币)。不过,由于少子老龄化的影响,人均社会保障所得费用不断增大,从 38 万日元(约合 2.4 万元人民币)增长到 90 万日元(约合 5.4 万元人民币)。[①] 这一时期,地域福利成为社会福利发展的主体,2000 年在《社会福利法》的修订中通过法律的形式正式确立下来,标志着地域福利从补缺型过渡到法制型。与此同时,为了缓解长期护理和社会保障财政支出的压力,从 2000 年开始实施护理保险制度。护理保险制度的出台,一方面应用于护理费用的收缴、报销、参保等方面;另一方面则应用于对护理服务进行规范化的管理、完善护理服务供给体制。

　　2006 年,对护理保险制度的一次重大修正是为了确立预防保健型的地域福利体系,并设立地域综合援助中心以开展综合性的援助服务,制定地域密集型服务满足当地居民需求。由此可见,地域福利理念已经深入贯彻,成为社会福利发展的重中之重。在 2012 年对护理保险制度的修改中,将医疗服务与护理服务相结合,在地域中又增加了居家医疗服务和上门护理等多种复合型服务形式,并开始将"护理康复、保健预防、医疗看护、生活援助、居家住宅"这五个要素互相整合、衔接起来,让老年人能够在原居地养老,享受多元化的服务供给,从医疗机构完结转变成地域完结,充分发挥了地域福利的协调、整合的

---

　　① 小岛克久,王茜铃.日本经济发展与社会保障:以长期护理制度为中心[J].社会保障评论,2019,3(1):78-90.

功能。2015年对《护理保险法》的修订则是为了确立地域综合照护服务体系，为更好地应对2025年超老龄化社会的到来、确保护理保险的可持续发展，在少子老龄化背景下以地域为核心共同构建一个共生社会。

第二节　研究意义

2013年9月，国务院印发了《关于加快发展养老服务业的若干意见》，明确提出到2020年要"全面建成以居家为基础、社区为依托、机构为支撑的功能完善、规模适度、覆盖城乡的养老服务体系"[①]。目前，中日两国都处于人口老龄化的大潮中，而且日本早于中国30年进入人口老龄化社会，已经摸索出一条适合本国实情的养老服务体系。我国与日本同属于东亚儒教文化圈，这对我国现阶段社会养老服务体系建设具有重要的理论和实践研究意义。本书通过研究日本地域福利理论变迁和地域综合照护服务体系的形成与实践发展，从理论方面和实践方面总结出其对我国社会养老服务体系建设有如下两点意义。

一、理论意义

以日本地域福利理论为中心同时结合社区照顾理论、社会福利社会化理论以及福利多元主义理论，通过借鉴日本历史经验，对在我国社会养老服务体系的理论发展中构建多元化的养老服务体系建设、整合社区居家养老服务平台、建设福利型社区具有重要的理论意义。并且，以需求理论为基础，采取自下而上的管理方式，制定政策和计划能够如实反映居民自身需求，进而促进潜在需求的挖掘，这对我国完善社区福利理论构建，做到理论与政策实施同步以及养老服务工作的实际开展具有重要的指导作用。

二、实践意义

日本地域综合照护服务体系于2015年通过护理保险制度正式确立，在发展完善的地域福利体制基础上统合地域各项资源，以"自助、互助、共助、公助"

[①]　国务院办公厅.国务院关于加快发展养老服务业的若干意见(国发〔2013〕35号)[EB/OL].(2013-09-13).http://www.gov.cn/zwgk/2013-09/13/content_2487704.htm.

的理念形成以"护理康复、保健预防、医疗看护、生活援助、居家住宅"五大因素互相整合、互相衔接的地域综合照护服务体系。该体系在当地福利资源的整合、促成多元化供给主体的形成、重视开展居民自治、网络化的供给体系的开发等方面都有所突破和创新。本书尝试对地域综合照护服务体系的内容和特征进行专题性的研究,对日本各地区开展的地域综合照护服务体系的不同模式进行深入分析,并对该体系进行维度划分,掌握该体系的运行情况,最后通过实证研究总结影响我国社会养老服务选择的因素,并借鉴该体系的先进经验,为我国社会养老服务体系建设提供相应的启示。

第三节　国内外文献述评

随着日本福利国家体制的建立和发展,地域福利成为当今福利社会发展的主流。地域综合照护服务体系在地域福利理论基础上构建和发展,所提供的服务又在日本护理保险制度中被规范化和法制化,服务内容覆盖护理康复、保健预防、医疗看护、生活援助、居家住宅等五个领域。并且,能够在全国各地结合当地实情、相关联方面开发适合当地的地域综合照护服务体系。为应对2025年超老龄化社会的到来,满足多样化的养老服务需求,地域综合照护体系被不断重视和应用起来。本书通过研究文献,立足现状,把握最新动态,得出日本超老龄化社会综合照护的发展方向和相关启示。

一、国外文献综述

(一)日本地域福利的形成和内容发展

20世纪40年代以后,日本福利制度的形成和发展以及社会福利法的出台,奠定了地域福利发展的方向和目标。金子光一(2014)指出,早期关于日本地域福利的活动内容受英国慈善组织运动和美国社区组织的影响,并根据它们的思想和实践活动进行构建。和气康太(2012)对日本地域福利定位做了说明,地域福利的发展初期只是作为社会福利制度发展的补充体,并且根据社会福利制度的发展实行一系列的福利实践工作。三浦文夫等(2003)指出,20世纪50—60年代地域福利主要研究集中在地域福利的源流、志愿者和民生委员、地域组织理论、福利型社区这几个方面。武川正吾(2012)从社会福利发展的角度将地域福利的历史变迁划分成三个时期。第一时期为20世纪70—80年代,以社会福利协会为主导作用的阶段。第二时期主要集中于20世纪90年代,一方面是行政化的地域福利阶段,政府行政机构对地域福利进行指导,体现在地域福利计划的制定方面;另一方面则是居民参与型地域自治、发挥居民的主体作用,发展自治型地域福利逐渐被重视起来。第三时期集中在2000年以后,是地域福利主流化阶段,以地域开展福利实践活动为主,从各方面不断完善地域福利政策,解决出现的社会福利问题。

20世纪70—80年代,冈村重夫(1974)最早对地域福利概念进行了界定,并从社区照顾、地域组织化建设、预防型福利社区三方面进行了归纳和总结,明确指出地域福利的内容和发展方向。永田干夫(1988)从地域组织理论角度总结了社会福祉协会构建的理论基础和功能,并且在地域福利内容中提出地域福利发展应以居家福利为主。右田纪久惠(1993)以居民自治为前提开展自治型地域福利,形成地方自治体,并且将地域福利计划、地域组织化、居民参与当地活动作为地域福利的内容。上野谷加代子(2016)在总结冈村重夫、右田纪久惠、永田干夫、三浦文夫四人理论的基础上,指出三浦文夫的货币性需求和非货币性需求对今后福利服务的供给体系建设有重要作用。井冈勉(2002)①提出地域福利的实施内容作为补充式的福利制度,具有公共扶助的特性,在福利服务实施方面起到重要作用。真田是(2002)从运动论的角度分析地域福利是以消除贫困为主,应实行长期性的调整和战略计划,其功能并不是一成不变的。久富善之(2002)提出地域福利应根据当地资源开发地域产业、制定就业政策和生活环境政策,并促进社区照顾的形成。

进入20世纪90年代,随着日本人口老龄化的程度加重和社会福利基础构造改革的实施,居家养老的服务形式再次被提及和倡导,随之,地域福利由政府主导,开始实施一系列服务计划,并且配合居民参与形成居民自治型的地域福利。铃木五郎(1981)总结了80—90年代初的地域福利内容和概念,并对

---

① 井冈勉、真田是、久富善之三人观点均出自和气康太.地域福祉の到達点[J].栃本一三郎編『地域福祉の広がり』地域福祉を拓く1,ぎょうせい,2002:14—15.

90年代地域福利内容的扩展和完善提供了理论基础。京极高宣(1990)在此基础上提出地域福利服务体系、整合地域基础资源和构建地域福利的方法,并且,提倡开展地域福利教育,发展居民志愿者。前田大作(1994)以自立为目的对援助者开展福利服务,提倡护理机构社会化,各个都道府县设立福利计划,并促进居民参与和开展福利教育活动。大桥谦策(1995)提出新的社会福利服务供给体系,居家养老服务应配合居民住宅的改建和服务传递体系的建设,构建居民参与型福利社区和整合城市居住环境。牧里每治(1995)从居民立场的角度分析服务体系和供给体系相融合而形成地域照护服务,改善当地福利服务的供给环境,为开展预防型地域福利做铺垫。

2000年以后是地域福利发展的昌盛期,地域福利在社会福利法中被法制化,并且供给服务在护理保险制度中被制度化。冈本荣一(2003)结合各学者提出的观点将地域福利总结出四个方向:重视地域发展,建设福利型社区(welfare community);重视地域政策制定,强调地方分权;重视居家福利服务建设强调服务组织化;重视居民主体的作用,促进居民参与地域福利建设。野口定久(2018)在当今日本经济发展的背景下,随着社会福利理论的变迁,对地域福利的结构和内容改革进行了归纳和分类。受社会排挤和被孤立的人群是现在地域福利中需重点关注的援助对象,通过社会工作者提供服务,挖掘深层需求,为当地居民形成多元化的供给服务体制。

(二)地域综合照护服务体系特点

地域福利发展至今已经形成独特的运营模式和丰富的服务内容,并且以国家政策和法规为基础,各地区的基层行政部门根据当地状况制定地域福利计划,整合当地资源在医疗看护、生活援助、居家住宅、护理康复、保健预防这五个方面,同时,加强与各个团体组织之间的合作,提供多样化的福利服务。2015年,地域综合照护服务体系正式在护理保险制度的修订中确立下来,地域综合照护体系在地域福利中发挥了重要的作用。达山爱郎(2019)通过分析日本医疗改革分级诊疗和护理援助管理流程,提出构建地域综合护理体系是现如今日本地域福利的重要课题,并以此对我国多元化社区综合服务体系构建给出建议。

医疗看护方面。丰岛泰子(2015)总结了《医疗护理综合确保推进法》的确立过程,该法的确立使居民接受医疗服务从"医院完结"到"地域完结",缓解急性期医疗机构入住压力。井倉一致(2015)总结了在地域中的患者和家属能够使用和支配的医疗和看护资源,如保健中心、居家护理中心等,并且这些资源通过照护体系衔接在一起为居民提供服务。横藤田诚(2015)对地域医疗服务体系从保健预防到看护服务的各个法律进行归纳,通过地域照护服务体系的实施,完成保健预防、医疗、福利服务制度的碎片化到整合化这一过程,并指出制度衔接是最重要的因素。宫崎德子(2015)针对 2014 年实施的《医疗护理综合确保法》将医疗和护理一体化,并通过地域综合照护服务体系将医疗机构分级,从高度急性期到医疗服务全体再到居家医疗,确保医疗服务的合理使用和实现上门诊疗。

生活援助方面。宫岛俊彦(2012)分析了该体系的五个要素和在日常居民生活圈中的实际衔接过程,并指出根据居民需求制订福利计划,以及评估系统过于滞后,今后应加强评估建设环节。山崎丈夫(2011)分析了地域居民组织与 NPO(Non-Profit Organization,非营利组织)以及其他组织之间的关系,总结出 NPO 在地域活动中的重要性,提出应进一步促进居民自治的形成。中野いく子(中野育子)(2014)总结了地域中老年人的具体福利需求,从健康、安全、日常生活、资源利用,进一步归纳出需求所对应的法律和制度,并且社会工作者根据需求对老年人开展福利援助活动。平冈公一(2012)分析了日本社会福利的改革,通过改革福利服务的供给形式从社会规制转变成社会契约,在护理供给方面能够根据居民需求提供多样化的服务,为今后地域福利服务的实施创造良好的环境。

居家住宅方面。吉田友彦(2017)分析了由于少子老龄化和人口流失严重导致某些地区经济衰败形成过疏地区,残留大量空住宅,而对空住宅的改造以及如何与儿女就近居住也是今后地域照护体系发展的重要问题。森雅志(2017)列举老龄化严重的富山市通过改造电车行驶距离和路线方便老年人出行,并且通过网络化的交通开发衔接富山市各个居民生活点,使每个机构都覆盖在网络交通内,方便出行并整合都市碎片化的服务资源。早川和男、冈本祥浩(1995)对适老化住宅的改造进行概述,为节省补贴费用,建议由国土交通省和日本厚生劳动省补贴住房建设和改造。

护理康复方面。丰岛泰子等(2015)对地域公共卫生看护、产业看护、学校看护、居家看护这四个领域进行论述。针对这四个领域中的服务内容和作用进行叙述,尤其对公共卫生服务中保健师的工作进行归类,汇总了地域看护、护理职能等应用内容。岩本淳子等(2015)以 2005 年出台的医疗制度改革试案为基准,联合地域医疗对癌症晚期老年人提供机构入住、临终关怀等服务,并且针对老年人身心健康的特征构建临终关怀护理体系。为消除地域之间看护服务的不公平现象,对患者家属居家医疗看护行为提出具体修改意见。水野正延等(2015)从精神护理学的视角对地域综合照护服务体系进行分析,通过对压力理论和危机理论的总结,提出精神患者的治疗应逐渐向地域社会转移。在精神护理方面,通过对背景和法律内容的梳理,谋求一个在地域中相互合作的网络组织。小松美砂等(2015)从身体、精神、社会层面进行综合性的总结,分析在超老龄社会中,应根据老年人自身情况和家族成员的意志提高其生活质量,继而提供可持续性的老年人居家生活服务和多层援助服务体制,促进地域综合照护服务体系的构建。

保健预防方面。横藤田诚(2015)对保健基本法则进行叙述和汇总,并对日本医疗保险诊疗制度进行说明,以及通过各个方面改革增强医疗和保健制度之间的关联性。野田沙池子(2009)以长崎市临终护理之家为例,对临终期护理师的工作内容进行概述,并提出应针对护理师进行生死观教育和组织学习。

(三)地域综合照护服务体系实践发展

地域综合照护服务体系是根据当地实际情况和特点,灵活运用当地现有资源,开发出与其相适应的综合照护服务体系。水尻弘明(2017)将北海道当地农业和福利服务行业相结合,以创建共生社会为发展目标,通过创建福利农业园,为当地残疾人开创新职位,以农业福利搞活过疏地区中产业的发展。高桥纯一(2017)以遭受地震灾害导致人口稀疏和基础设施不完备的岩手县西和贺町社会福利协会为例,当地社协为老年人开创代购业务和送餐业务,并且开发志愿者资源完成当地的除雪作业,定期举办运动会以此促进当地老年人的健康。大石佳能子(2017)以横滨市青叶区地域综合照护体系为例,整合当地医疗资源开展居家医疗服务,通过当地三师会(医师会、齿科医师会、药剂师会)的设立使当地医疗资源相融合,并且护理事业联合会也加入其中,随时把控老龄化的动向和监测医疗护理服务的需求。医师会通过对死亡诊断书的调查研究,了解死亡的原因、地点,总结出以医疗机构为场所的死亡人数所占比例最高,今后应以家庭为临终场所,缓解医疗机构的压力。最后,提出该地区今后发展的方向是构建一个医疗和护理相结合的可视化场所、联合 ICT 多职种,居家医疗和护理相衔接的地域综合照护服务体系。中村刚等(2017)分析了以高知县为代表的过疏地区中小据点的开发和利用情况。他们通过村落调查,深入了解村落活动中心的现状以及村落活动中心的职能开发,从而总结出过疏地区中特有的以小据点为核心、福利服务供给和地方产业开发相结合进而能够促进地域的可再生性的地域综合照护服务体系。村上正泰(2017)以山形为例,该县通过整合医疗资源、重建医疗机构、开发网络化的运行模式等方式使医疗资源得到有效利用;并且,在人口不断减少的过疏地区中,积极开发医务人员培养,能进一步促进地域综合照护服务体系机制的形成。

二、国内文献综述

(一)日本福利国家发展概述

张忠利、刘春兰(2008)首先从整体对福利国家体制进行辨析,其次通过对日本福利政策的梳理,总结出日本虽然官僚机制强大,但是具有社会民主性相对微弱、社会支出水平相对较低、公共事业支出较高、经济规制较大等特点。柳瑞清(2015)论述了日本福利国家的形成和理论渊源,其中,社会连带团结互助的思想是日本福利国家的理念基础,并含有贝弗里奇和凯恩斯主义的社会保障框架;格斯塔埃森平的福利体制则是日本福利国家再发展的对照体。武川正吾(2005)对福利国家进行定义,并且对日本的福利体制特征进行描述。从作为国家目标的福利国家、补助国家的福利国家、规制国家的福利国家三个方面对日本福利体制进行辨析,最后总结出日本官僚机构强大但民主性较弱、社会支出水平较低但公共支出水平较高、社会规制微弱但经济强大,并分析日本福利体制的特征和即将面临的挑战。村上信(2018)叙述了日本政府社会福利政策的演变,并通过社会福利政策总结出日本社会福利具有普遍性与特殊性的特征。

（二）关于日本地域福利概述

我国学者对日本地域福利的形成发展、照顾体系、服务供给和护理服务的资金筹集、运转等方面有一定研究。

地域福利的形成发展方面。罗佳（2012）总结了从 20 世纪 70 年代到 2000 年日本地域福利理论发展的进程和理论变迁，并对我国社区福利发展给出启示。田香兰（2010）分析了日本地域福利的形成过程、理念、内容、实施体制的变化，并对地域福利中以老年人为核心的具体服务措施进行阐述，总结出对我国社区发展的启示。于燕燕（2013）在日本人口失衡、少子老龄化的社会背景下，总结了地域福利是如何一步步通过政策调整、制定和立法不断完善而形成新的地域福利体系。谢志平（2013）概括总结了日本社区福利的成立以及发展的各个阶段，对社区福利服务模式和实施体系进行深入分析，总结出今后日本社区福利面临的挑战和对我国福利制度建设的启示。刘继同、于燕燕（2012）全面介绍日本社区福利体系的发展趋势、经验教训、结构性变迁规律，对我国构建和谐社会和家庭提出建议。

地域医疗服务和护理方面。刘晴暄（2012）通过对日本社区照顾的概念界定，分析了通过护理保险制度的出台，使社区照顾的主体多元化、照顾服务趋于市场化，但与此同时带来了贫富阶层间不公平现象、服务质量下降和不正当行为，对我国今后社区照顾的发展起到警示作用。顾亚明（2015）通过分析日本分级诊疗制度及其主要做法，总结出在地域中医疗援助机构和特定功能医院之间成立"病诊连带"以及地域医疗连带诊室，在衔接各个层级诊疗中发挥重要的作用。

宋金文（2010）通过分析日本 2006 年修改的护理保险制度，总结出护理服务今后发展方向为：以地域为中心提供预防型的服务体制，并加大地域援助体系建设，设立地域综合援助中心，开展地域援助业务，针对痴呆症老年人提供密集型服务。朱秋莲（2015）通过对护理保险费用支出状况的分析，发现预防服务和居家服务以及地域服务费用支出过高，因此，抑制护理保险费用的增长，重视居家养老服务，发挥地域的能动性是今后的发展趋势。康越（2014）通过对日本黄金计划政策的梳理，总结出在居家养老服务方面应充实家庭医生，制定护理计划等，并加大护理人才的培养，对今后地域养老基础建设起到了推动和铺垫作用。周娟(2008)分析了日本老年福利事业民营化的变革和护理保险法的导入,使护理服务多样化、资金渠道不断完善,并且根据各地区特点制定当地福利计划并在实施过程中灵活调整,这对我国社会福利事业改革与社会化进程具有积极的意义。周驰(2018)通过介绍日本医养结合模式下养老政策的发展和变迁,再次阐述了居家、社区、机构养老的内容、服务对象、申请过程,总结了护理服务类型和服务费用,对我国在构建医联体、社会资本参与、护理人才培养方面提出了宝贵的建议。周加艳(2017)通过对护理保险制度2005—2017年修订的分析,指出护理保险改革的方向之一是增加预防型保险服务,今后应以社区为主要平台大力发展成本低廉、服务效率高的居家养老护理服务。

地域服务供给方面。陈文斯(2018)叙述了地域综合照护服务体系的网络化运行,并结合现状对我国社区建设从人才培养、区域治理方面给出相关建议。杨刚(2008)通过对东京都调布市的生活援助照顾网络的调查,分析了日本地域福利具有福利社会的连带关系和网络化的供给模式。刘晓梅(2018)对地域综合支援网络的形成进行了分析,从护理保障制度的改善、医养结合理念和护理措施的完善、密集型援助团队的建设等方面叙述了地域综合支援体系的形成,并对今后我国社区发展提出相应建议。平力群(2016)在日本少子老龄化和财政恶化的背景下通过分析护理保险制度的修改,确立了地域综合照护服务体系,并剖析了该体系的内容和特点以及发展趋势。田香兰(2016)从护理保险和医疗制度的改革中总结出,日本为应对2025年问题将医疗、护理、预防、生活、住宅这五个方面相结合,构建日本社区综合护理体系,并对该体系今后的路径选择和法律制定进行了剖析。田原(2010)从法律、组织形式以及服务供给方面解析了日本社区的养老服务,为我国社区养老服务发展提出了对策。康越(2014)分析了日本痴呆症老年人的现状和存在的问题,并且以痴呆症老年人为对象提出了一系列对策,对我国今后开展痴呆症老年人的护理服务提供参考意见。

胡澎(2015)通过对日本非营利组织的建设和发展进行概括,总结出有必要构建市民参与型的地域福利,其可在地域养老护理服务供给方面发挥重要作用。张乐川(2018)分析了日本NPO参与地域养老服务供给机制,辨析出供给机制无助于政府对 NPO 的调节和控制,并且与护理保险制度严重同化,在此基础上政府应重视和防止 NPO 失灵现象,提供有效的供给体制。俞祖成(2016)分析了日本 NPO 的法治建设与改革动向,从税收优惠、内部治理机制、监管体制三方面中总结出 NPO 的改革有利于地域服务的供给体制建设。杨锃(2016)通过分析日本护理保险制度服务供给主体和服务对象的变化及空巢老人现象的增加,认为应该完善护理制度多元主体间的协作机制,发挥地域福利中社会工作的作用。韩君玲(2012)分析了日本民生委员制度的成立和法制化过程,发现作为民间团体组织民生委员在地域福利中发挥贫困救助的功能,并能作为行政末端组织逐渐成为协助政府机构工作的助力组织,这对我国居民委员会为居民提供最低生活保障福利服务提供了参考。沈冠辰(2017)发现日本社区福利经济发展是以町内会为代表的自治组织,并与居民、企业之间开展互助合作,形成了多元主体共同参与的模式。

张继元(2018)界定了地域福利和社区福利的概念,并且比较了中日社区的发展路径,指出虽然两国在政策、制度方面不同,但在供给机制方面却有一致性,并且日本自下而上、整合化的发展趋势给我国社区福利发展提供了参考。黄万丁(2015)在分析日本就地养老政策措施的基础上,通过"家、钱、人"这三点因素相结合,进一步总结了居家养老服务内容、服务资金和护理人员,对我国今后发展社区居家养老服务模式,整合资源配置方面提出建议。封婷(2019)总结得出日本为应对人口老龄化推出养老福利服务新政策,为整合养老资源和控制社保支出开创社区综合照护体系,并分析了综合性社区照护体系的内容,认为地域援助中心与我国北京、上海的养老服务体系中养老服务驿站相类似。郭芳(2017)介绍了日本为痴呆症老年人提供的独特的小规模、多功能型养老护理服务。其中,分析了小规模多功能养老护理服务的主要内容,并从侧面辨析了由于福利制度的刚性使得小规模多功能服务也存在忧患。

吴茵(2014)通过讨论日本地域福利制度的变迁,分析护理保险制度中适老化住宅的建设和改造,总结出医疗机构、老人保健机构、福利机构的建筑模式和房间类型,并且提出未来小规模、多功能型机构适合我国居家养老住宅的改建。解芳芳等(2016)以社会嵌入理论视角,从制度秩序、组织制度、人际交往这三个层面分析和比较了中日社区居家养老服务模式,总结了我国这三个层面均低于日本,今后应在立法、促进多元化主体参与、注重潜在需求挖掘等方面加大服务资源投入。

地域福利治理方面。蔡杨(2018)通过引用案例分析了日本多元主义背景下通过社区建设而积累的参与式治理经验,构建多元主体、完善法律法规、开创自治精神、分权管理是日本社区治理的关键。卢学晖(2015)梳理了日本社区治理作为混合型模式的发展历程,并总结日本社区治理背景与中国类似,对我国社区居民自治、多元主体参与治理具有重要的借鉴意义。

护理服务资金筹集、运转方面。2000年日本护理保险制度的出台使地域福利服务的供给体制多元化,资金来源和筹集方式更加广泛和丰富。杨刚(2009)对日本共同募捐运动的成立、发展以及现状进行了概括和总结。共同募捐运动是面向全体国民开展的一种民间慈善捐款运动,慈善基金用于日本地域福利,对地域中老年用品的购买、护理服务的开展起到积极的辅助作用,体现了居民参与福利建设模式。黄金卫(2000)总结了日本民间组织町内会的产生和发展,以及町内会在居民自治下如何积极发展福利服务活动,促进地域福利的发展,它是早期居民自治和参与的模型,并对我国居民委员会的构建提出建议。

(三)我国社区福利发展概述

社区居家养老服务方面。程翔宇(2019)通过使用二元Logit模型,运用截面数据"中国老年健康影响因素跟踪调查CLHLS(2014)"中社区养老服务对老年人生活质量的影响进行定量分析,研究发现,社区养老服务政策对老年人是有效的,其中精神慰藉服务能最有效提高老年人的生活质量,政府部门今后应重视对社区养老服务建设,重点发展精神慰藉和生活照料方面的服务。贾云竹(2002)通过运用北京市居民生活状况研究的原始数据,利用多元统计分析方法得出老年人受教育程度、原工作单位性质、生活自理能力这三点因素对社区助老服务有显著影响,为此今后应在社区内发挥家庭的辅助作用,为老年人提供必要的服务。沈洁(2002)较早总结了我国城市社区福利的概念、发展背景以及体系结构和运作方法,对以后研究社区福利理论的分析和发展起到铺垫作用。余杰等(2015)通过问卷调查、回归统计方法,以北京市老年人为对象,对社会环境的认知与居家养老之间的关联性进行研究,发现实体环境对居家养老满意度起决定作用,并且子女探望对居家养老满意度和机构养老意向有重要的意义。张持晨(2017)通过对社区组织理论的梳理,将社区组织理论应用到空巢老人健康管理模式方面,通过构建健康管理模式,强调社区对识别、评估和解决人群健康的作用。丁建定(2013)分析了居家养老服务体系的核心和理论基础,明确了我国居家养老服务的责任和承担主体。在尊重老年人意愿的前提下,确保老年人以自立为主、居家社区为辅,家庭为中心、社区和机构为辅助开展一系列的养老福利援助活动,合理界定居家养老服务的基本关系,做到理性选择居家养老服务的方式。朱晓卓(2016)明确居家养老服务中政府责任的重要性以及实现路径和政策保障范围,推动居家养老服务的层次和公平性,保障居家养老服务质量,实现老有所养。章晓懿等(2011)在对上海市社区居家养老服务定性分析的基础上,对社区居家养老服务质量模型进行构建,其模型包括助洁、助餐、助医、康乐这四个维度,并对这四个维度进行科学合理的评估。结果证明,上海社区服务基本实现了稳定的服务能力和执行力,但在个性化服务和专业人员队伍的专业性水平方面还有很大提升空间。

石琤(2018)对我国以居家养老为主题的文献进行搜集和梳理,将居家养老分为资源说、混合说、地点说三种。研究方向围绕责任主体、服务对象、服务递送、服务评价等实践问题开展,并且,通过英国社区照顾政策脱机构化模式转型,对福利多元主义和女性主义所产生的两种政策导向进行辨析,总结出我国应加强居家养老的理论性研究,关注老年人的身心健康和精神照护需求,并加强对家庭照顾人员的关照。同春芬等(2017)首先对居家养老定义进行了界定,其次对社区居家养老服务、社区居家养老、居家养老服务的概念从源头和本质方面进行了分析,并总结出居家养老服务和居家养老的区别、社区居家养老和居家养老的区别。

社区居家养老需求方面。王琼(2016)利用2010年中国城乡老年人口状况追踪调查的城市老年人数据,研究城市老年人社区居家养老服务需求现状和影响因素。通过实证检验和分析结果得出,虽然城市老年人有较高的养老需求,但需求的被满足程度较低;传统文化崇尚节约是制约需求发展的因素,健康状况是医疗和护理的硬约束条件,经济因素并不完全制约需求,在具体服务产业方面并不明显。田北海(2014)指出,社会养老服务需求取决于家庭养老的替代性,并通过嵌入性视角分析了老年人社会养老服务需求特征及影响因素,最后总结出社会养老服务需求总体水平偏低、医疗护理和精神慰藉需求水平偏高、家庭人数和子女受教育程度与社会养老服务需求有关联,对于身体机能较差的老年人,社会养老服务需求是一种刚性的需求。王洁非(2016)从福利多元主义视角综合论述了社区养老照顾,并通过随机抽样办法对社区200位老人进行抽样调查,根据结果分析老年人对社区服务项目的需求和影响以及供给主体在社区服务中的作用。

社区福利方面。沈洁(2007)比较了日本、美国、英国、瑞典社区福利的发展进程及发展中国家推行社区开发计划的实施,在实证分析后指出,我国发展社区来自国内和国外两个因素。同时,对社区的概念和框架进行比较分析后,总结了无论是社区建设还是社区服务政策都忽视了居民的自发性、自治性及其主体力量的发挥,今后发展社区应进入福利型社区阶段。邓玲(2019)通过M社区市民主动承担垃圾管理的工作,居民改造社区环境而自发成立了一个环保小组,进而转变成民间社会组织衔接周围各个项目承接者、研发者、实践者的案例,总结出自发组织与政府、企业、社会互动合作的重要性,进一步阐明了社区自治力量与外界力量合作如何解决其他公共事务、加强基层社区环境治理及其社会效应。边恕等(2019)通过介绍积极老龄化政策的三大维度和六大指标体系,总结出我国养老服务目前面临的问题,以积极老龄化的视角对养老需求进行测算,指出应提供多维养老服务体系、多维养老服务监管体系和多元化养老服务援助体系的养老服务模式。

三、文献述评

结合已有的国内外文献研究,总结如下几点。

第一,国外文献研究。日本关于地域综合照护服务体系方面的文献种类繁多,在护理康复、保健预防、医疗看护、生活援助、居家住宅等五方面都有涉及。在医疗方面,多集中于上门医疗服务的开展和医疗服务与护理服务的衔接,还有地域分级诊疗圈的实际应用。护理方面,多以上门护理为主,针对癌症和痴呆症为对象开展上门护理服务并概括和总结服务经验。住宅方面,多集中于居家改造,或者公共基础设施适老化改造。保健预防方面,多集中于需求的把握和挖掘，以及改善地域综合援助中心功能。生活援助方面，多以社会福利协会和非营利组织开展当地援助活动案例为主，把握最新案例并在全国推广。日本关于地域综合照护服务体系的文献多集中于个案分析、访谈研究，缺少实证研究。在地域福利方面的文献多集中于理论构建、理论变迁和福利国家体制方面。

第二，国内文献研究。关于地域综合照护服务体系方面，完整介绍的文献为五篇，但都是从护理保险制度修订的角度进行叙述。国内文献多集中于日本护理保险制度中护理服务介绍、日本地域福利理论变迁、日本地域福利中非营利组织的形成、日本地域网络援助等方面。

第三，国内研究主要集中于社区居家养老服务、社区居家养老需求、社区福利方面。不同类型、性别的老年人拥有不同的养老意愿和需求，实际研究主要集中于生活照料、医疗保健、精神慰藉等，对老年人养老需求差别研究尚不明显，从而影响到为老年人提供符合自身需求的养老服务内容。社区居家养老服务方面，研究多集中于模型构建、分析把握服务质量和利用相对集中的服务类别。社区福利方面介绍了我国社区体系的形成和社区中居民自治的情况，以及多元主义视角下社区照顾的实际应用。综上所述，具有中国特色的居家养老的发展和完善还有很多不足之处，实际研究还有很多工作有待完善和改进。

第四节　逻辑框架及研究方法

一、逻辑框架

本书在国内外研究基础上，一是对地域福利和社区福利概念进行了界定，并分析了社区照顾理论和社会福利社会化理论及福利多元化理论；二是对日本少子老龄化背景的形成和现状做了分析；三是分析了日本地域综合照护服务体系的理论基础、形成过程、内容、理念、特点、评估机制；四是使用吉尔伯特社会福利政策分析框架对地域综合照护服务体系进行维度剖析；五是通过使用 2014 年中国老年人追踪调查数据（CLASS）运用 Logit 模型，测算了我国老年人社会养老服务选择的影响因素，并对比中日社会养老服务的差异，进一步对差异进行了比较；六是根据日本地域综合照护服务体系的先进经验，对我国社会养老服务从政策制定、输送机制、医疗和护理合作模式、福利型社区构建等四个方面给予相关启示。

二、研究方法及资料来源

本书通过对地域综合照护服务体系理论构建、运转模式、实际案例进行归纳、总结,给出我国社区居家养老服务的启示。本书的研究框架如图 1-1 所示,具体研究方法如下。

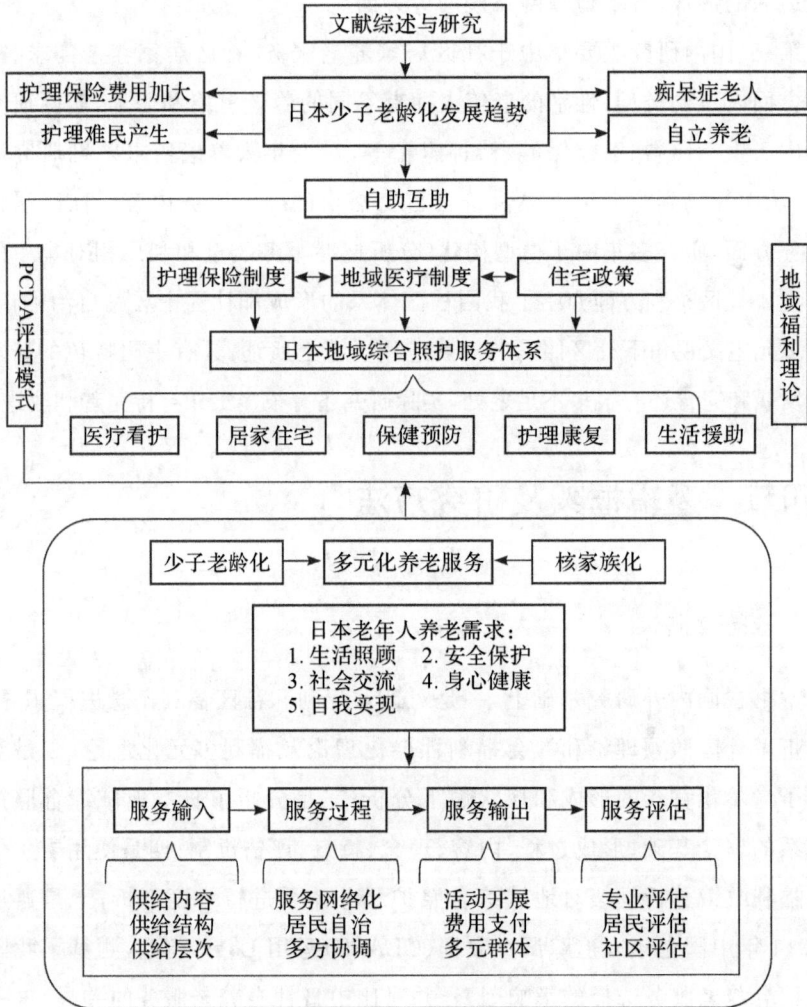

图 1-1　本书研究框架

一是个案研究法。本书分别从医养结合方面、癌症和痴呆症上门护理方面、地域市民参与方面、过疏地区服务供给方面选取了几个代表性强的城市,对它们的地域综合照护服务体系在实际中的应用和改善点进行分析,使观点更加清晰易懂,并起到借鉴的作用。

二是定性分析法。通过使用吉尔伯特的社会福利政策分析框架模型对日本地域综合照护服务体系从服务需求、供给主体、输送过程、服务资金这四个方面进行全面分析、归纳和总结。对先行的地域福利政策、护理保险制度修订等资料进行思维加工,去粗取精,达到认识该体系的本质、揭示内在规律的目的,对我国养老体系建设给出有效的建议。

三是定量分析法。通过使用 2014 年中国老年人追踪调查数据,对我国社会养老服务运用 Logit 模型进行测算 ,并总结出老年人社会养老服务选择的影响因素,归纳出养老服务利用者、身体健康、生活收入、情感和社会保障等方面都对社会养老服务的选择有不同程度的影响,对中日老龄化社会养老的对比差异进行了概述。

本书不但查阅了大量国内期刊、书籍、学位论文,还参考了大量的外文统计文献、书籍。其中,关于日本政策、数据资料来源于日本厚生劳动省、日本国土交通省、日本三菱研究中心、日本野村研究中心、内阁府、经济产业省、总务省统计局,以及各个都道府县老龄福祉部门、各市町村地域综合照护中心部门、日本 Cinii 国立情报学研究所、大和总研组织、地方创生首相官邸、日本居家安乐死协会、日本社会福祉协议会、2014 年中国老年人追踪调查数据(CLASS)。通过对文献的查阅,并根据最新数据和政策,对政策的发展趋势进行预测和提出建议。

第五节 章节安排

本书共分为八章,其中各章主要内容为以下方面。

第一章,导论部分。该章主要介绍了地域综合照护服务体系的研究背景和意义,同时论述了国内外的研究成果,并针对本书的研究方法和框架结构进行了介绍。

第二章,理论部分。该章介绍了全书涉及的主要概念,对比了中国社区福利和日本地域福利的不同概念和区别,并分析了社会福利社会化概念、社区照顾理论、社会发展理论、福利多元化理论,以及需求理论。

第三章,日本少子老龄化发展趋势及影响。该章通过介绍日本少子化和老龄化社会的形成,阐述了现如今日本人口结构发展不平衡的现状。人口老龄化严重导致长期护理保险费用增加、痴呆症老年人人数增加并且护理员人手不足,同时也包括护理难民的问题。

第四章,日本福利社会下地域综合照护服务体系的建立。首先,对日本地域福利思想和理论的形成进行分析和概述;其次,对地域综合照护服务理念的形成和内容做了总结;再次,分析了地域综合照护服务体系制度化形成过程;最后,对日本地域综合照护服务体系的内容、构成要素、特征、评估机制进行分析和总结。

第五章,该章通过使用吉尔伯特社会福利政策理论分析框架对地域综合照护服务体系做了四个维度的分析。从需求维度、供给主体维度、养老服务输送过程维度、经费来源维度对体系运行进行了归纳和总结。

第六章,以各地区有代表意义的典型案例对日本地域综合照护服务体系进行全面分析。包括医养结合方面、社区照顾模式方面、市民参与型模式方面,以及特殊地区的地域福利发展模式。通过具体案例分析,总结该体系在实际运作中出现的问题并进行完善。

第七章,该章对比中日社会养老服务的差异,并且通过 2014 年 CLASS 数据,运用 Logit 模型,测算出我国老年人社会养老服务选择的影响因素,并对中日老龄化社会养老对比及差异进行了分析。首先,分析了我国人口老龄化的形成和特征以及健康状况。其次,通过 Logit 模型测算出社会养老服务选择的影响因素。例如,女性、较年轻老年人、未婚和丧偶或离异的老年人、受教育程度越高的老年人选择社会养老服务概率高;生活满意度低和有工作的老年人选择社会养老概率低,高收入老年群体购买力强,能够促进养老服务的发展;孤独感会提高老年人选择社会养老服务的概率;城镇职工基本养老金能够显著提高老年人选择社会养老服务的概率,但享有新型农村社会养老保险的老年人选择社会养老服务的概率较低。最后,从中日人口老龄化的差异与对策、中日养老服务体系的建设差异、中日社区福利建设的共通性、中日养老护理服务的一致性分析这四个方面对中日社会养老进行了对比分析。笔者认为,我国虽然与日本在人口老龄化的程度上有些不同,但日本早于我国 30 年步入老龄化社会,两国有差异之处,但我国可以借鉴日本经验采取相应的对策。

第八章,根据日本地域综合照护服务体系的先进经验,对我国社会养老服务从政策制定、输送机制、医疗和护理合作模式、福利型社区构建等四个方面提出相关启示。首先,进一步明确我国社会养老服务政策发展目标;其次,选择适合我国的养老服务输送机制;再次,借鉴日本医疗和护理服务相衔接的机制以社区为医养结合服务发展平台,以当地老年居民为服务对象,根据老年需求提供切实可行的医养护理服务体制;最后,借鉴日本地域综合援助中心的构建和发展经验,在一线城市开展社区养老服务枢纽机构,辐射周围地区,整合当地护理服务资源,同时,根据日本过疏地区中社会福利协会的组织作用,对我国人口流失严重的资源枯竭型城市的社区福利和经济产业相融合发展提供宝贵的借鉴意义。

第二章　地域综合照护服务体系的理论基础

第一节　地域福利和社区福利及社会福利社会化概念界定

一、地域福利

很多文献将日本地域福利翻译成"社区福利"或者"community welfare"。其实,日文的"地域"与中文或者英文的"社区"还是有区别的。在《广辞苑》里对"地域"这一词汇的解释是:"地形相似,或因为具有同种性质而汇集在一片地域中。"因此,日本的"地域"没有明确的行政概念和界限,属于开放的状态。在仲村优一(2007)等修订的社会福祉类百科全书中,对地域福利的定义为:"在地域中,无法独立生活的个人和家族(也可理解为弱势群体),为保证其能够自立生活而提供必要的服务,通过开发当地资源,促成一个具物质性、精神性的资源环境,并根据社会福利制度普及福利知识而开展一系列活动。"在《社会福祉用语词典》(2007)中对它的解释为:"在地域社会中,帮助当地居民解决生活难题,并且以预防为目的根据社会福利政策开展实践活动。"由此可见,日本地域福利中以弱势群体为主要对象,并且以开展预防型的福利援助活动为主要核心。

二、社区福利

最早对"社区"这一词进行概念界定的是我国著名学者费孝通,他将"社区"理解为"有边界的相对封闭的实体",因此我国社区和户籍有紧密联系。并且,早期我国关于社区的概念多以社区服务为主。后来,我国学者江立华(2008)对社区福利进行了概念界定:"在政府相关部门指导下,以社区为依托,以满足社区居民的日常生活需要为基本内容,以提高社区居民整体生活质量为宗旨的各项福利措施的综合体。"

我国社区福利和日本地域福利在地域范围界定方面还是有所区别的,并且日本地域福利侧重为弱势群体制定预防型福利措施,而我国则是更加注重当地居民的整体生活质量。不过,从词义和定义看虽然有区别,我国社区福利发展并不是一成不变的,而是做到了与时俱进。日本在地域福利政策制定中融入整个社会政策的理念,所以两国的社区福利之间还是有很多可比性与互相借鉴之处。在本书中,笔者将日本地域福利界定为:以弱势群体中的老年人为主要福利服务对象,在地域中通过开展预防型的福利援助活动确保老年人能够在原居地自立养老。

三、社会福利社会化

我国社会福利社会化的理论基础更侧重于马克思主义的生产社会化理论,通过整合和利用多方资源,站在服务供给的立场上,提高劳动生产率,使生产效益最大化(田青,2010)。社会福利社会化在运行过程中是一个循序渐进的过程,福利对象由主动者替代了受助者、福利主体由社会多方援助力量替代了个体支撑、福利模式由政府主导型转变成民主商议型,并且以后关于福利政策的制定由被动状态变成积极主动的状态。

不过,我国社会福利社会化的理念和脉络比较单薄,多数出自官方文件和官方人士,学界则是围绕官方文件不断解释其观点和内涵,或者将社会福利社会化放入福利多元化理论的框架做更为详尽深刻的剖析[1](韩克庆,2008;夏波光等,2006;徐月宾、张秀兰,2006等)。因此,本书将围绕官方的定义和说明进行理论探究。

---

[1] 韩克庆.社会安全网:中国的社会分层与社会福利建设[J].社会科学研究,2008(5):115-118;夏波光,熊必俊,张履贵,等.社会福利社会化之路尚远[J].中国社会保障,2006(9):19-20;徐月宾,张秀兰.体制建设中的医疗卫生体制改革[J].卫生经济研究,2006(7):3-6.

20世纪80年代,我国开始鼓励多样化的社会力量参与提供社会福利服务,这一提法始见于1983年第八次全国民政会议,时任民政部部长崔乃夫着重强调社会福利事业改革思路,指出该项工作必须充分发挥政府以外的各方力量,要多头并进、广开门路,主动吸纳社会、机关企事业单位、群团组织的参与,工厂、街道甚至家庭也能够参与到中国特色的社会福利事业中来。次年,"全国社会福利事业单位改革整顿经验交流会"在福州召开,主办单位民政部进一步引入社会力量盘活城市社会福利事业的改革思路。1986年,民政部将此改革思路明确为"社会福利社会办"的指导思想,支持社会各方力量,发展多种形式的民间组织兴办社会福利事业。

20世纪90年代后,社会福利社会化的概念更加明确,政府机关对其所做的权威定义最早见于1993年民政部颁行的《社会福利发展规划》。规划强调,民政改革必须面向社会,实现国家、集体、个人的合力。明确社会福利社会化的改革方向;持续予以巩固、完备、提高和发展的基础上,依托国家兴办、夯实集体兴办,辅以个人兴办福利事业,继续完善社会福利网络,使其达到广覆盖面、设备齐全、生活获得保障且卫生等要求,满足新时期市场经济体制建设需求,即引入非政府资源协助社会福利服务。由此可见,我国社会福利社会化旨在引入非政府的资源协助提供社会福利服务。熊跃根(2001)指出,我国社会福利社会化是在社会转型时期,政府部门为应对市场化的形势,通过机构职能改造、拓展社会福利服务的发展空间。政府在财政补贴方面支持力度削弱以及国企单位福利市场化程度加深,使得福利多元化实践不可避免地走向拓展社会空间的方向。

时任民政部部长多吉才让(1998)对社会福利社会化的概念做出更深刻的阐述,将其中的社会化定性为某事物经由封闭系统转向开放系统且被赋予社会性的动态改变。他认为,社会化的概念最早起源于经济学理论,是近代工业生产背景下产生的概念,工业企业必须破除封闭隔绝的状态,经由市场获得生产和扩大再生产所必需的原料、劳动力、技术、设备等生产要素,无论是工作对象、资金筹集、投资主体或是管理方式和服务队伍,其社会化程度都在不断加深,这也反映出企业对社会的依赖程度。

此外，《关于加快实现社会福利社会化的意见》(国办发〔2000〕9 号)①从宏观政策角度对社会福利社会化做出指导性规划，涵盖内容包括：投资主体、服务方式要突出多元化优势，服务对象面向社会公众，打造稳定专业的服务队伍。《意见》强调了该项目标的行动策略：第一，策略在于支持包括村(居)、社会团体、个人和外资等各类社会力量参与社会福利事业的投资兴办；第二，扩大服务对象的使用群体；第三，促进供给服务多元化；第四，推动专业队伍人才建设，进一步明确社会福利社会化的行动纲领。

第二节　地域综合照护服务体系的社区照顾理论

社区照顾的社会福利服务方式最早见于英国，至 20 世纪 70 年代在英国趋于普及并日渐获得发达国家的认可与效仿，至 80 年代该模式渐趋成熟。国外学界对社区照顾更加侧重于实证研究与应用实践，强调优质服务是发展社区照顾至关重要的措施。

对于社区照顾(community care)，日本学者冈村重夫给出的定义为：以地域或者福利社区为单位，在全国范围内以法律为基础提供各种不同样式的服务，法律规章和政策制度作为社会资源服务于地域社会，地域社会通过制定地域福利计划(community service planning)开展社区服务的运营。并且，日本的社区照顾带有预防型社会福利服务的色彩，以解决当地居民日常生活困难为基准，根据当地实际情况开展具体服务操作，并不是全国统一一致采取服务规定。并且，在社区照顾中重点强调以老年人为服务对象，通过社区照顾和收容机构对当地老年人提供护理保健预防服务。

我国最早提出社区照顾的含义，并将社区照顾区分为两类：其一，"社区内照顾"，指政府职能部门、公益机构等组织提供的养老照顾，具有行政干预、规范性等特征，如公立、民办等各类养老院；其二，"由社区照顾"，此类社会照料的主体包括直系亲属、邻居、亲朋及非营利组织等，且不具备第一类养老照顾

---

①　国务院办公厅.国务院办公厅转发民政部等部门关于加快实现社会福利社会化意见的通知(国办发〔2000〕9 号)[EB/OL].(2000-02-27).http://www.gov.cn/gongbao/content/2000/content_60033.htm.

体现的国家直接干预、非规范性等特征,照顾关系主要由道德或血缘、亲缘关系得以维系。王思斌(1994)主张,中国特色社区建设需要秉持社区照顾的指导理念,推动社区服务改革。钱宁(2002)指出,我国应立足于中华传统文化孝道的思想,社区照顾应由政府和民间团体的力量相结合共同发展。所以,张恺悌(2000)、秦桂娟(2001)在阐述分析居民老龄化、家庭核心化等人口结构变化的基础上,指出要立足国情改革传统养老模式,并强调最主要的解决路径即建构社区服务养老模式。陈亚鹏(2009)对比机构照顾和社区照顾的实践案例后得出结论,即居家养老应更好地发掘社区资源,使老年人就近获得养老服务,且社区资源的利用相对可以压减经济支出,并可以使老年人获得多元化服务。居家养老社会照料应当成为未来社区养老的最主要模式,使政府、社区、家庭和个人多方合力,依托自助、家庭互助为主体,并辅以社会化服务(赵丽宏,2007)。

苏畅(2009)主张社区照顾服务的发展不能脱离政府主导的基本原则,同时鼓励社会参与和非营利组织运作。概括来讲,国外学界关于此领域的理论研究明显超前于我国,实践上也较我国成熟,本书以国外文献分析为主分别从社区照顾服务的绩效分析、正式照顾和非正式照顾、社区照顾管理和服务整合这三个方面梳理社区照顾的内容和理论,并以此得出对我国的借鉴意义。

(一)关于社区照顾服务的绩效分析

社区照顾服务是在自身所熟悉地区,通过整合当地资源对当地居民开展服务,相对于护理机构照顾更有优越性,也是今后居家养老的主要方式之一。Sarma(2007)研究发现,在社区老龄化背景下,规范化居家照护有助于控制老年人选择机构养老照顾的概率,使其尽可能地享受社区生活,该项指标存在显著差异,且相对于机构护理照顾,老年人社区照护能降低政府相关部门的资金投入。Worrall(2003)以加拿大 75 岁及以上老年人为研究对象,问卷调查该群体的养老照顾需求,数据显示,社区照顾需求远高于目前资源供给,而对机构照顾的需求则小于供给,并指出老年人愿意在自己熟悉的地方尽可能长久地养老。但是,Jiska(2008)指出,随着老年人年龄的增长,身体功能、认知功能等方面逐渐衰退,失去了独立居住的能力,导致居家养老变得更加困难,而社区照顾则是实现老年人就地养老的一个办法。Sharfstein 和 Nafziger(1976)回顾性分析了慢性病人社区照顾与医院照顾的实验数据显示,社区照顾涉及的经济支出较少,有助于加速病人疾病康复。Skellie 等(1982)比较两组老年人接受社区、护理机构照料的反馈数据发现,就两组的效益、效果而言,前者具有效率高、成本低的突出优势。Capitman(1986)通过运用 Medicaid 的老年人个案研究得出,社区照顾对于短期、中长期需要照顾的老年人效率最高、效果最好,而护理机构则相对于为长期需要护理的老年人提供服务,收益成本最高。Hollander 等(2007)以国家财政用于居家护理和社区照顾的 10 年(1988—1997 年)补贴数据为研究样本,实证分析得出结论:社区服务资源的有效整合可替代机构照顾并减少经济支出。Chappell 等(1996)针对具有同种状态和需求的老年群体在社区照顾和护理机构照顾的费用支出情况进行分析,无论正式照顾和非正式照顾都包含在内,社区照顾的支出低于护理机构照顾,并且,在社区照顾中非正式照顾者的照顾时间以同种工种工资进行计算,虽然两者支出费用都会上涨,但社区照顾比护理机构照顾更节约。

不过,近些年随着社区照顾的广泛应用,也有学者指出其成本并不完全节约,并且照顾形式多样性、复杂性以及服务扩展反而使社区照顾支出费用更加增大。Gordon(1993)认为,相较于分散性的社区照顾,机构提供的密集型照顾服务经济性更佳,居家养老的成本受益效果更加理想,因此,应推出社区照顾服务包(community care package),并且根据服务内容和种类等设立一个最高支出额度,一旦超过这个额度需要更为多样化、复杂化的照护服务的老年人则选择机构入住接受服务。Kemper、Applebaum 和 Harrigan(1987)提出服务需求不断增多导致服务不断扩张,进而使得政府支出费用不断加大,所以政府应进一步明确社会到底能支付多少服务费用、接受服务的对象是哪些人,以及服务输送机制的有效性。Green(1983)认为,家庭中需要接受照顾的对象是一个不断更新的群体,不需要进入护理机构的年老体弱者依托于家庭接受社区照顾服务,改善自身健康状况和生活质量,但结果并未有机构照顾显著,并且,扩张的服务增加了社区照顾的费用支出。

(二)正式照顾和非正式照顾的界定

正式照顾(formal care)通常被分为下述两类:正式照顾(formal care),通常指经政府审批确定和予以财政补贴的照顾服务,其通过政府直接管理或者授权中介组织这两种方式提供服务。非正式照顾,提供主体多是存在亲缘或地缘关系的亲属、邻里或朋友等,其照顾服务具有原生性、天然性特征,或者,群体或内部自发形成的网络化自我照顾、相互照顾模式,一般为非政府组织自发形成。

Hollander(2008)认为,非正式照顾者数量减少存在诸多因素的影响,主要包括照顾者整体年龄偏高、家庭规模缩减、人际往来淡漠以及劳动力市场中女性占比增加,但老年人更倾向于居家养老。由于社区能够实现老年人居家养老的心愿,且与机构相比有成本低、效益高的优势,近些年使得社区养老越来越受社会各界的广泛认可和接受。不过,Tennstedt(1993)指出,社区照顾一直以来由家人、朋友、邻里来充当非正式照顾者,政策制定者为防止正式照顾提供过多服务而导致非正式照顾被正式照顾所取代,过分依赖非正式照顾而放弃照顾老年人的责任,因此如何平衡正式照顾和非正式照顾之间的关系和界限也是社区照顾的课题之一。Froland(1980)认为,上述社区照顾的分类过于强调概念、主题的区分,欠缺经验性指导,且并非所有照顾服务都能够并入前述两类照顾服务。

所以,在社区照顾中提供服务方面,正式照顾和非正式照顾的关系被认定为一种不同性质的功能分工,以家人、邻里、朋友等非正式照顾具有持续性和面对面接触的临近特点,只能承担一些简单的日常生活服务,或者不可预测的偶然性服务。然而,正式照顾则由科层制和制度性质的服务项目组成,提供的服务技术通常具有可预测性、规律性、预先性。二者之间是一种合作互补的关系。

(三)社区照顾管理和服务整合方面

因社区照顾服务功能庞杂,涉及服务资源类型多样,诸如照料看护、医疗、保健等,由此赋予服务以明显的整合性特征。尤其是社会服务部门与医疗机构的对接,且服务提供往往需要多部门的协作,提供水平和服务内容各不相同,因此将这些服务整合起来提供服务更具有效率性。照顾管理(care management)这一概念最早是从英国 Griffiths 报告中提出来,并且在英国的《国民健康服务和社区照顾法》中以法律的形式确定下来。

社区照顾管理是以社区老年居民为服务对象开辟多元化渠道供给养老服

务资源。江武忠和沈玟延（2006）认为管理是一种服务理念、过程及体系。照顾管理在本质层面可定义为多主体间的协调关系，其中涉及服务渠道商、个人、职能机构人员等，并且，在服务体系上照顾管理是一种网络化的服务模式照顾管理是解决一系列的护理问题，以此统合有效的管理方式并达成服务目标。但 Wistow 和 Hardy（1991）认为，政府职能部门间的协作难以保障社区目标圆满达成，但就健康、社会服务供给而言，还是具有效率性的。Bergen（1992）认为，照顾管理是服务整合和服务输送的有效手段，趋于结构化的服务整合对于服务的供给有利；今后应加强照顾管理和服务整合的平台构建；如果服务供给体系中整合性不足，则会影响照顾管理的服务输送。

第三节　地域综合照护服务体系的社会发展理论

20 世纪 50 年代，"社会发展"（social development）一词开始被公众所熟知并使用至今。它是在"社区开发"（community development）的基础上形成和构建起来，而社区开发最初从"殖民地福利"中脱颖而出。二战后，殖民地区摆脱统治，开始独立自主的发展道路，提倡发展成为这一时期的主题。各新兴国家开始采取适合本国自身的经济发展计划，提高经济和现代工业的发展，解决有史以来的贫困问题。当时，新兴国家受欧洲社会主义思想的启发，开始中央集权式、国家干预政策制定等国家主导型的运行模式，并且，随着工业国家的福利政策显著扩大，新兴国家也急切效仿欧洲成为福利国家。但是，只有在确保资金充足的前提下才能提供必要的福利服务，因而新兴国家政府在政策制定方面是优先发展经济，相关福利消费被滞后。这一时期，救助性质的福利服务占主流，并且引入社会工作者，联合国也帮助这些发展中国家普及社会工作，福利服务不断扩大。然而，农村贫困仍是制约发展中国家发展的最大问题之一，政府部门开始对只以城市为核心实行救助的社会工作内容进行反思。为解决农村贫困以及随之带来的一系列社会问题，西非洲福利服务行政机构的工作人员推行相关福利事业，使农村居民在开展经济生产活动的同时也能解决自身的各种社会需求。这种方法最终与社会工作、社会福利服务联系起来成为英国殖民部（United Kingdom Colonial Office，1954）所称的"社会发展"。这一术语同样也意味着经济发展和社会福利发展相结合,是发展中国家建设的首要任务。在社会发展政策学科中有突出贡献的美国学者米奇利(James Midgley)对社会发展的概念界定如下:社会发展这一词汇,包含了社会的福利(social well-being)和经济的发展(economic development)这两个含义。第一层含义指社会开发应与社会福利政策紧密结合,通过福利服务事业和政府相关机构,提升每个人的福利质量;第二层含义则是发展中国家以经济发展政策为核心实施计划。

随着社会发展领域的扩大,也呈现出诸多问题,碎片化、盲目化以及受当时新自由主义思想的干涉,社会发展的政策并未有效实行。1995年,联合国在哥本哈根召开世界社会发展会议,会后发表《哥本哈根宣言》。其中,该宣言提出了八项公约,公约指出要消灭贫困,加强社会统合,促进社会开发而创造一个经济、政治、法律相结合的援助环境等。尽管各个国家对宣言的实施各有千秋,也有不尽如人意的地方,但社会发展并未停止,一直发挥其功能和作用。不论是在政治方面还是在学术方面,都在促进社会发展的成长,联合国及其他国际机构以消灭贫困为目标,为实现目标而取得各方面的政策和项目支持。

随着全球化和地域化的发展,人口老龄化、贫富差距、地域差距的增大,社会歧视等诸多问题显现出来。为解决社会问题,以地域社会为基础构建社会福利与社会开发相融合的一门学科诞生了,被称为福祉社会开发学,为此日本福祉大学成立21世纪COE(Center of Excellence)项目,作为亚洲据点开始构建福祉社会开发这门政策学科。关于社会开发理论,美国著名学者米奇利在其著作《社会发展:社会福利新挑战》(Social Development: The Developmental Perspective in Social Welfare)中总结并概括了社会发展的概念、起源、理论特点以及实现路径,并且,在米奇利等人的一系列文章中,对社会发展的原则,以及协调社会和经济发展的本质等方面进行分析和说明。米奇利认为,社会发展的本质是不断提高人民的福利生活水平。社会发展理论指可以通过社会工作、社会慈善及行政管理等方法促进社会福利各个方面的开发。本着以人为本、以就业为目标的原则,实行社会投资(将福利支出当成一种经济回报的投资行为),最终确保社会发展与经济发展互相协调,各个阶层都能分享到发展的成果。在宏观方面,米奇利提倡多元化的福利供给主体,行政部门对供给主体实行调整和资源再分配；相比社会救助和贫困补贴，不如最初提高贫困阶层的生产能力，即将社会投资聚焦在贫困阶层的人力资本运用（如教育、预防保健），并且，扩大社会投资领域，例如，增加个人、社会资产（储蓄、住宅、地方基础设施建设），增加家族小规模企业的雇佣人数。笔者认为，米奇利社会发展理论在一些发展中国家的实践应用还需更进一步探讨。例如，我国处于经济上升期，社会福利制度还处于补缺型向普惠型转型阶段，特别是针对特殊人群的社会救助只是满足基本物质需求，如果进一步对其人力资源开发也会对密集型劳动力市场产生冲击，并且，福利本质上具有施舍和奉献的精神，社会中每个人都能平等地享受生活，将福利支出作为社会投资难免违背公平和效率的原则。米奇利的理论构架只停留在宏观方面，对于微观层面中的特殊群体并未涉及太多。米奇利本人也指出，由于社会发展理论提出以欧美现代主义为背景，存在很大的文化差异。对于自治体、地域中观层面社会发展还未涉及，所以应将亚洲作为实践基地开展研究课题，构建一个微观、中观、宏观的完整福祉社会开发体系。

印度学者阿玛蒂亚·森（1999）对社会发展理论进行界定时，否认了福利即是越来越幸福、富裕（well-being）的评价标准，而通过可行能力论对福利进行了界定，这对社会发展是一个新的出发点。森用能力和权利这两个变量对福利标准重新进行了界定，他把一个人能否自由地选择自己的生活以及这种自由程度作为评判标准。能够选择自己的生活方式称为能力（capability），实现自己的生活方式而采取各种手段（合理支配财物、服务）称为权力（entitlement）。例如，所谓贫困指每个人生活中最基本的生活要素（营养充足、保证寿命、提升才能等）被剥夺，即无能力选择自己的生活。福利则可进一步界定为，一个拥有基本人权的人，合理拥有属于自身的、不可被剥夺的基本生活能力，并且享有公平的保障待遇。所谓发展即是这种个人能力不断增强。虽然个人权利和能力对个人生活方式的变化起决定作用，但也与周围环境、社会情况、政策体制等多种社会因素有关，例如，被制度排挤在外的一些特殊群体，其个人能力大小受多种社会因素制约。此外，两个变量之间也彼此影响，有时权利变量会对能力变量产生决定作用。例如，当每个个体间相互关系发生改变时，权力往往会以授予的形式发展下去，致使个人能力发生改变。

日本学者余语(2008)将社会发展理论定格在地域社会领域中,以此促进日本地域福利事业的发展。余语将福利和发展设定为两个不同的技术领域:福利指资源的供给和转移,发展则指资源的储蓄和集中管理。在地域社会中,影响地域社会结构体系的变化因素为外部机会,外部机会泛指一些社会政策、市场价格变动、地域社会间的互相竞争和交流等。当地域社会受外部机会影响发生改变时,当地的居民组织积极应对并产生收益[①],该居民组织会持续下去。所以,地域社会的发展需要创建一个组建费用相对较低的居民组织,并且,发挥当地居民自治和居民参与的地域福利特点,增强居民之间的互助性有利于降低组织的建设费用。

第四节　地域综合照护服务体系的福利多元主义理论

20 世纪 70 年代,受石油危机爆发等影响,发达国家经济增速趋缓,其间人口老龄化率超过 15%,老年人口的需求继续增加,贫富差距扩大,社会不公平加剧。随着这些福利国家危机的出现,福利国家理论受到公众质疑,有学者期望修改该理论以适应经济社会新形势的出现。部分国家着手压缩社会福利费用,从单一的国家担保主体到多责任主体。福利多元化为适应这种多责任主体,强调社会福利是社会发展的产物,必须实现渠道多元化,不能单纯地依赖市场或国家。该观点从 20 世纪 80 年代后即获得社会政策研究领域的广泛关注。Mishra(2007)指出,福利的宗旨在于满足人民基本需求,使之获得社会保障相关商品服务,其来源包括国家、市场(包括企业)、志愿组织和慈善机构以及血液网络(包括家庭)。福利多元化的提议引起了学者和决策者的广泛关注和认可。当时,一些新的替代福利国家的概念纷纷出现,林万亿(1994)总结出当时一些福利国家的概念,例如,新型福利国家(new welfare state)、志愿者福利国家(voluntary welfare state)、新型工业福利国家(new industrial welfare state)、公私部门合作(public private sector partnerships)、福利多元主义(welfare pluralism)、福利社会(welfare society)等。所有概念都有一个共同特

---

① 收益指该居民组织的组建费用低于通过外部机会居民组织产出的利益。

点,即主张非政府力量进入福利服务供给部门,弥补政府力量的不足,并加强与其他部门的合作,削弱国家在福利供给中的主导作用,主张发展多元化、混合型的福利制度,因其发展特征,此种模式被称作福利多元主义(黄黎若莲,2000)。

关于福利多元主义出发点的理论研究中,史蒂文森(1996)指出,假定在自由经济市场中产量增长,且经由相对廉价赋予的选择优势,使得消费者利益获得增长,那么是否可以将其用于福利服务的供给? 某个"独立部门"或民办组织、营利机构是否可以承担该项供应服务? 事实上人们已然清楚了解到较大数量的居民难以支付这种服务的费用。由此形成的一致意见是:政府可以通过其他途径资助此种服务以支持其实施,比如,与特定机构签订契约或向居民发放等级不一的补贴费用,以帮助居民享受此种特殊服务,以上即福利多元主义的概念。它直接关系到市场经济对福利事业的影响。

建立"福利市场"是该理论的宗旨,它将市场经济特有的自由竞争、产品服务优化、合理价格等特征纳入福利服务供给体系,为福利服务的利用者提供更低廉的价格选择。而福利国家的政府部门则是从服务供给者的角色转换为准市场中福利服务的购买者,或者通过补助使个人成为市场中的消费者。政府部门的工作则是维持福利市场的高效运转。

福利多元主义的研究领域由描述性(descriptive)研究、规范性研究以及出发点基础上考察公共服务政策等内容构成。所谓描述性研究,着重强调阐述混合福利经济涉及的各项构成因子。Rose 和 Shiratori(1986)认为,福利体系的完整构成涵盖国家、市场、非正式和志愿组织的各种资源汇总。Johnson(1999)关于福利供给体系涉及各主体的描述与 Rose 等基本一致,并在此基础上对其分工作更细致阐述,明确了多元主义在福利供给中非垄断的特点。

在规范性研究中,着重关注福利多元主义所蕴含的意识形态和价值观。Beresford 和 Croft(1984)提出,意识形态差异使得混合福利存在有明显偏好与区分。Seldon(1996)分析指出,福利国家经历过失控的教训之后,福利应该重新私有化,国家过度承担福利责任会导致福利依赖造成养懒汉的后果。Finlayson(1994)对该理论的主流观点做出界定:一种是除政府外的其他福利机构并无权限自行提供福利服务;另一种是国家应干预福利服务的输送,因为福利服务具有特殊性。

在福利多元主义视角下对公共服务政策的考察验证做出框架构建研究。混合福利经济被做更细致的划分,包含国家、市场、志愿和非正式等部分,上述四部门也可以视作某类维度分析框架。Walker(1984)关于福利供给的研究中,认为公共管理服务在获得私人、志愿组织或其他非正式组织的福利服务供给的统合加入后,其中彰显的国有化、私有化等特征同样也属于混合福利经济的关键构成部分。Beresford 和 Croft(1984)在研究中对福利资源的来源做更细致概括。Johnson(1999)认为,构成混合福利经济的四部门间国家、历史、不同社会服务之间和社会服务内部要素之间以不同角度切入,证明存在相互平衡关系。Spicker(1988)在福利服务供给中,公共援助服务比较普遍,导致难以区分哪些是公共服务哪些是私人服务。Miller(2004)认为,传统四大部门——国家、市场、志愿性和非正式部门在现实中的服务变得更为复杂。

我国对福利多元化理论的应用在近几年开展起来,2015 年民政部联合发改委、教育部等部委颁行《关于鼓励民间资本参与老年护理服务业发展的实施意见》[①],强调福利事业引入健全市场机制的重要价值,促进政府职能作用的有效发挥,逐步使社会力量成为老年护理服务业发展的主体。

第五节　地域综合照护服务体系的需求理论

人类需求是社会福利制度和社会福利服务的重要议题,正是因为人类需求未得到满足才产生贫困、不公平、歧视等一系列社会问题。所谓需求,从社会学和心理学的角度分析,指期望的状态与现实状态有差异而产生一种渴望(desire)、想要(want)的心理状态。社会福利的本质即是满足人们最基本的生活需求,需求促使社会福利制度产生,对于需求的划分各国学者分别进行了理论层面的概括。英国学者 J. 布拉德肖(1972)对社会需求概念进行了界定,指出社会需求的概念是社会服务思想所固有的,社会服务的历史就是对社会需

---

① 民政部.关于鼓励民间资本参与养老服务业发展的实施意见(民发〔2015〕33 号)[EB/OL]. 2015.

求承认的历史，就是满足这些需求的社会组织的历史。我国学者彭华民
（2008）认为需求包括三个方面：一是人类与生俱来的对社会福利的需求；二是
因为自然环境和社会环境的变化所产生的需要；三是人们所做的选择以及相
关的社会福利制度。联合国将人类需求分为基本需求和非基本需求，解决贫
困的目标是满足基本需求。在此基础上，日本地域福利中将需求进一步细化
和界定。

日本学者冈本秀明（2005）将福利需求理论形象地称为"三角形理论"，一
旦有需求后就会形成一个"三角形"，通过家庭、经济、制度、市场等多方面调节
后，需求得到满足，"三角形"消失。例如，一个人遭遇瘫痪卧床，无法独立完成
饮食甚至外出购买食材，此时出现了购物需求，需要家庭成员或者上门护理员
协助完成饮食起居和外出购买任务，购物需求即被满足。然而福利需求不是
一成不变的，正如上文所述，与家庭成员、经济走势、社会保障制度的完善等各
方因素息息相关，所以，福利需求是一个出现和消失反复循环的过程。例如，
突然遭遇骨折的独居老年人，在没有家人和友人照顾饮食起居的情况下，产生
了喂食需求。

影响社会福利需求的因素有多个方面。首先，服务供给方面。社会福利
机构应判断每个利用者的需求是否为福利性质的需求，是否提供必要的援助
服务。不过，机构管理人员评价标准会受到法律、周围环境、员工整体素质、时
代背景等各方因素的制约。其次，个人认知方面。个人对需求的认知情况与
每个人的受教育程度、生育情况等各方因素有关，当个人感到有需求并设法寻
求服务帮助时，外界传媒、自身素质和受教育程度对其有一定影响。最后，福
利机构与个人需求达成一致，满足需求为其提供福利服务。随着福利服务供
给程度的变化，需求也相应发生改变。当供给的服务完全满足需求时，需求将
不再存在（"三角形"消失）；提供服务并不能完全满足需求，或只满足一小部分
需求，需求逐渐减少（"三角形"变小）。例如，护理员只能白天开展上门服务，
夜间无法进行，护理难题也只能解决一部分，提供服务和需求完全不吻合时，
需求没有任何变化，或者福利机构对需求的调查判断错误，针对需求提供的服
务没有任何效果时，"三角形"都未有任何变化。

日本地域福利的宗旨是帮助当地居民解决生活中遇到的难题，并且通过

不断完善、重建当地生活环境激发居民对生活的热忱。以地域为单位由本人和家庭成员先提出申请，专职人员针对申请进行核实，双方达成一致开展援助活动。所以，日本社会福利的需求很大程度上即为地域福利的需求。具体把握需求时，首先明确当地居民的需求；其次根据居民需求调查各方面条件；最后根据评估结果和地区特点整合利用当地资源为居民服务。针对个别援助对象，通过谈话交流把握需求得出调查结果。其中，谈话交流的内容设置应进一步扩展到与个人有关的地区、家庭、邻居朋友、当地资源等，通过个案分析，加强对该地区居民需求的把握。对于把握潜在性需求，需要通过扩大服务范围与未接受援助服务的居民建立密切联系，随时做好应对需求的准备。对地域需求的调查和把握，在了解当地特征（历史、产业、人口动态、居民凝聚力）和资源（机关、团体组织、机构服务、人才、财力）的基础上掌握整体地域情况，进而充分把握当地居民的需求。应重视地域调查结果，支持当地居民生活，以促进当地活力。

本章小结

本章对日本地域福利和我国社区福利两个概念进行了界定，并且对社会福利社会化理论、社区照顾、福利多元主义理论进行梳理和总结，做了如下几个方面的工作。

第一，厘清地域福利和社区福利以及社会福利社会化的具体概念。并且，总结出日本地域福利主要侧重于弱势群体，并为其制定预防型福利措施，而我国社区福利则更重视提高当地居民的整体生活质量。两国虽有差别，但是仍可以互相比较并且有值得借鉴的意义。同时，对我国社会福利社会化概念进行梳理和归纳总结。从 20 世纪 80 年代开始引入社会福利事业这一概念，提倡全社会应广泛参与并吸纳各方团体实现多元化供给形式。我国社会福利社会化更侧重于马克思主义的生产社会化理论，通过整合和利用多方资源，站在服务供给方的立场上提高生产效率，实现生产效率最大化。

第二，对社区照顾理论的梳理和归纳。通过梳理英国、日本，以及我国分别对社区照顾概念的界定，在此基础上对社区照顾的绩效进行分析，并且对正式照顾和非正式照顾、社区照顾管理和服务整合的内容进一步梳理,总结社区照顾理论的特点和内容。

第三,对社会发展理论进行梳理和归纳。通过梳理社会发展理论的形成、各个国家学者对社会发展理论的界定,本章采用了日本学者对社会发展理论的界定,将其定格在地域社会领域中,以此促进日本地域综合照护服务体系的发展。

第四,对福利多元主义理论进行分析。对福利多元主义的形成和理论发展进行梳理,总结并归纳了在福利多元主义视角下对公共服务政策的考察验证和框架构建,强调了福利事业引入市场机制的重要性。

第五,对需求理论进行分析。对需求理论进行深入分析和总结,并且进一步将日本社会福利需求的界定和具体划分进行归纳,深入剖析了在地域综合照护服务体系中对于需求的把握。

第三章 日本少子老龄化发展趋势及影响分析

第一节 日本少子老龄化社会的形成

一、日本少子化进程

少子化一词最初来自 1992 年日本经济企划厅发布的《国民生活白书》,其首次对少子化这个词做了分析和解释。少子化是指由于出生率的降低而造成社会中年幼人口逐渐减少,并形成少子化社会。国际上虽然并未对少子化进行严格的概念划分,但各国学者分别从生育率角度对少子化进行了参考数值和概念的界定。日本学者守泉礼惠[①]将总和生育率的标准值定为 1.5,认为总和生育率低于人口更替水平但在 1.5 数值以上的国家称为缓和少子化国家,低于 1.5 的国家则为超少子化国家;美国学者柯勒(2004)等人认定为总和生育率低于 1.3 的为极低生育率(lowest-lowfertility);奥地利学者鲁兹(2005)等提出生育率陷阱,认为当总和生育率降到 1.5 以下后,生育率会如同掉进陷阱而无法扭转,阻止生育率下降趋势很难以至于不可能[②]。由此可见,判断一个国家或地区是否为少子化社会,是根据其总和生育率是否长期低于人口更替水平,越是长期低于更替水平则少子化问题越严重。

日本内阁府于 1992 年发布《少子化社会白皮书》,进一步给出少子化社会的含义:"总和生育率长期低于人口更替水平,且儿童数量少于 65 岁老年人数

---

① 守泉理恵.先進諸国の出生率をめぐる国際的動向[J].海外社会保障研究,2007(160).

② 美国学者柯勒和奥地利学者鲁兹的观点来自:佐藤龍三郎,金子隆一.ポスト人口転換期の日本—その概念と指標—[J].人口問題研究,2015(6):2—3.

量的社会。"日本从 20 世纪 70 年代开始步入少子化社会,1975 年总和生育率首次跌到 2.0 以下,直至 1989 年达到 20 世纪最低值 1.57 后,近 40 年一直处于持续低迷的状态。进入 21 世纪后,从 2005 年跌落到 1.26 后,近几年开始略微增长,直至 2015 年和 2016 年在 1.45 前后回升 0.03%,但仍远低于人口更替水平 2.07(内阁府,2016)。

　　日本少子化社会发展至今可分为四个阶段(如图 3-1 所示),第一阶段为战后到 20 世纪 60 年代。20 世纪 40 年代以后,日本经济和医疗技术水平快速发展,由于战争期间日本政府提倡生育,禁止人流手术,战后初期总和生育率曾一度达到最高值 4.54,1947 年的人口更替水平为 2.71,同样处于最高,日本迎来了第一次生育高峰,人口急剧增加,1947—1949 年两年间增加了 270 万人口,1948 年人口总数超过 8000 万人直至 1967 年人口突破 1 个亿,至此,日本人口数量一直处于急速增长的状态,被形象地称为多产少死(高出生、低死亡)的时代。第二阶段为 20 世纪 60 年代末到 70 年代,日本人口进入低出生、低死亡的时代。由于战后初期日本政府颁布《优生保护法》,允许人流合法化,人流手术人数骤增,并且随着社会经济水平发展,国民意识发生转变,生育子女数减少而提升子女的生活质量成为关键,这导致 1950—1958 年间总和生育率降到 2.11,在日本经济高速发展期间一直浮动在其上下,并且,受第一次生育高峰的影响,40 年代出生的人开始结婚生育,使 70 年代上半期(1971—1974 年)人口出生数达到 210 万人,迎来了第二次生育高峰。不过,好景不长,由于受第一次石油经济危机冲击的影响,日本经济开始下滑,1975 年总和生育率下降至 1.91,低于人口更替水平 2.11,从此以后日本总和生育率一直下滑并未超过 2.0。第三阶段为 20 世纪 80 年代到 90 年代。在此期间,日本仍旧持续保持低出生率,特别是在 1989 年总和生育率低至 1.57,自 1966 年(丙午年)1.58① 以来降到最低值,称为"1.57 冲击",至此日本政府开始直面少子化的问题。第四阶段从 20 世纪 90 年代至今。从 90 年代开始,日本人口总和生育率一直萎靡不振,1995 年跌至 1.42,陷入生育率陷阱中,2005 年生育率降到 1.26,再次刷新纪录,此后虽略微有回升现象但并未超过 1.5,根据 2016 年厚

---

① 日本民间迷信认为丙午年出生的女性脾气暴躁,克夫。

生劳动省最新人口统计,2015 年总和生育率为 1.44,并且低于人口更替水平,人口总数从 2010 年达到顶峰 1.28 亿,以后开始降低,出生人数从 2000 年以后大幅度降低,虽然中间有回升现象,但总体趋势仍是低迷,从 2001 年出生人数 117.1 万人到 2011 年 105.1 万人,预计 2025 年人口出生数将减少至 48.5 万人。2011 年日本人口自然增加数则为负 20.2 万人,成为人口负增长的社会,截至 2017 年日本总人口数达到 1.26 亿人,平均每年下降约 30 万人。①

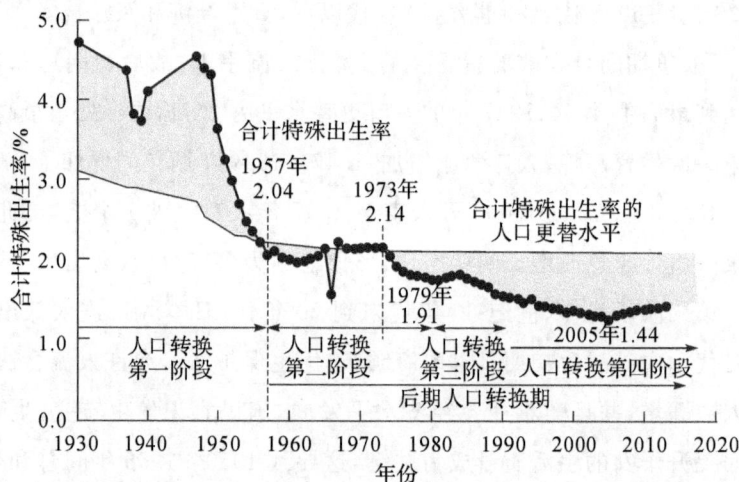

图 3-1　日本人口更替四个阶段示意(1930—2010 年)

资料来源:佐藤龍三郎,金子隆一. ポスト人口転換期の日本その概念と指標[J].人口問題研究,2015(6):65-85.

二、日本老龄化的形成

人口老龄化是指人口生育率降低和人均寿命延长而总人口中因年轻人口数量减少、年长人口数量增加而导致的老年人口比例相应增长的动态过程。国际上通常认为,当一个地区或国家 60 岁及以上老年人口占人口总数的 10%,或 65 岁及以上老年人口占人口总数的 7% 时,则标志着这个地区或国家进入人口老龄化社会,如果老年人口占人口总数 14% 时则意味着这个地区或

---

① 日本厚生労働省.人口高齢化を乗り越える社会モデルを考える平成 28 年版[R].厚生労働省,2016.

国家进入老龄化社会。现如今,随着经济发展社会意识的转变,各个国家的人口结构也发生了变化。根据联合国老龄化议题(2002)中最新数据表明,全球人均寿命从1950年延长了20年,达到66岁,预计2050年再延长10年。60岁及以上人口将从2000年的6亿人增加到2025年将近20亿人,老年人口所占比例将从1998年的10%增加到2025年的15%,然而在发展中国家这种增长幅度最大、速度最快,预计今后50年里,这些国家的老年人口将增长4倍。其中,亚太地区中,老龄人口增速过快,从1950年的9600万人增加到2000年的3.26亿人,达到人口的10%,年龄在60岁及以上的人数增加了2倍多,预测到2050年将达到12亿,接近总人口数的1/4。[①] 老年人口本身老化成为该地区的主要特点,并且,老龄人群中妇女比例上升。日本是全球人口老龄化最严重的国家,2018年65岁及以上老年人所占比例达到27.7%,排名世界第一,而意大利为23%、德国为21%,分别位居第二和第三名。[②]

在人口结构变迁过程中,根据出生率和死亡率的变化过程和时代变迁形成了人口更替理论。纵观各国人类发展史,都经历了多产多死的阶段,虽然婴幼儿出生率高,但中途因疾病和感染病毒而夭折的现象屡见不鲜。随着近代工业社会的发展,医疗卫生技术水平不断提高,婴幼儿死亡率逐渐下降,过渡到了多产少死的阶段,这样人口红利爆发。不过,随着生活水平的提高、生育观念的转变以及避孕技术的提高,导致人口生育率逐渐降低,步入少产少死的阶段,老年人口比例上升,老龄化社会形成。日本的人口更替经历了三个阶段,直到明治维新前后(1870年)日本一直处于多产多死的阶段,明治维新后期死亡率开始持续下降,进入多产少死的阶段。不过,在二战期间,由于战争死亡人数增多的缘故导致死亡率一时急剧上升,并且由于年轻人奔赴战场出生率也一时随之急剧降低。二战结束后,迎来了日本的人口红利期,尤其在1947—1949年这两年出生率急剧上升,形成了生育高峰期,被称为第一次婴儿潮。但出生率随即便迅速下降,直到20世纪60年代,日本进入少产少死时

①　联合国老龄委.世界人口老龄化1950—2050[R].2002.

②　United Nations Department of Economic and Social Affairs Population Division. World population prospects: the 2017 revision, key findings and advance tables[P]. Working paper No. ESA/P/WP/248.

期。低出生、低死亡的社会状况一直持续到 70 年代,1970 年日本 65 岁及以上老年人口达到 7.1％,正式进入人口老龄化社会。

表 3-1 显示了 1947—2018 年日本人口年龄的变动数值。在 1947 年,65 岁及以上老年人口数为 374.8 万人,占总人口数比例为 4.8％;1970 年 65 岁及以上老年人口数量增加到 743.1 万人,占总人口数比例为 7.1％;直到 1995 年,65 岁及以上老年人口数量增加到 1833.3 万人,占总人口数比例已经为 14.6％,日本步入老龄社会。按照国际判定标准,65 岁及以上老年人数占人口总数的 14％时则进入人口老龄社会,欧洲老龄化严重的发达国家,如法国步入老龄社会这一过程用了 115 年、意大利为 61 年、英国为 46 年、德国为 40 年,而日本仅用了 24 年(1994 年已达到 14％),可见老龄化发展速度极快。

表 3-1 1947—2018 年日本人口年龄结构变动

年份	人口比例/％			人口抚养比/％		老年化指数
	0～14 岁	15～64 岁	65 岁及以上	少儿	老年	
1947	35.3	59.9	4.8	58.9	8	13.6
1950	35.4	59.7	4.9	59.3	8.3	14
1955	33.4	61.3	5.3	54.4	8.7	15.9
1960	30	64.2	5.7	46.8	8.9	19.1
1965	25.6	68.1	6.3	37.6	9.2	24.6
1970	23.9	69	7.1	34.7	10.2	29.5
1975	24.3	67.7	7.9	35.9	11.7	32.6
1980	23.5	67.4	9.1	34.9	13.5	38.7
1985	21.5	68.2	10.3	31.6	15.1	47.9
1990	18.2	69.7	12.1	26.2	17.3	66.2
1995	16	69.5	14.6	23	20.9	91.2
2000	14.6	68.1	17.4	21.4	25.5	119.1
2005	13.8	66.1	20.2	20.6	30.5	146.5
2010	13.1	63.8	23	20.6	36.1	175.1
2015	12.5	60.8	26.6	20.6	43.8	212.4

续　表

年份	人口比例/%			人口抚养比/%		老年化指数
	0～14 岁	15～64 岁	65 岁及以上	少儿	老年	
2016	12.4	60.3	27.3	20.6	45.2	219.2
2017	12.3	60	27.7	20.5	46.1	225.4
2018	12.2	59.7	28.2	20.4	47.2	230.8

数据来源:根据日本国立社会保障·人口问题研究所公布的历年人口统计资料集计算整理得到。

近些年,日本老年人口数量持续增加,2015 年 65 岁及以上老年人达到 26.6%,近几年持续增加到 28% 左右。随之,少儿抚养比从 1947 年的 58.9% 持续下降到 2018 年的 20.4%,并且老年人口抚养比从 8% 持续增加到 47.2%,老年人口的增加值大于少儿人口抚养比的减少值,这使得日本人口的抚养比呈现出先上升后下降再上升的波浪变化趋势,1947 年总抚养比为 66.9%,1990 年则下降到最低值 43.9%,2018 年持续上升到 67.6%,达到近 70 年最高值。少子老龄化的快速发展不断加重人口抚养压力,人口老龄化的严重趋势将对日本经济发展带来更大的挑战和负担。

第二节　日本老龄化的发展趋势

一、日本老年人的健康状况

1986 年世界卫生组织在加拿大渥太华召开第一届国际健康促进大会,会上提出健康促进(health promotion)这一词语。健康促进指运用行政或组织手段,协调社会各相关部门以及社区、家庭和个人,使其履行各自对健康的责任,共同维护和促进健康的一种社会行为和社会战略。通过健康促进使人们尽一切可能让其精神和身体保持在最优状态,让全体国民了解如何保持健康,在健康的生活方式下生活,并有能力做出健康的选择。关于促进的具体实施步骤分为五步:第一,确立与健康相关的政策体制;第二,创造一个健康援助环境;第三,强化地域性活动;第四,开发个人技术;第五,定位卫生服务的方向。[1]世界卫生组织(WHO)对健康的定义为:"健康不仅是没有疾病和孱弱的身体,而且是身体、心理、社会功能这三方面达到完美状态。"不过,以此为基准难以确定国民的健康程度,日本政府根据国际健康促进大会提出的内容制定出《健康日本 21 世纪促进法》,提升日本全体国民的健康水准。现如今,日本国民的健康问题和健康指标发生了改变,这使健康服务标准开始重新定位。在 20 世纪 60 年代以前,卫生服务更倾向于降低婴幼儿的死亡率,迎来第一波人口红利;而 20 世纪 60 年代以后,随着经济物质水平的提高,慢性病和生活习惯病的预防逐渐成为这一时期乃至今后发展的主题。20 世纪末日本成为世界上最长寿的国家,既要维持健康的寿命又要提高生活质量成为现如今对健康的诠释,通过健康促进充分合理利用卫生资源、提高健康生活水平,是今后卫生事业的发展目标。

2012 年日本男性的平均寿命达到 79.94 岁,女性平均寿命为 86.14 岁,成为世界上第一长寿国家。[2]随着《健康日本 21 世纪促进法》的实施,年龄大并不能成为判断老年人长寿的唯一标准,健康长寿这一概念被广泛应用,能够以自立、健康的生活状态开启自己的老后生活,也成为日本老年人对养老的追求和设定目标。根据日本内阁府"第八次老年人生活和意识国际比较调查(2015 年)"(如表 3-2a、3-2b、3-2c)显示,回答"健康"很健康亚健康的老年人(60 岁及以上的男女)的比率中瑞典为最高(67.6%),其次为美国(67.1%),再次为日本(64.8%),接着为韩国(43.2%)、德国(33.5%)。纵观各国健康状态,在回答"健康"这一栏中,结合第一次(1980 年)到第八次(2015 年)期间的调查结果,日本、瑞典、德国一直以稳定的发展速度提高健康水平,而美国在第八次调查中超越日本居于第二位,迅速地提升了健康水平。

---

① グリーン,L.W./クロイター,M.W.神馬征峰訳.実践ヘルスプロモーションーモデルによる企画と評価[M].1 版.東京都:医学書院株式会社,2005:97-96.

② 直井道子,中野いく子,和気純子.高齢者福祉の世界[M].補訂版.東京都:有斐閣株式会社,2014:112-170.

表 3-2a　　日本内阁府第八次老年人生活和意识国际比较调查(日本)(2015 年)

具体健康状况	第一次	第二次	第三次	第四次	第五次	第六次	第七次	第八次
很健康	57	54	51	51	53	64	65	65
亚健康	29	34	39	37	39	30	29	29
偶尔住院治疗	12	9.9	8.9	11	7.2	5.2	5.1	5.1
长期卧病在床	2.2	1.7	0.8	1.4	0.5	0.5	0.4	0.6
无回答	0.7	0.3	0.2	—	0.2	—	0.4	0.1

资料来源:日本内阁府.平成 27 年年度第 8 回高齢者の生活と意識に関する国際比較健康·福祉調査結果[R].2015:18-20.

表 3-2b　　日本内阁府第八次老年人生活和意识国际比较调查(美国)(2015 年)

具体健康状况	第一次	第二次	第三次	第四次	第五次	第六次	第七次	第八次
很健康	62	64	65	67	66.7	61	61	62
亚健康	24	24	23	23.3	24.2	32.7	31	27
偶尔住院治疗	11	9.9	7.7	6.8	6.6	6.1	6.6	5
长期卧病在床	0.9	0.6	1.2	1.2	0.9	0.2	0.8	0.5
无回答	2.1	2	3.5	1.6	1.7	—	—	—

资料来源:日本内阁府.平成 27 年度第 8 回高齢者の生活と意識に関する国際比較健康·福祉調査結果[R].2015:18-20.

表 3-2c　　日本内阁府第八次老年人生活和意识国际比较调查(德国、瑞典)(2015 年)

具体健康状况	德国						瑞典		
	第三次	第四次	第五次	第六次	第七次	第八次	第五次	第七次	第八次
很健康	35.6	34.2	32.9	34	34	34	69	67.6	60
亚健康	54.7	51	55.8	58	57	56.2	26	24.5	31
偶尔住院治疗	8	12.9	10.6	8.1	8.1	8.3	5.7	7.2	8.8
长期卧病在床	0.7	1.9	0.6	0.7	0.2	1.1	0.3	0.7	0.3
无回答	1	—	0.1	0.1	0.3	0.4	—	—	—

资料来源:日本内阁府.平成 27 年度第 8 回高齢者の生活と意識に関する国際比較健康·福祉調査結果[R].2015:18-20.

日本厚生劳动省在 2016 年《国民基础生活调查》中,对 60 岁及以上不同年龄段的老年人对自身疾病的认知情况比率[①],以及疾病对老后生活影响比率[②]、住院治疗比率做了调查和统计。如表 3-3a 所示,2016 年针对 60 岁及以上的老年人健康状态,分别通过对 1000 位男性和 1000 位女性进行调查了解到:60~69 岁年龄段男性自身疾病认知率为 330.6,女性为 373.5;70~79 岁年龄段男性自身疾病认知率为 432.2,女性为 477.2;80 岁及以上男性自身疾病认知率为 499.1,女性为 533.2。由此可见,随着年龄的升高,老年人对自身疾病情况的认知比率逐渐升高,并且女性略高于男性,由于医疗技术水平的提高和对疾病风险抵御能力的增强,同 2013 年相比,60 岁及以上老年人的疾病认知率不论男女都呈现出下降趋势。

表 3-3a 日本 60 岁及以上老年人自身疾病认知情况比率(单位:‰)

年龄阶段	2013 年		2016 年	
	男性	女性	男性	女性
60~69 岁	338.5	385.5	330.6	373.5
70~79 岁	448	497.4	432.2	477.2
80 岁及以上	528.1	542.9	499.1	533.2

资料来源:日本厚生劳动省政策统计.国民生活基礎調查(平成 28 年)の结果からグラフでみる世帯の状况[R].2016:27—30.

对 1000 位 60 岁及以上老年人的疾病对老后生活的影响比率的调查(如表 3-3b 所示)显示,2016 年 60~69 岁年龄段男性疾病对老后生活的影响比率达到 139.5,女性疾病为 137.6;70~79 岁年龄段男性疾病对老后生活的影响比率为 219.6,女性疾病为 224.5;80 岁及以上男性疾病对老后生活的影响比率为 360.0,女性疾病为 421.4。由此可见,年龄段越大,疾病的影响程度越深、比率越高,年龄大的女性疾病影响比率要高于男性,同样随着医疗技术水平的提高,同

---

① 自身疾病的认知情况比率,每 1000 人中能够认识到自己患有疾病的人数比率(住院患者除外)。

② 对生活影响比率,指每 1000 人中认为在日常生活中,如外出、工作、家庭、学习、运动等方面有影响的人数(住院患者除外)。

2013 年相比,疾病影响率逐渐下降。

表 3-3b　日本 60 岁及以上老年人自身疾病对老年生活的影响比率(单位:‰)

年龄阶段	2013 年		2016 年	
	男性	女性	男性	女性
60～69 岁	145.3	137.7	139.5	137.6
70～79 岁	230.7	235.7	219.6	224.5
80 岁及以上	387.1	435.7	360.0	421.4

资料来源:日本厚生劳动省政策统计.国民生活基礎調査(平成 28 年)の結果からグラフでみる世帯の状況[R].2016:27-30.

从以上数据可以分析出,2016 年约一半以上老年人认识到自身身体的疾病问题,但对老后生活的影响比率仅占总人数的 1/5。

表 3-3c 反映了 60 岁及以上老年人的住院比率逐年提高的情况。对 1000位入院治疗的老年患者分别进行了调查,2016 年,60～69 岁年龄段的男性住院比率为 583.3,女性为 581.1;70～79 岁年龄段男性住院比率为 704.2,女性为 711.2;80 岁及以上男性住院比率为 729.1,女性为 731.0。根据数据显示,2016 年处于 60～69 岁、70～79 岁这两个年龄段的男女老年患者入院率皆高于 2013 年这两个年龄段,这与人口老龄化的逐年严重程度息息相关。

表 3-3c　日本 60 岁及以上老年人住院比率(单位:‰)

年龄阶段	2013 年		2016 年	
	男性	女性	男性	女性
60～69 岁	574.1	578.9	583.3	581.1
70～79 岁	702.8	711.5	704.2	711.2
80 岁及以上	733.3	734.5	729.1	731.0

资料来源:日本厚生劳动省政策统计.国民生活基礎調査(平成 28 年)の結果からグラフでみる世帯の状況[R].2016:27-30.

同时,厚生劳动省还在 2016 年的《国民基础生活调查》中对老年人日常意识到自身的疾病种类和入院治疗的疾病类型分性别和年龄段做了调查。其中,表 3-4a 显示了各 1000 位男女老年人自身认知到的疾病种类。在 60～69

岁年龄段的男性疾病排名中,第一位是腰部疼痛(133.4)、第二位是肩膀疼痛(79.1)、第三位是手脚关节痛(63.0),同一年龄段的女性中疾病排名与男性相同,但比率均高于男性;在70~79岁年龄段的男性疾病排名中,第一位仍是腰部疼痛(170.1)、第二位则是尿频(104.9)、第三位是手脚关节痛(87.1),同一年龄段的女性中同样疾病排名与男性相同,但比率仍高于男性;在80岁及以上年龄段男性疾病排名中,第一位是腰部疼痛(200.5)、第二位是听力下降(164.0)、第三位是尿频(131.4),同一年龄段的女性中排名第一位是腰部疼痛(225.8)、第二位是手脚关节痛(173.0),第三位则是手脚活动不灵活(157.8)。由此可见,对自身疾病的认知多停留在外科骨骼、泌尿方面,多数为身体老化所导致身体机能运转能力下降,有必要进行长期康复和理疗。

表 3-4a　日本 60 岁及以上老年人自我认知疾病种类及比例(单位:‰)

年龄阶段	男性			女性		
	第一位	第二位	第三位	第一位	第二位	第三位
60~69 岁	腰痛	肩膀痛	手脚关节痛	腰痛	肩膀痛	手脚关节痛
	133.4	79.1	63	143.7	135.9	98.6
70~79 岁	腰痛	尿频	手脚关节痛	腰痛	肩膀痛	手脚关节痛
	170.1	104.9	87.1	202.9	147.3	139.4
80 岁及以上	腰痛	听力下降	尿频	腰痛	手脚关节痛	手脚不灵活
	200.5	164	131.4	225.8	173.0	157.8

资料来源:日本厚生劳动省政策统计.国民生活基础调查(平成28年)の结果からグラフでみる世帯の状况[R].2016:27-30.

表 3-4b 显示了使各 1000 位老年人入院治疗的某种疾病。其中,在 60~69 岁年龄段的男性疾病排名中,第一位是高血压(251.9)、第二位是糖尿病(122.8)、第三位是高血脂(80.2),同一年龄段的女性疾病排名第一位是高血压(203.5)、第二位是高血脂(133.6)、第三位是眼疾(87.2);在 70~79 岁年龄段的男性疾病排名中,第一位仍是高血压(301.4),第二位是糖尿病(151.1),第三位是眼疾(127.3),同一年龄段的女性中第一位是高血压(293.6),第二位是眼疾(161.9),第三位是高血脂(140.4);在 80 岁及以上年龄段男性疾病排名中,第一

位是高血压(295.8)、第二位是眼疾(153.5)、第三位是前列腺肥大(132.9),同一年龄段的女性中排名第一位是高血压(334.6)、第二位是眼疾(178.5),第三位是腰痛(156.9)。由此可见,入住医院的老年人多数是由慢性病原因造成的,出院后继续康复治疗和预防慢性病的复发等工作是老年健康生活中的重要课题。Y

表 3-4b　日本 60 岁及以上老年人入院治疗疾病种类及比率(单位:‰)

年龄阶段	男性			女性		
	第一位	第二位	第三位	第一位	第二位	第三位
60~69 岁	高血压	糖尿病	高血脂	高血压	高血脂	眼疾
	251.9	122.8	80.2	203.5	133.6	87.2
70~79 岁	高血压	糖尿病	眼疾	高血压	眼疾	高血脂
	301.4	151.1	127.3	293.9	161.9	140.4
80 岁及以上	高血压	眼疾	前列腺肥大	高血压	眼疾	腰痛
	295.8	153.5	132.9	334.6	178.5	156.9

资料来源:日本厚生劳动省政策统计.国民生活基礎調査(平成 28 年)の結果からグラフでみる世帯の状況[R].2016:27-30.

此外,根据日本厚生劳动省在 2016 年对日本男女老年人健康意识的调查(见表 3-5),随着年龄的增长回答"很好""较好""一般"的老年人不论男女都呈递减趋势,而回答"较差""很差"的男女人口比例却逐渐递增。对于后期老年人的护理问题,培养能够独立、自主养老的健康身体是人口老龄化中应倡导的课题。

表 3-5　日本 60 岁及以上老年人健康意识构成比例(单位:‰)

年龄阶段	男性						女性					
	很好	较好	一般	较差	很差	不详	很好	较好	一般	较差	很差	不详
60~69 岁	14.2	15.7	54.3	12.8	1.9	1.2	13.1	16.3	55.2	12.6	1.5	1.4
70~79 岁	12	15.8	49.2	17.6	3.5	1.9	10.4	14.8	51.3	18.2	3.2	2.2
80 岁及以上	7.3	13	44.7	25.5	6.8	2.7	5.7	11.6	45	28.5	6.5	2.7

资料来源:日本厚生劳动省政策统计.国民生活基礎調査(平成 28 年)の結果からグラフでみる世帯の状況[R].2016:27-30.

从 2000 年开始,世界卫生组织提倡健康寿命,健康寿命这一新词开始替代平均寿命而被广泛使用。现如今的养老目标不单是延长自身寿命,还是在确保健康生活的前提下延长余生的年龄。健康寿命指以身心健康为前提,日常活动不受限制而能够独立生活。表 3-6 显示,2016 年日本国民平均寿命男性为 80.98 岁,女性为 87.14 岁,而健康寿命则是男性 72.14 岁,女性 74.79 岁,差值分别为 8.84 岁和 12.35 岁。平均寿命和健康寿命的差值显示了日常生活受限制的时期,即健康出问题而无法独立生活的时期。近年以来,虽然健康寿命和平均寿命的差距逐渐缩小,健康寿命和平均寿命分别呈递增趋势,但这也暗示了今后国家医疗和护理保险费用将大幅度增加、家庭养老费用花销增大,日本政府在确保健康防患于未然的同时,也开始着手应对即将到来的高额养老费用支出问题。

表 3-6　日本全国平均寿命和健康寿命的变化以及差值(单位:岁)

年份	男性			女性		
	平均寿命	健康寿命	差值	平均寿命	健康寿命	差值
2001	78.07	69.4	8.67	84.93	72.65	12.28
2004	78.64	69.47	9.17	85.59	72.69	12.9
2007	79.19	70.33	8.86	85.99	73.36	12.63
2010	79.64	70.42	9.22	86.39	73.62	12.77
2013	80.21	71.19	9.02	86.61	74.21	12.4
2016	80.98	72.14	8.84	87.14	74.79	12.35

资料来源:日本厚生科学审议会.健康日本 21(第二次)推进专门委员会中间评价报告书素案别添[R].2018.

二、自立养老观的确立和实行

日本政府一直提倡自立养老观念,在各项法律和制度中都有所体现。《社会福利法》中第一条明确规定出在全体国民自助、维护国民尊严的前提下,使国民在原居地能够按照自己的生活方式经营自身生活。1963 年出台的《老人福祉法》中第二条明确规定了老年人的经济收入,以确保老年人健康安全地生活为前提,必要时可进行经济援助,这就为自立养老奠定了最基本的经济基础。① 1982 年《老年人保健法》确立,次年厚生劳动省设置老年人对策企划促进部门,针对构建长寿型老龄化社会提出准则,其中第一条即是构建自立自助的援助体系(从机构保护、收容方向转为自立帮扶)。1989 年推行老年人保健福利推进十年战略计划,在整备护理基础配套设施和完善护理机构体系建设的同时,开始向居家服务自立援助方向转变。并且,1994 年修正的新老年人保健福利推进十年战略中进一步明确了以利用者为主体、尊重个人意愿为前提开展自立援助活动。② 2000 年《护理保险法》出台,《护理保险法》第一条中同样规定了在维护和保持个人尊严的前提下接受照护服务。并且,制度的核心理念是根据每个人的能力,能够独立自主地经营自己的日常生活。

　　日本老年人的护理理念是重视独立养老和提高老年人的生活质量。虽然战后日本老年人的人均寿命大幅度提高,但是从 20 世纪 80 年代起老年人在医疗方面的问题逐渐凸出,总体表现在长期卧病在床的老年人数增多、痴呆症患者人数增多、老年人的护理费用增多、"社会化"住院现象日益严重这四个方面。针对这四个方面,日本厚生劳动省提出今后养老发展方向不要执意追求年龄上的"长寿",否认长期卧病在床这种长寿形式,构建一个健康、有质有量的老年生活将是养老的重点。正如前文所述,应根据健康促进大会提出的《健康促进法》提升国民健康寿命。为此,重视老年人 QOL(quality of life)③的生活意识形态和提高老年人 QOL 水平也是实现健康寿命的手段之一。1989 年厚生劳动省为提高 QOL 的水准,率先提出"实现无卧病在床的老人战略计划",如表 3-7 所示,通过出台与老年人相关的一系列保健计划,实现能够独立自行支配老后生活这一目标。不过,这些计划在实施的最初 5 年并不是很成功,随后又出台相应政策进行弥补,甚至造成医疗、福利、护理、保健预防、日常生活碎片化的状态,急需一个统合平台将各

---

① 日本厚生労働省.社会福祉法[A].社会福祉事业及び社会福祉法人について(参考资料),1952.

② 日本衆議院.法律第八十号老人保健法[A].第 96 回国会制定法律,1983.

③ quality of life 指生活的质量、生命生存的质量。一般从身体健康、心理学的层面反映、自立水准认定、社会关系、生活环境、宗教和信仰这六方面来界定。

方政策和实行方法统一起来。

表 3-7　日本无卧病在床老人战略计划

年份	政策名称
1990	老年人保健福利推进十年战略(黄金十年计划)卧病在床老人 0 作战计划
1994	老年人保健福利推进十年战略修订(新黄金十年计划)新卧病在床老人 0 作战计划
1999	今后五年期间老年人保健福利实施政策的方向(黄金计划 21)
2000	多元化健康发展战略
2005	健康发展战略
2006	老人保险事业从 65 岁到 85 岁
2007	创建人生 85 年愿景会
2012	人生 90 年构建

资料来源:米满弘之.地域包括ケアシステムにおける地域リハビリテーション[J].病院(75 卷),2016(4):24-34.

第三节　少子老龄化社会对日本社会的影响分析

2019 年 7 月,日本总务省发表的最新人口动态调查报告显示,截至 2019 年 1 月 1 日,日本国内总人口约为 1.26 亿人,较 2018 年同期减少约 43 万人,下滑幅度创历史新高,连续 10 年减少。日本少子老龄化现象越来越严重,受 2018 年日本婴儿出生数量创历史新低的影响,日本人口总数急剧减少。2018 年日本出生婴儿为 91.8 万人,连续 3 年低于百万人,65 岁及以上人口占比增长 0.4%,达 28.06%,15～64 岁的主要劳动人口减少 0.28%,为 59.49%,老龄化在加速,并且,在第一次生育高峰期间出生的老年人即将在 2025 年达到 75 岁,成为后期高龄者,预测人数高达 2179 万人。与此同时,处于第二次生育高峰出生的老年人将成为 65 岁及以上的前期高龄者,预测人数为 3675 万人。[①] 今后,后期高龄者的人数将会大幅度增加,

---

① 日本総務省統計局.人口推計(令和元年(2019 年)6 月確定値[R].2019.

死亡率也不断升高,需要接受照护的老年人人数也会随之递增。不过,人口减少带来了劳动力减少的问题,企业难以确保所必需的人才,经济规模发展受到限制,经济开始萎缩,护理医疗费用支出增大,这对日本经济和社会的发展带来巨大的挑战。

一、长期护理保险支出费用增加

随着护理保险制度的修订和完善,护理服务种类逐渐增多,例如,入住特殊养老护理机构、借贷购买保健器材、新增痴呆症老人康复之家等多项业务活跃在居民生活中。不过,如此"贴心"的业务也带来了庞大的护理保险费支出的问题。如图 3-2a 所示,制度创设之初的支付费用是 4 兆 1 千亿日元(约合 4 万 1 千亿元人民币)左右,短短的 10 年间已经增加到了 10 兆日元(约合 5 千亿元人民币),增加了 2 倍之余。不但护理支付费用增加,需要接受护理鉴定的人数也在逐年递增,如图 3-2b 所示,随着老龄化的加剧,给财政带来了巨大的支付压力。针对这一点,厚生劳动省出台了控费政策,开始适当控制护理预防和支付的费用。

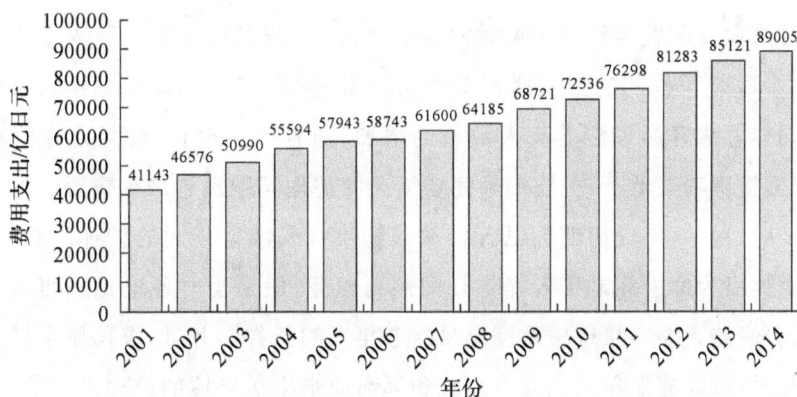

图 3-2a　护理费用支出(2000—2014 年)逐年递增情况

资料来源:根据日本厚生劳动省 2014 年《平成 26 年介護保険事業状況報告》整理而得。

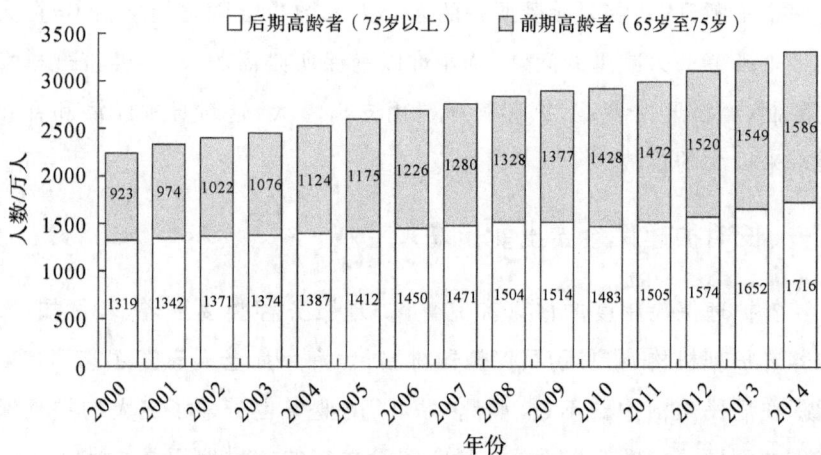

图 3-2b　需要鉴定被护理的老年人逐年递增情况（2000—2014 年）

资料来源：根据日本厚生劳动省 2014 年《平成 26 年介護保険事業状况報告》整理而得。

二、痴呆症老年人人数增加

痴呆症是随着年龄的增长而发病率增大，65 岁及以上的老年人中预测达到 15%，团块世代的老年人到 2025 年预测将达到 470 万人。[1] 老年人口的增加也同样意味着痴呆症老年人数量的增加，随着年龄增长，痴呆症患病率增大，家庭护理功能低下，关注痴呆症老年人的护理问题也越来越重要。日本政府从 20 世纪 90 年代初期即已开始探索解决痴呆症老年人的护理问题，1992 年首次提出为痴呆症老年人提供日间照料服务，但是当时各地日间照料场所有限，普遍缺乏能够接待中重度痴呆症老年人的条件。并且，根据厚生劳动省调查显示，痴呆症老年人在规模过大和远离原来生活环境的护理机构中，容易出现情绪不稳定的现象，然而在有家属、有熟人陪伴的环境中反而能够缓解痴呆症的发展。2006 年日本政府对护理保险制度进行了进一步的修改，开始向痴呆症老年人及独居老年人推广"地域密集型服务"。此后，更进一步加强痴

---

① 直井道子，中野いく子，和気純子.高齢者福祉の世界[M].补订版.东京都:有斐閣株式会社，2014:208.

呆症老年人的护理和预防措施,对痴呆症老年人的家属进行援助工作,在痴呆症老年人熟悉的生活地域里构建一个看护和援助体系。

三、积极应对"护理难民"的问题

伴随着老龄化程度的加深,需要护理的老年人数不断增加。据厚生劳动省统计,截至 2015 年 4 月,需要护理的老年人人数在全国已经达到了 607 万人,近 10 年之内人数达到了 3 倍的增长,如图 3-3 所示。

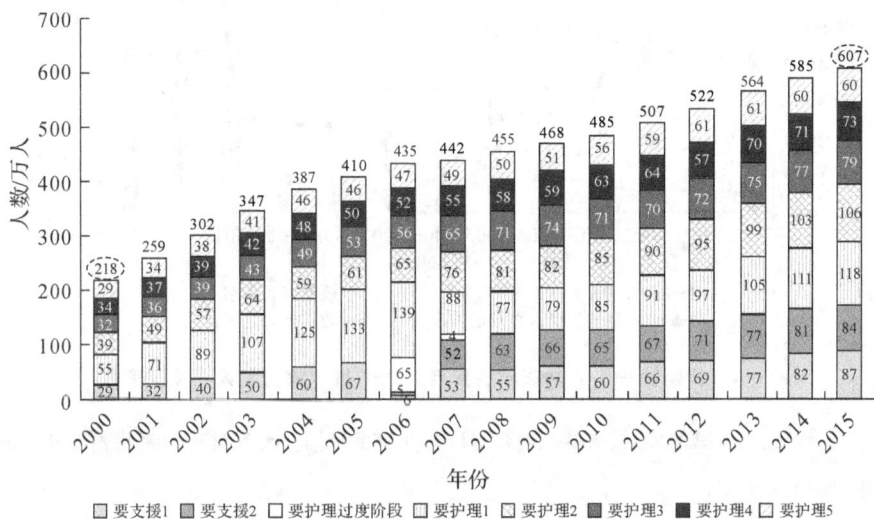

图 3-3　需要护理认定者人数的增长

资料来源:根据日本厚生劳动省 2014 年《平成 26 年介護保険事業状況報告》整理而得。

与此同时,养老机构的入住难问题也愈发突出。日本的养老院机构总共分成四大类:收费老人之家、老年住宅、护理保险机构、福利型服务机构。其中,收费老人之家和老年住宅属于民营机构,入住费用中自费比例比较高;而护理保险机构和福利型服务机构则是由公共团体社会福利法人来运营,护理保险支付比例较高,费用相对较低而且服务设施也全面,其中最受欢迎的一种机构就是特别养护老人之家(简称:特养)。不过,特养机构少并且申请入住者数量庞大。如图 3-4 所示,特养的全国机构总数为 7605 所,大概能容纳 51 万

人入住,几乎是人满为患的状态,排队等候入住的老年人也只增不减。截至
2017 年,全国等候入住的老年人达到 52 万人,特养机构数量严重不足。护理
保险制度在 2014 年的修订中,为了减轻特养人满为患的负担,从 2015 年开始
限定新入住者条件必须是护理等级 3 级以上,进一步限定了特养机构入住对
象的等级。

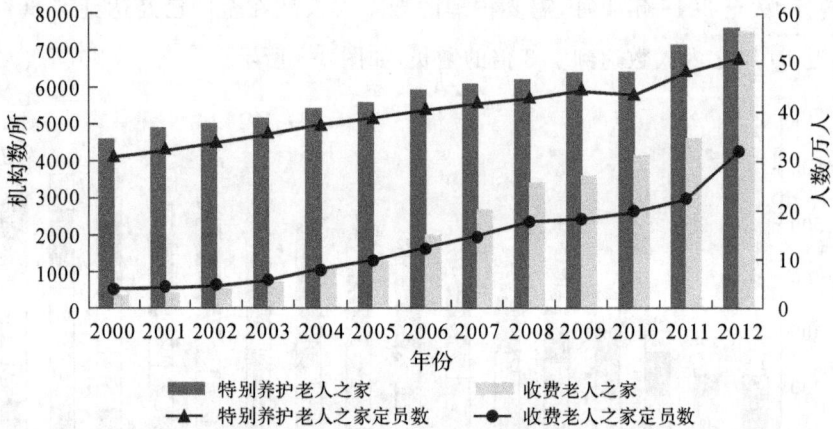

图 3-4　特别养护老人之家和收费老人之家机构数量和人员限定变化

资料来源:石橋未来. 超高齢社会における介護問題[J]. 大和総研経済構造分析レポー
ート,2014(24):2-4.

四、护理人手不足的问题

　　随着要护理的老年人数增加,护理服务的需求也不断提高,根据厚生劳动
省统计预测,2025 年需要护理人员数将达到 240 万~250 万。一方面,受少子
化的影响,日本国内的劳动力不断减少,据护理劳动安定中心统计,2016 年"深
感护理人员不足"的护理机构占到了 62.6%(见图 3-5),这种需求和供给之间
的不平衡,再加上第一次婴儿潮出生的"团块世代"中,约 800 万的老年人已经
年过 60 岁,入住养老机构困难,这些问题使得"护理难民"的问题突然爆发了。
政府今后如何做好居家养老和护理预防的有效衔接,老年人如何更好地接受
适当的护理服务以及有效抑制"护理难民"的发展成为日本政府现如今不得不
解决的问题。

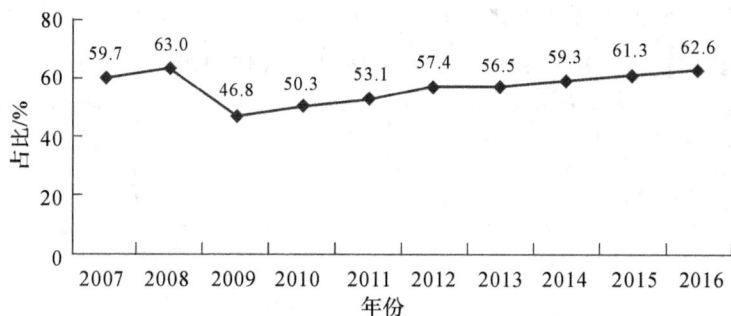

图 3-5　护理机构"深感护理人员不足"的历年统计

资料来源:护理劳动安定中心.平成 28 年度介護労働実態調査の結果~介護人材の不足感は4年連続増加~[J].公益財団財団法人介護労働安定センター,2016:1-3.

本章小结

本章主要做了以下几方面的工作:第一,深度分析了日本少子化的形成和当今少子化的状况。通过数据分析和图表描述了日本四个阶段人口更替的变动,但自从 1975 年生育率降至 1.91 后就未达到 2.0 以上,可推定日本已进入生育率陷阱,近 5 年平均每年下降 30 万人,人口减少的前景不容乐观。

第二,在少子化形成的前提下老龄化也随之加剧。本章先明确了老龄化的概念以及全球老龄化的趋势,总结出日本老龄化的发展特点及其速度高于其他欧洲老龄化国家。然后分析日本二战后人口结构的转变,并且通过数据分析得出日本当今社会老龄化程度的严重性。

第三,通过健康意识调查、入院的疾病种类分析和老年人生活意识国际比较等来叙述日本老年人的健康状况。日本政府根据健康促进大会的原则,制定出《健康日本 21 世纪促进法》,提升全体国民的健康水平,倡导健康寿命。为缩小健康寿命和平均寿命的差值,在维系自己尊严的前提下,确立自立的养老观念,并且在多部政策法规中体现出来,引入老年人 QOL 价值观念,不断完善老年人的健康生活水平。

　　第四,分析了少子老龄化给日本带来的影响。一是人口不断减少导致经济发展规模缩小;二是老龄社会导致护理机构入住困难、人满为患,随之而来的是护理人员人手不足和痴呆症老年患者增多,最后导致护理保险费用支付增大。

第四章　日本地域综合照护服务体系的建立

第一节　日本地域综合照护服务体系的理念

一、日本地域福利思想概述

日本地域福利早期作为社会福利制度发展中的辅助政策,根据社会福利制度的发展实行一系列具体福利实践工作。早期思想多集中于慈善救济方面、社区组织理论,以及如何构建福利型社区。随着 20 世纪 70 年代日本进入少子老龄化社会,对老年人的护理问题越来越突出,但由于人口流失和少子化的影响社区功能越来越薄弱,为完善社区建设、充分利用和开发社区资源、解决关系当地居民切身利益的实际问题,地域福利在 70 年代开始进行理论构建并逐渐成为日本福利国家的发展主流。

上野谷加代子(2016)总结了冈村重夫、右田纪久惠、永田干夫等学者对地域福利的理论背景、特征和内容的界定。在经济高度增长的背后带来了一系列的地域性社会问题,冈村重夫从社区照顾、预防型社会福利、地域组织化这三个方面提出地域福利概念框架,通过梳理地域福利的概念和种类,总结出社会福利的实施主体是社区,应重视地域中居民的主体性、重视地域组织化和福利组织化以及福利型社区的构建。右田纪久惠从地域福利的概念构建方面提出自治型地域福利理论,并且在社区治理中通过自我管理模式开展自治工作,这也是新公共政策构建的理论基础。永田干夫从福利服务的角度分析了服务的重点是改善良好的生活和居住环境,为居家福利服务的开展创造有利条件,实现地域中每位居民和每户家庭能够独立自主地经营自己的生活。

岡村重夫(1974)在《地域福利论》中最早对地域福利的概念从三方面进行了界定,同时也明确了其发展思想。第一,社区照顾方面。确保援助对象与地域社会在紧密联系的前提下,以家庭为单位,开展适当的福利援助服务,做好机构照顾与居家照顾的一体化衔接的福利服务模式。第二,增强地域组织化建设,促进地域社会的形成,实现社区照顾服务模式。当地居民自发组织福利活动开展社区建设,必要时通过福利组织机构开展福利援助活动,实现构建福利型社区的目标。第三,预防型社会福利服务的构建。通过维护基本社会福利制度与地域社会之间的关系,构建预防型福利社区。

永田干夫(1988)在《地域福利组织论》中,从社区组织理论角度总结了地域社会中社会福利协会这一机构建设的理论基础和功能,并且提出地域福利的本质就是居家福利。居家福利以预防型福利服务为主,通过专业护理、居家护理等提高福利服务的质量,建设福利型社区,促进居民参与体制的形成,增强福利组织化体系构建。

右田纪久惠(1993)在《自治型地域福利的开展》中以居民自治为前提开展自治型地域福利,形成地方自治体。地域福利与地方自治是密不可分的,以地域为基盘促进当地居民主体力量的形成,开展自律和自治相关活动以提高地区自治能力。并且,在地域福利实践中重视公私协作关系,构建新公共性的地域福利理论。

日本地域福利发展至今,已经形成了一个具有规模性和系统性的学科,在先前理论总结和研究的基础上,野口定久(2018)从经济发展的时代大背景和社会福利学界中理论的变迁角度对地域福利的思想进行了概括,如表 4-1 所示。

第一时期从 20 世纪 70 年代至 1992 年泡沫经济结束,当时在社会福利学中正常化①思想盛行,以确保贫困者和残疾人回归正常生活为目标,地域福利的开展以提供居家福利服务为主,政府机构和社会福利协会通过地域组织化的运营模式,实现居民参与型福利社区构建。第二时期从 20 世纪 90 年代至

---

① 正常化:英文为 normalization,由丹麦学者班克·米克尔森首先提出这一思想,主张任何残疾人都不能被差别对待,应与普通人无区别对待并获得参与社会生活的机会,并且在社会生活中应平等享有机会和地位、享有平等权利与承担平等的义务。

2008 年雷曼冲击事件结束,统合思想在当时社会福利学界盛行,以遭受社会排挤、被孤立的人群作为福利服务的援助对象,通过社区工作的援助方法,以新型公共政策制定和相互协作的运营模式提供多元化的福利服务,并提高居民的主体地位,推进地域福利的运行。第三时期为 2008 年至今,社会包容思想在社会福利学界盛行,对于过于庞大、多样、复杂的人群,志愿者和专业工作人员通过开展地域综合照护服务体系和提供全方位的福利服务,开展相关福利活动。通过社区治理,社会福祉法人和企业多方团体加入其中协助地域福利的运营。

表 4-1　地域福利思想变迁构成要素

内容		泡沫经济期 (20 世纪 70 年代 —1992 年)	雷曼冲击期 (20 世纪 90 年代 —2008 年)	雷曼冲击后 (20 世纪 2008 年至今)
基础要素	理念	正常化	统合	社会包容
	对象	贫困、身心障碍者	社会排挤、孤立者	多样化、复杂化
政策与 实践要素	供给	家庭供给	福利多元化供给模式	地域综合照护服务体系
	方法	地域组织化	社区工作	社会工作者
	参加	居民参与型	居民主体型	专业人士、志愿者与居民互助协作
	政策	政策型福利	实践型福利	政策实现型福利
	经营	行政部门主导的社会福祉	公私协作模式	地方治理
运营要素	运营	社会福利协会主导的地域福利	地域福利主流化	社会福祉法人和企业协作
	财源	补助金、委托金	税金、自主财政	公共事业创收、民间财政、捐款、税金

资料来源:野口定久.ゼミナール地域福祉学図解でわかる理論と実践 [M].東京:中央法規出版社株式会社,2018:14-15.

　　地域福利作为一个中间层面组织,紧密衔接政府、市场层面与家庭层面之间的联系,确保公共部门、居民、国民个体三个领域之间的协调和衔接。其中,通过专业技术人员的援助和合作、上门护理、社区照顾等服务形式,共同解决当地居民存在的问题并且满足居民的社会性需求,促进当地居民参与地域实践活动,为公共政策的制定提供有效资源。在历经正常化、统合性、社会包容思想变迁的基础上,地域福利今后的核心发展思想构造如图 4-1 所示。

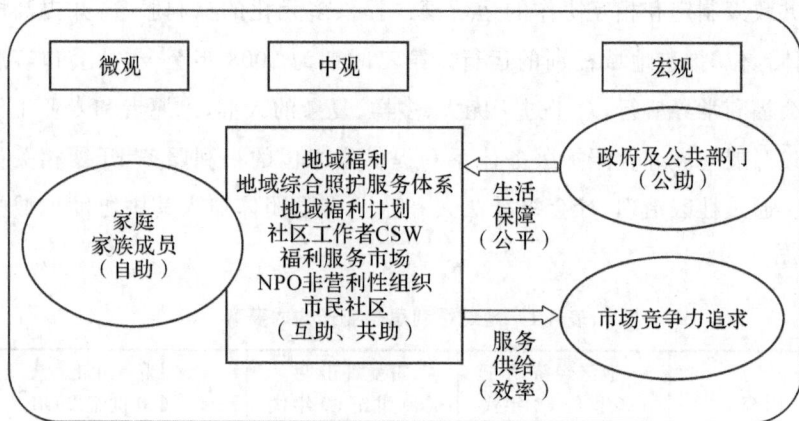

图 4-1　地域福利核心发展思想构造

资料来源:野口定久.ゼミナール地域福祉学図解でわかる理論と実践 [M].東京:中央法規出版社株式会社,2018:20-21.

在福利国家对福利服务资源的供给方面,政府和市场占主导地位。但尽管在公平和效率的前提下,如老年人的护理、残疾人照顾、儿童照顾等问题,仍无法满足每个个体及家庭成员的需求,从而逐渐演变成社会问题。作为一个承上启下的衔接体,地域福利在协调国家(中央政府、市场)与个人(居民)之间的关系时,不断解决出现的各类社会问题,并且这三个层面形成自助、互助、共助、公助的协调发展模式。政策方面通过最低生活保障制度、福利多元化供给模式的政策转变、财政资源的再分配制度等着手解决地域中社区功能的衰退和地方财政危机问题,同时,增强居民个体对所在社区的信赖度和参与性,缓解居民生活不安定、社会排斥、被孤立等问题,通过不断完善地域福利的政策建设和发展模式,最终形成福利国家生活保障体系。

二、自助、互助、共助、公助理念的形成

随着 20 世纪 80 年代日本社会福利基础构造改革,1998 年中央社会福利审议会设立了社会福利构造改革分会。该分会确立了社会福利基础构造改革

的方向,2000 年在原社会福利事业法的基础上进行改革,出台了社会福利法,标志着社会福利基础构造改革进入一个新阶段,地域福利学开始成为社会福利研究的核心对象。同时,该法明确了日本福利社会中自助、互助、共助、公助的法律地位和内容。

　　首先,《社会福利法》中第三条规定了以自助为前提的生活援助,强调自助的作用。在维护每个人尊严的前提下,在原居地中依照自己的生活方式独立生活。其次,《社会福利法》中第四条规定互助配合自助,推进地域福利体制建设。居民积极参与当地福利实践活动,配合专业人士进一步提高自身的生活质量,根据当地特色构建一个居民与专业工作者互助的合作体系。当地居民作为活动主体,社会福利法人为代表的服务供给第三方以及 NPO、志愿者、非营利性组织,以构建地域共生社会为目标促成一个良性互助循环系统模式。再次,《社会福利法》第五条规定了福利服务的供给原则,服务利用者根据自身情况可自行选择福利服务,服务供给方,协调各领域构建多元化、综合性的服务供给系统,以此强调公助的能动作用。政府部门在福利服务实践中设立社会福利援助部门,处理投诉、对供给方进行监督和测评,保证利用者的合法权益以及提高服务质量。最后,《社会福利法》第六条规定国家和公共部门以及各个公共团体组织、第三方非营利组织共同协力,整合基础设施构造改革,在扩大居民福利权益的同时,确保利用者的合理使用权和公平化收费标准,进一步确保福利服务的供给体制运行。

　　日本社会福利基础构造改革围绕日本福利思想中自助、互助、共助、公助这四个方面内容,提出了构建共生社会面临的情况和亟待解决的问题。在倡导正常化、尊重基本人权的前提下应对今后各个层面的社会问题,地域福利尤为重要。在整合社区资源、各方协作的基础上构建地域综合照护服务体系,发挥地域的能动性,实现福利型社区的建设。

　　2000 年在日本社会福利发展中一个重大举措是设立了护理保险制度。护理保险制度每隔三年进行一次修改,每次修改都围绕地域福利中居家养老、上门护理等系列主题进行积极探讨和改进。2005 年的改革中设立了地域综合援助中心,并且强调了要以地域为依托开展健康预防,提供综合性和持续性的护理保健服务。2010 年 3 月,在地域综合研讨会上发表了地域综合照护研究会报告书,报告书明确指出要以 2025 年为目标年构建地域综合照护服务体系,并且以自助、互助、共助、公助这四个社会福利思想为基础,开展地域综合照护服务体系的理念构建。

地域综合照护服务体系从护理保险制度中提出,但其发展路径并未局限于护理保险制度框架内,为确保提供多元化、高质量、综合性的福利服务,庞大的开销使得少子老龄化的国家财政难以承担,并且单纯依靠政府部门和政策提供的福利服务无法满足日益增加的国民需求。为了满足在原居地生活的居民多样性的福利需求,从财政角度增加自助和互助,以自助为基础、互助为补充来完善共助和公助。首先,自助在尊重自身意愿的前提下自己管理自己的健康情况,并且自己承担购买福利服务所需的费用;其次,互助指家庭、周围邻里互相帮助。多数由当地居民自发组成的志愿者团体针对所居住地开展物质和精神方面的援助活动,例如,居民捐款、不特定的慈善救助等。不过,在互助的实施范围中有时与自助和共助、公助相重复,开展有偿性志愿者活动时尽管收取低于市场价格的费用,但仍可属于一种自助行为;并且,市町村行政部门定期对该地区的居民自治团体进行经济补助,这也可成为共助和公助的一种表现形式。最后,在护理保险缴费中,居民自身只承担 10% 的费用,其余强制性缴费和政府负担均属于共助和公助,这可以理解成社会保险的制度和内容,属于公助的范畴。具体见表 4-2。

表 4-2 自助、互助、共助、公助理念下的内容

自助	互助	共助	公助
原居地独立生活	当事人团体组织		为志愿者和居民提供的公共援助
自己管理自己的健康(self care)	再就业	护理保险制度和相关服务	财政支持下的老年福利事业
支付福利服务	志愿者活动		生活保护
	居民自治团体		拥护人权、防止虐待

资料来源:根据日本厚生劳动省老健局.地域包括ケアシステムについて[R].2013:10-11 整理得到。

随着社会情况的改变和时代的变迁,现如今自助、互助、共助和公助的范

围和内容也随之有所改变。预计到 2025 年城市郊区居住的老年住宅团体数量以及空巢老人数量会增多,在地缘和血缘关系逐渐弱化的都市外部,互助的功能将逐渐增强,应扩大当地居民交往层面,在共同爱好的基础上增加娱乐和社会活动、知识讲座等推进多方面交流,发挥地域福利的统合思想,以开展居民自治为前提,通过护理保险制度的实施,构建一个安全、安心、高质的地域综合照护服务体系。

第二节 日本地域综合照护服务体系政策制定和制度化形成

一、《护理保险法》的修改

二战后初期,日本先后颁布了福利三法[1],其中,在《生活保护法》中建立了保障低收入老年群体的救济制度。进入 20 世纪 60 年代,随着社会结构和经济发展的变迁,人口老龄化率为 5.9%,为完善社会福利制度,构建一个法律化的福利体系,日本政府又颁布了《老人福利法》(1963 年)。沈洁(1992)指出该法将老人问题从社会救济的体系中分离出来,形成一个不与经济问题相衔接的老人福利服务体系。其中,《老年福利法》规定了居家护理服务和养老机构福利服务的服务体系和具体内容,也就是所谓的福利措置制度(简称措置福利)[2],设立特别养护老人之家,并且规定了上门护理服务人员的费用。上门服务护理员的费用设置也被制度化。70 年代,日本人口老龄化速度增快,并且随着福祉元年的到来,日本政府在社会保障福利方面支出的费用逐渐增多,修改《老人福利法》将 70 岁及以上老人的医疗费用由原来个人承担 20% 或 30% 变成免费的医疗政策,这就导致了 80 年代医疗费用支出过高的"社会性住院"问题。1982 年日本政府颁布《老年人保健法》,在老年人从疾病治疗到保健预防

---

[1] 指《生活保护法》(1946 年)、《儿童福利法》(1948 年)、《残疾人福利法》(1950 年)。
[2] 措置制度:负责实施社会福利服务事业的地方政府运用行政手段决定社会福利服务的供给。

这一系列环节中,提供全面的医疗保健服务,并且,老年人开始负担一定金额的诊疗费用。1989 年,日本政府制定老年人保健福利十年推进计划(又称"黄金计划"),计划1999—2000年整合护理基础设施建设及推进护理服务,例如,增加 5 万张日托机构病床、培养 10 万名护理员、实现在各个市町村设立日托机构、日间照护中心、居家护理援助中心、培养构建 400 所老年人生活福利中心等。并且,同时实行卧病在床老人无作战计划,完善康复机能训练和健康教育活动、实行保健居家护理指导员计划。进入 90 年代,随着福利多元化理论的发展,以及经济、社会、人口结构的改变,日本福利国家模式逐渐向多元化、地方化、普遍化的方向发展。1990 年,日本再次修订《老人福利法》,将实施主体由中央政府转移到地方政府,护理老年人由机构逐渐过渡到居家。1995 年,日本 65 岁及以上老年人口达到 14.6%,步入老龄社会,日本政府又在原有的黄金计划基础上推出新黄金计划,新黄金计划明确了护理服务的基本理念。水野正延(2015)以市町村为主体,遵从利用者本位原则基础上开展自立援助活动,奉行普遍主义,强调援助的公平性,根据老年人的具体需求提供医疗、保健、福利等多方位、综合性的服务。并且,增设更多上门护理服务项目,不断完善以地域为主体的老年人护理服务种类,进一步增强护理队伍建设,增添护理福祉士、理学疗法士、护理员等多领域的人才培养。政府部门继续扩充养老福利机构,为今后老年人护理服务事业的发展奠定理论基础和物质基础。1996 年,在老人保健福利审议会报告中发表了"老年人护理保险制度的创立",并指出新型老年人护理制度作为一种社会保险制度,老年人可根据自身情况选择服务。通过援助,老年人在可以独立生活的前提下均衡制度中经济、财政等各方面问题。1997 年,为了应对日益增加的老年人护理服务需求,日本议会通过了《护理保险法》,并规定法案从 2000 年 4 月起开始实施,规定每三年修改一次。

日本护理保险制度是在少子老龄化、压缩社会保障财政支出以及福利国家基础构造改革的大背景下提出来的。其中,日本社会福利基础构造改革使国家主导型行政的规制福利模式向地方主导型契约化地域福利模式转变,社会福利的主动权和决策权从中央政府直接下达给地方政府,强调了要以地方政府为主轴发展地域福利以及发挥民间组织在地区中医疗、保健、福利服务事务中的作用。以此解决了在规制福利模式下政府直接开展福利活动的有限性,地方政府由最初的听命执行被动态变成积极承担的主动态,并赋予居民拥有各种服务项目的决定权和选择权,激活了民间服务供给机构的竞争力,也提高了服务的效率,满足了居民对社会福利日益增长的需求。长期护理保险制度通过整合以往老年人相关福利保障措施,围绕地域福利中服务的需求和供给、输送、政策制定等多个方面不断进行完善和补充。

在日本护理保险制度实施十多年的时间里,护理服务范围不断增加,利用人数也不断增长,作为一种强制性的险种并承担起老龄化社会发展的重要责任。张昀(2016)指出,日本政府为了促进老年人更好地在原居地养老,加强了医疗、护理、预防、生活支援一体化的地方全面护理服务体系作为出发点,创立复合型服务,确保护理人才的管理机制,加强面向老年人带有护理服务设施条件的住宅建设,合理使用入住特定设施,完善生活护理服务机构。

2003 年,厚生劳动省设立了老年人护理研究会,提出了《高龄者护理研究报告书》,该报告书中指出构建居家型护理服务体系。2006 年 4 月的护理保险制度修订中,提出建立以地域为依托的护理预防服务体系,确保老年人仍可在原居住地养老。开创援助服务业务,在地域中增设援助中心和复合型地域密集型服务。2010 年,护理保险制度再次修订,明确构建一个自助、互助、共助、公助的地域综合照护服务体系,并且进一步明确其内容,强化医疗与护理预防之间的合作,推进医疗、护理、预防、居住、生活之间的援助服务业务;创设 24小时定期巡查和随时应对型看护服务;推进以人为本的组合机制,协调各项护理保险计划和医疗服务、居住计划之间的合作。

2013 年,在地域综合照护服务体系研讨会上发表了《地域综合照护服务体系研究会报告书》[①],该报告书指出,地域综合照护服务体系构建的目的是在维系老年人尊严的前提下,整合多方援助服务促进老年人在原居住地独立生活;提倡医疗、居住、护理预防、生活援助一体化供给模式,强调在自助、互助、共助、公助的理念下进行家庭、亲属、邻里之间的相互帮扶,强调社区内老年人医

---

① 日本厚生劳动省.地域ケア会議の運営について[J].地域ケア会議運営に係る実務者研修企画委員会,2013:47—48.

疗和护理预防之间的相互关联性。在 2015 年护理保险制度的修订中,正式提出建立地域综合照护服务体系,并且做了如下补充:(1)充实社区援助服务,推广居家医疗、护理预防合作机制,定期召开地域综合照护服务研讨会。(2)所有的护理支出费用(包括上门护理)交由市町村社区援助中心进行管理。(3)促进服务种类多元化、效率化和重点化。扩大服务供给方,例如非营利组织、民营企业、志愿者、合作组织等。(4)规定特殊护理养老机构的入住等级在 3 级以上(特殊要护理 1、2 等级者也可申请入院),进一步发挥社区养老功能的作用。

地域综合照护服务体系的每次改革都在长期护理保险制度中有一定体现。不过,近年来随着少子老龄化问题的突出,需要护理人数也逐年递增使得护理保险出现财政恶化、护理机构入住难、护理人员短缺等一系列问题。因此,日本致力于在充分发挥地域特性、地域自治性的同时减轻护理保险费用的支付压力,并通过开发地域福利缓解少子老龄化带来的一系列社会问题,构建一个适应老龄化社会发展的新型社区。

二、地域医疗的实施政策

根据厚生劳动省统计(2014)[①],从 2014 年开始,日本 65 岁及以上老年人达到 3300 万人,人口老龄化率为 26%,大概每 4 个人中就有一位老年人。预计 2025 年 65 岁及以上前期老年人人数为 3647 万人,75 岁及以上的后期老年人数达 2179 万人,并且后期老年人的增长速度会加快,同样,死亡率也持续增长,2015 年一年的死亡人数为 127 万人,而预计到 2025 年一年死亡人数达到 160 万人。伴随着 65 岁及以上老年人口的增加,患有痴呆症老年人和老年家庭数量不断增加也带来了老年护理方面的问题。厚生劳动省(2010)比较了老年人临终地点的转换情况,1955 年在医疗机构去世的人数占总人口的 12.3%,在自己家中去世的为 76.9%;然而到了 2010 年,在医疗机构去世的为 77.9%,而在自己家中去世的则为 12.6%。终期医疗报告书(2010)中显示,60% 以上的老年人希望能够在家中治病疗养,并且随着医疗机构床位数越来

---

① 厚生労働統計協会.『国民衛生の動向』[R].2015/2016:262.

越紧张,导致在医院临终越来越困难,所以,迫切需要充实居家医疗体系建设,确保老年人能够在原居地按照自己的生活方式进行疾病治疗和护理服务。《护理保险法》的设立使护理服务从医疗体系中分离出来,并且不断开发护理服务的多项机能,但是护理费用却逐年递增。周驰(2018)指出,在 2000—2006 年间,护理保险的总费用从 3.6 兆日元(约 1552.2 亿元人民币)上升到 6.4 兆日元(约 3104.2 亿元人民币),且使用者人数从 218 万人急剧增加到 435 万人,于是日本进行了第一次护理保险制度修订。2006 年,《护理保险法》修改中制定了地域密集型护理服务,其中包括访问护理看护和小规模多功能居家养老服务,引入预防保健服务机制,通过前期预防减少护理费用的支出。日本政府为 2025 年超老龄化社会的到来未雨绸缪,在地域内将护理和医疗资源融合一体,实现一体化的供给形式,方便老年人生活也满足老年人的需求。2012年,《护理保险法》提出居家养老服务模式,为让单身、需要重度护理的老年人在维系自身尊严的前提下按照自己的生活方式生活,增设地域内 24 小时定期巡回、随时提供应对型护理服务。2014 年,厚生劳动省医政局出台了《地域医疗和护理综合确保推进法》[①],这部法律通过制度调整,将医疗和护理服务有效地衔接在一起。在制度调整中,进一步对病床功能进行划分和拓展、促进治疗阶段的衔接,从医院到家庭两个地点的转换过程中完善居家医疗政策,构建地域综合照护服务体系,使居家医疗和护理服务有机合作、紧密衔接。

　　根据 2018 年厚生劳动省关于死亡人数和死亡率的预测统计,从 20 世纪 50 年代死亡因素多集中于生活习惯病,而到了 2018 年转变成以癌症为代表的恶性新生物疾病,疾病的种类发生了很大的变化,如图 4-2 所示。随着健康日本 21 政策的出台,日本提出倡导提高健康寿命,缩小国民之间健康生活差距的议题,在地域综合照护服务体系中推行医疗、保健、福利三方服务合作以及无缝衔接供给模式,并且通过《地域医疗和护理综合确保推进法》增进医疗和护理之间的合作,同时,各都道府县还在医疗机构中开发病床多项功能,充分衔接护理阶段的任务,确保患者早日回归家庭。该法对都道府县医疗体系中

---

　　①　日本厚生労働省医政局総務課,地域医療計画課,医事課,看護課. 医療介護総合確保推進法(医療部分)の概要について[A]. 2014:2—18.

医疗计划的制定也起到指导作用,整合当地医疗机构与其他机构提供服务资源、从出院到回归熟悉居住地这一流程有了制度层面的规划,具体实施过程如图 4-3 所示。

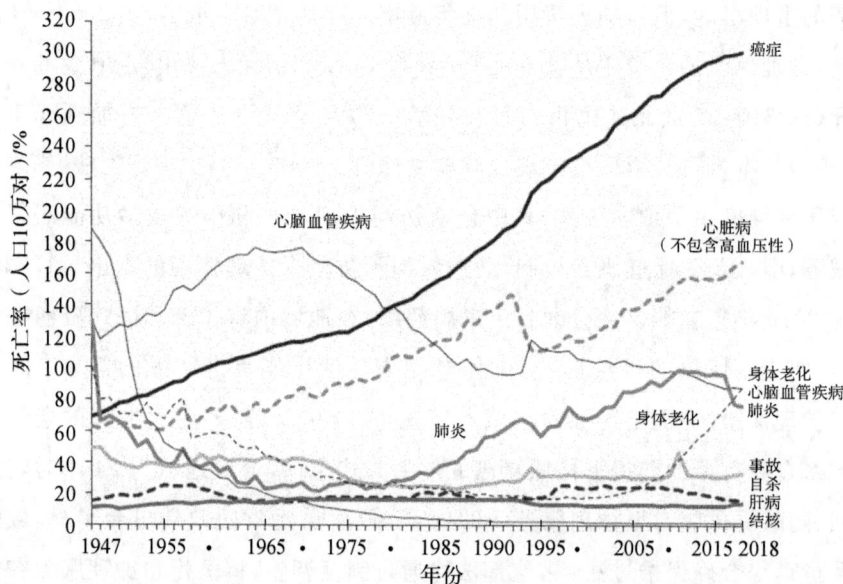

图 4-2 日本人口死亡人数和死亡率的预测统计

资料来源:日本厚生劳动省平成 30 年厚生労働白書 障害や病気などと向き合いすべての人が活躍できる社会に[R].2018:7-11.

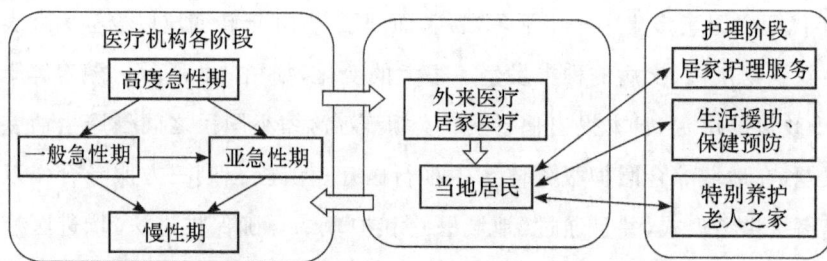

图 4-3 地域综合照护服务体系中医疗和护理之间一体化运营

资料来源:根据日本厚生劳动省老健局老人保健课,2016 年《在宅医療・介護連携推進事業の推進に向けた今後の取り組みと都道府県の役割について》整理而得。

在医疗服务供给方面,促进医疗机构的功能合作与分化,根据当地医疗资源特点对病床功能进行开发。医疗机构整体构造改革如表 4-3 所示,总共分成五个阶段:第一个阶段为高度急性期。主要以急救患者为主,提供专业性的医疗技术水平,并且配合尖端的护理医师和团队,确保就诊质量,为患者尽可能早日出院做全方位准备。第二个阶段为一般急性期承接高度急性期患者,通过治疗确保居家恢复率在 75％以上,护理师为促进患者早日回归家庭而对当地护理资源进行调整和利用。第三个阶段为亚急性期。在当地的地域护理机构,以恢复自立为前提由康复医师、康复专业的社会福祉士提供康复训练,使身体机能恢复到能够独立生活的阶段。第四个阶段为慢性期。针对长期需治疗的患者,入住长期疗养型医疗机构,护理医师为患者制定康复计划,并且配合地域密集型护理服务与所属护理经理进行协商,针对患者开展长期康复治疗,为患者早日回归当地正常生活做准备。第五个阶段为居家疗养期。患者回归家庭,开始自立生活,接受护理保险制度中的上门访问服务、定期巡回服务等。

表 4-3　医疗机构各阶段名称和具体功能

名称	具体功能
高度急性期	急救为主、提供专业水平性强的医疗服务;确保患者早日出院
一般急性期	承接高度急性期患者、确保患者恢复在 75％以上能够独自开展居家生活
亚急性期	在当地护理机构中进行康复训练,确保患者早日回归家庭
慢性期	为患者提供长期康复训练,提供机构入住服务
居家疗养期	接受护理保险制度的各项服务

资料来源:山崎德子監修者,豊島康子.地域包括ケアシステムのすすめ—これからの保険・医療・福祉[M].京都市:株式会社ミネルヴァ書房,2016:91-96。

日本完善居家医疗服务,提高居家医疗服务水平并且与地域护理服务相结合,实现地域医疗和护理的一体化运营,加强地域综合照护服务体系的建设。其中,叶江峰等(2019)通过总结整合型医疗服务模式的核心思想,进一步提炼出日本整合型医疗服务的特点是以地域为中心设置分级诊疗,形成一个三级医疗圈,并且通过颁布医疗法规定每个医疗圈的功能以及收费标准实施分级诊疗政策。在每一级医疗圈中,重视平台之间的合作和信息融通,并且设置家庭医生这一援助制度，家庭医生与全科医生紧密配合，对疾病实行早发现和早治疗。在每个地区中根据需求对医疗机构进行功能划分，并规定机构的不同功能和机构中人员的配置情况。通过对整合服务理念的实际应用，提高临床效果、满意度和效率，使卫生服务体系与护理、教育、其他相关服务行业有效连接。

2014年和2015年，日本医政局分别实施居家医疗服务合作事业试点工作和居家医疗推进事业政策，并补充在《护理保险法》地域援助工作这一项中。以市町村各个行政机构为政策实施主体，并由市町村中的医师会、保健所、医疗机构配合执行，2018年在全国范围的市町村开始普及。厚生劳动省老健局老人保健课政策实施内容总共有以下八点：第一，把握地域医疗和护理资源。掌握当地医疗机构的分布情况、医疗机构的具体情况并制作成简单明了的地图样式和表格样式，确认必要的信息并将信息在各个合作事业团体中公开。例如，掌握当地医师出诊日、居家医疗服务的组成团体。第二，解决当地居家医疗和护理的存在问题。定期召开医疗和护理研讨会议，把握现状和问题，共商解决方案。第三，构建连续性的居家医疗和护理服务提供体系。以提供持续性的供给模式为核心目标，通过当地护理团体组织协助，共同推进医疗和护理服务体制建设。第四，加强医疗和护理服务供给者之间的信息共享和流通。通过灵活运用信息共享卡、一卡通等手段掌握从事医疗和护理行业的工作人员信息并提供帮助，尤其在居家看护紧急情况发生时，灵活的信息共享措施能发挥应急作用。第五，设立咨询平台。为促进医疗与护理合作的有效开展，设立一个咨询平台作为衔接体以确保在服务供给过程中出现的问题进而能够及时反馈和解决。第六，定期开展医疗和护理工作人员的进修工作。由于多职种的工作人员以小组工作的形式提供综合性服务，各行工作人员应掌握其他相关行业的基础知识，例如，护理职业从业者定期安排到各医疗机构进行培训。第七，对当地居民增强科普教育工作。通过印发宣传册、定期召开学习讲座，对医疗和护理常识达到最基本的认识。第八，重视与邻近市町村的合作交流。加强在地理位置上同属于二级医疗圈的市町村之间的合作，在此基础上还应进一步扩展合作交流的范围。表4-4显示了截至2017年实施项目在1741个市町村中具体实施的情况，然而，构建连续性的居家医疗供给体制在很多市町村中仍未很好地贯彻和执行，这仍是今后重点发展的课题之一。

表 4-4　市町村中居家医疗和护理连带事业的实施情况（2017 年）

实施项目	实施中	计划实施	未实施
地域医疗资源的把握	671(38.5%)	374(21.5%)	696(40.0%)
解决当地居家医疗和护理存在的问题	763(43.8%)	250(14.4%)	728(41.8%)
连续性的居家医疗和护理服务提供体系	331(19.0%)	177(10.2%)	1233(70.8%)
医疗和护理工作者之间信息共享	439(25.2%)	212(12.2%)	1090(62.6%)
设立咨询平台	380(21.8%)	79(4.5%)	1282(73.6%)
工作人员进修活动	675(38.8%)	215(12.3%)	851(48.9%)
居民科普教育工作	517(29.7%)	245(14.1%)	979(56.2%)
邻近市町村之间合作交流	549(31.5%)	122(7.0%)	1070(61.5%)

资料来源：根据日本厚生劳动省老健局老人保健课，2016 年《在宅医療・介護連携推進事業の推進に向けた今後の取り組みと都道府県の役割について》整理而得。

三、完善老年人住宅政策

地域综合照护服务体系通过护理和医疗合作为当地居民提供上门服务，使老年人可以安心在原居地养老。为进一步完善原居地尤其是空巢老人和老年夫妇的养老环境，2011 年 4 月，日本修改了《确保高龄者居住安定法》，其中，综合了原来的《面向高龄者提供无障碍化的优质住宅法》《高龄者入住租赁住宅法》《高龄者专用租赁住宅法》这三项法律。《确保高龄者居住安定法》规定，申请配备老年人服务的住宅需符合以下四项指标：入住对象、机构标准、服务标准、合同标准，如表 4-5 所示。

表 4-5　申请配备老年人服务住宅的标准（2017）

项目	内容
入住对象	空巢老人 老人和同居者（配偶、已认定为需要） 老人（60 岁及以上或被认定为需要护理或援助的人）
机构标准	无障碍化构造（扶手楼梯、斜坡、轮椅通道） 房屋面积要求每户达到 25 平方米以上 房间需配备卫生间、厨房、浴室、洗面台、收纳柜

续 表

项目	内容
服务标准	配备看管人员,把握生活服务和服务咨询 职员包括社会福利法人、医生、护士、服务机构配置人员、 护理员、社会福祉士、护理援助员
合同标准	签订书面合同、明示居住和服务内容 除租赁以外不允许收取其他费用 (可收取押金、服务费、租金和服务费的首付) 收取首付时需明示租金首期款的计算标准、还款方式

资料来源:根据日本国土交通省、厚生劳动省サ付宅,2017 年《サービス付き高齢者向け住宅の案内》整理而得。

在配备服务的老年住宅中总共分成三种类型。第一种是以医养服务功能为主的老年住宅,衔接周围医疗和护理机构,确保老年人在家就能安心享受护理服务。第二种是对现居住房间进行改造,增设医疗和护理服务功能。第三种是新建带有老年护理和医疗服务硬件的住宅。无论哪种老年住宅都必须具有生活援助服务、安全保障和生活咨询服务、医疗护理服务的配套。生活援助服务主要体现在与居家上门服务相关的一系列服务措施,如上门送餐、打扫卫生、代买服务、医院迎送、处理垃圾、家政服务,方便老年人居家生活。在安全保障和生活咨询方面,每个老年住宅都配备管理人员,负责住宅的维护管理、投诉、咨询、联络,进而维护老年人的权益。当紧急情况发生时需联络家属,呼叫救护车送至医院。在医疗护理服务方面,包括痴呆症对应型共同生活机构、小规模多功能居家护理机构、上门护理、日间照料中心、主治医生诊所、地域综合援助中心,这些机构有些是新建的,有些则是整合、改造原先地域、养老机构和医疗机构而来。并且,在《护理保险法》居家护理援助条款中规定,应支付老年人住宅的改造费用、福利用具的采购费用以及租赁福利用具等费用。

截至 2013 年 7 月,配备服务的老年住宅户数达到 11.7 万户,为了继续构建和改造配备服务的老年住宅,日本政府采取了三年补助政策。对于新建老年住宅,国家补贴住宅费的 1/10,改造住宅则提供改造费用的 1/3,但每户补助上限为 100 万日元(约 6.4 万元人民币),2013 年厚生劳动省在老年住宅修建和改造方面的补贴预算为 340 亿日元(约 22.5 亿元人民币)(厚生劳动省都市部老龄化对策,2015)。过去主要以厚生劳动省为老年住宅建设提供补助,之后国土交通省也加入其中参与补助建设。

现如今,在地域综合照护服务体系建设中,对于适老化住宅的建设和改造成为重要课题。住宅由政府机构中的住宅管理部和福利管理部负责组建,由当地居民或 NPO 自行管理,在适老化住宅内以市民自治和居民互助的形式提供上门服务、日间护理咨询、用餐服务等。此外,还会在老年人较为集中的社区中腾出一定空间,将其改造成小规模多功能型养老服务机构,对老年人提供上门服务,如提供用餐和送餐服务、医疗和护理服务、娱乐服务等。

在适老化住宅建设中,规定整个建筑面积的 50% 用于提供居家服务的场所建设,采取招标的形式,建筑费用可以得到国土交通省的补助。但是适老化房屋采取只租不售的形式,并配有生活资讯、送餐用餐、医疗护理等服务。一般在地下一层设有日间照料中心、上门护理援助机构、护理用品商店以及生活娱乐方面的场所。二楼多设为小规模多功能痴呆症服务中心和 24 小时居家服务中心,三楼以上为老年住宅。入住的老年人需自己承担一部分医疗和护理服务费用,其余费用由医疗保险和护理保险支付。

在普通租赁住房中,将其改造成适合老人居住的房间,例如将普通租赁住房中的部分房间改造成能使用轮椅的屋子,以及在卫生间安置扶手和紧急报警器。此外,在普通住宅一楼开设诊所、日间照护中心、上门护理中心以及活动场所。当地社协和居民自治团体通过培训当地志愿者开展多种多样的活动,例如,医疗和护理讲座、文化体育事业。对普通租赁住宅进行适老化改造方便更多的需要护理的老年人选择入住。

第三节　日本地域综合照护服务体系的内容

20 世纪 70 年代,广岛县御调町(现与尾道市合并)的一位公立医院医师山口昇提出了"地域综合照护"这一概念,当时他发现因心脑血管病发作的病人通过紧急手术、术后康复出院后,在家中一两年依旧卧病在床,并最终导致再次住院。造成这种现象的原因是居家护理功能弱化,护理人员不足和家庭成员护理不专业。为了解决这一问题,山口医生进行了"医疗和福利供给一体化""上门就诊""访问护理""居民参加"等一系列活动,形成了最初的地域综合照护服务体系,老年人开始不依赖医院和养老机构,而是通过地域服务各方面的支援来进行养老。因此,卧病在床的老年人数量大幅度减少,医疗保险费用的高效利用使得地域综合照护在 80 年代后期在日本全国备受注目。

一、地域综合照护服务体系的构成要素

地域综合照护服务体系以地域为单位,统一各类护理服务进而促进多种职业间和多个机构间的融合。地域综合照护服务体系是在充分发挥固有资源的前提下,根据每个地域的自身特点而进行构建。它是由多个主体构成:包括居民(包括残疾人、妇女、儿童等)、护理员(家属等)、社区所在市町村、都道府县、国家、第三方护理机构、相关民办机构、非营利性组织、地域中的诸多组织等。为了确保在地域范围内准时提供服务,规定提供服务速度在 30 分钟以内,所以通常以中学学区为单位创建日常生活活动范围。在社区资源中,总共分成五个要素,分别为"护理康复""医疗看护""保健预防""生活援助""居家住宅"。这五个要素在发挥自我作用的前提下相互合作,例如,从医疗机构到居家、上门护理服务到居家和生活援助服务到家庭之间的无缝衔接,都充分体现了地域综合照护服务体系的整合性和统一性。具体情况见图 4-4 所示。

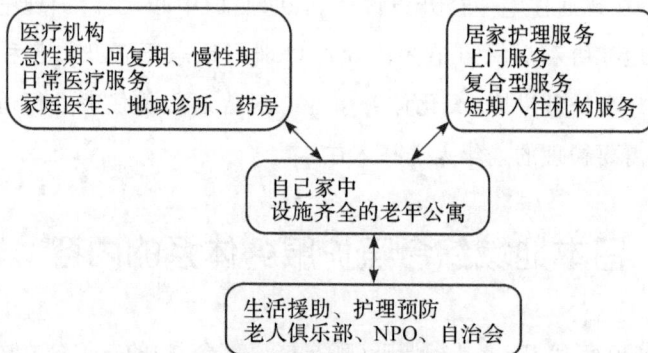

图 4-4　地域综合照护服务体系要素组成

资料来源:根据日本地域包括ケア研究会.地域包括ケアシステムの構築における今後の検討のめの論点[R].三菱 UFJ リサーチ&コンサルティング.2013 整理得到。

地域综合照护服务体系运行模式是以家庭为中心,尊重老年人自立养老的前提下开展生活援助、护理预防,其承担主体为老年人俱乐部、自治会、志愿者、非营利性组织机构。地域居民在日常生活中需要入院治疗时,首选当地医疗机构,也可根据个人情况进行调整,如入住慢性病医院、康复疗养型医院等,通过入院治疗再回到自己家中,需要护理援助时也可由多方主体提供护理服务。居民一旦有疑问咨询时还可通过社区综合援助中心进行沟通解决。因此,"护理康复""医疗看护""保健预防""生活援助""居家住宅"五个要素缺一不可,并通过相互配合促成地域综合照护服务体系的日常运行。

随着独居老年人家庭和空巢老年人家庭数量的增加,在尊重老年人意愿的前提下按照老年人自己的生活方式在原居地或希望居住的地区进行养老。以原住地为单位,在此基础上进行援助和照护。根据居民自身的情况(身心能力的低下、经济情况、家庭关系变化等)分别进行支援,扩大正式服务体系范围以及进一步开拓周围邻里的相互帮扶,实现养老责任承担手段多样化。在医疗保健护理方面,以护理经理为中心,结合多种资源使"居家护理服务""医疗机构看护""护理预防"三方面紧密相连,通过专业化服务实现生活援助一体化供给。其中,家庭医生和医疗机构、访问看护平台、护理经理之间共同合作,为地域综合照护服务体系构建一个医养结合的平台。

从 2015 年起,社区综合照护服务体系中主要服务对象逐渐从老年人扩大到残疾人、妇女、儿童乃至全体居民;2016 年,日本提出"皆是我事"发展主题后设立了社区共生社会实践部,厚生劳动大臣任该部部长;2017 年,为了使当地居民和多方主体更加紧密衔接共建地域综合照护服务体系,打破了以往常规框架和制度,扩大了援助和接受范围,并且积极完善相关配套法律。

二、地域综合照护服务体系的特征

日本地域综合照护服务体系在自助、互助、共助、公助的理念下,以中学校区为一个区域(居民人数一般为 1 万)结合民间团体组织、NPO、当地居民、社会福利法人、志愿者、各类协同组织为当地居民提供福利服务,方便当地老年人在所熟悉地区更好地安度晚年生活。该体系在 2015 年正式从《护理保险法》中提出,并通过护理保险制度的不断修订完善其服务内容,以实现福利型社区为目标以应对 2025 年超老龄化社会的到来,更好地完善老年人居家养老。込山爱郎(2019)针对地域综合照护服务体系总结出其特征是从"医院完结"到"地域完结"的地域医疗护理系统的转变,并且老年人在所属地区自己家中继续养老生活,不仅涉及护理服务与居家医疗,起居饮食与其他各种生活日常方面的援助也必不可少,所以在地域中必须由多个提供主体以合作的方式提供综合服务。

关于日本地域综合照护养老服务体系的具体特征笔者总结如下:

首先,整合当地各方资源,运用地域组织理论建立起一个灵活的运转体系。地域组织理论有两层含义,其中一层含义指在该地区中有目的、有计划地建立起一个组织单位满足社区中各团体和机构各方面需求;另一层含义则指在该地区中开展组织工作,对当地资源进行调动、组织、运营(罗斯,1955)。日本学者永田干夫结合地域福利理论,提炼出"统一"(integration)和"计划"(planning)这两个因素,并根据早期地域中组织开展的福利实践活动,总结出理论特征是在把握当地居民需求的前提下,以当地地域福利计划为基础开展一系列的福利援助活动。永田干夫(1981)通过社会调查、媒体宣传、组织开发等手段,进行沟通协调、资源整合、财务预算等实际操作而实现各环节统一,增强地域各组织之间与居民的衔接性和连带性。如图 4-5 所示:

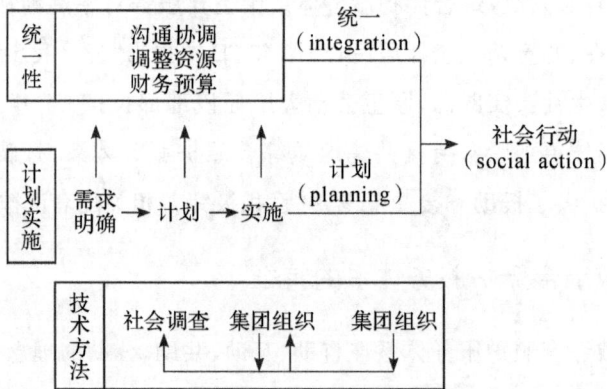

图 4-5　社区组织论中的构成要素和运行

资料来源:永田干夫.地域福祉组织论[M].1 版.东京都:全国社会福祉協議会,1981:101-139.

　　其次,对社区照顾理论(community care)的实际应用。社区照顾定义最初由英国(Secretary of State for Health,Social Security,1989)在 1989 年《人类照顾——以后十年或以后的社区照顾》(*Care for People:Community Care in the Next Decade and Beyond*,简称社区照顾白皮书)一文中提出,指以老年人、精神疾病患者、残疾者为代表的群体,在自己家中或生活居住地中接受必要的援助服务后而尽可能开展独立生活。日本在 1969 年东京社会福利审议会上针对社区照顾的特征进行了详细说明,以地域为基础在福利型社区中利用法律制度和社会资源,根据当地特征和地域条件制定地域福利计划(community service planning),并且,工作内容从提供预防型社会福利服务转变成重视解决与居民日常生活息息相关的问题,即全国范围并未推出统一的服务标准,应针对不同地域建立符合自身特点的资源整合框架。

　　冈村重夫(1979)最早针对地域中老年人照顾服务种类进行了划分分为咨询、康复、医疗护理、家政、上门访问、交通通信、送餐等服务,并且针对提供照顾服务的社区工作者的工作内容对老年人需求的挖掘和服务过程进行了概述。在当今地域福利体系中,社区照顾内容在 2000 年《护理保险法》提出后发生了重大的改变:服务提供方面,从去院舍化到地域完结,以地域为落脚点使当地居民有尊严地在所熟悉地区接受综合性、持续性的照顾服务。行政方面,利用者对服务的利用程序从原来的措置制度转变成契约制度,也就是利用者可以根据自身需求在定额内选择服务和服务的实施主体,照顾的供给主体中加入营利性团体增强市场竞争,体现了福利国家福利服务形式从一元化到多元化的改变,并且,作为福利国家的日本政府进一步由分权化(扩大社区基层政权的权限和责任)、自由化(放宽政府对福利财政、运作的各项限制,即所谓的规制缓和)、计划化(完善福利发展的中长期计划及监督体制)、综合化(对所有相关福利的领域进行整合,强调其协调和互补性)、专业化、自助化,主体化逐渐向地域化转型。田香兰(2017)在 2013 年护理保险制度的修订中以地域为单位,将医疗体系加入到社区照顾体系中,医疗、护理、保健预防相互融合,连带的地域综合照护服务体系由此而确立。

　　再次,地域综合援助中心的设立。地域综合照护服务体系中医疗和护理预防服务有效衔接和配合,以地域为中心、以每 1 万~2 万个人口圈为单位设立地域综合照护服务体系。2006 年,在《护理保险法》的修订中设立了地域综合援助中心,在该机构中主要由社会福祉士、主任护理援助专业人员、保健师这三类人员构成,市町村政府直接负责运营管理或者委托当地的福利法人运营。辻山爱郎(2019)认为,地域综合援助中心应在以地域为中心而形成的各项服务的社会网络中,保持与当地居民生活紧密相连,而不是与地方政府的行政层级相适应。在 2014 年改定后的《护理保险法》中又规定了地域综合援助中心的职能,其主要工作是负责地域援助事业,提供综合性的咨询援助服务和综合性、持续性的服务管理,以及管理护理预防工作和权利拥护,并且严格按照《护理保险法》规定的运营条例收取居家服务和机构服务的费用。截至 2015 年,全国总共有 4685 所,其中有政府直营也有委任社会福利法人、医疗法人、NPO 法人等运营,并且近年由社会福利法人代理经营的情况越来越多,截至 2015 年总共有 1886 所,占委任机构总数的 40.3%,如表 4-6 所示。

表 4-6 地域综合援助中心经营主体构成

设置主体		2013 年		2014 年		2015 年	
		机构数	比例/%	机构数	比例/%	机构数	比例/%
直接经营	市町村作为保险人①	1265	28.2	1239	27.2	1217	26.0
	市町村兼营多地区保险人	141	3.1	148	3.2	140	3.0
委托经营	第三方作为保险人	3213	71.7	3292	72.2	3463	73.9
	社会福利法人(社协除外)	1738	38.8	1806	39.6	1886	40.3
	社会福利协会	608	13.6	612	13.4	643	13.7
	医疗法人	549	12.2	557	12.2	585	12.5
	社团法人	87	1.9	79	1.7	94	2.0
	财团法人	61	1.4	55	1.2	57	1.2
	股份公司等	72	1.6	76	1.7	79	1.7
	NPO 法人	26	0.6	28	0.6	30	0.6
	其他	72	1.6	79	1.7	87	1.9

---

① 日本护理保险由当地市町村行政机构作为保险人直接管理运营,以护理保险制度为基准根据当地情况适当调整制定当地的护理保险事业计划,包括服务保费设定和服务制定。

续　表

设置主体	2013 年		2014 年		2015 年	
	机构数	比例/%	机构数	比例/%	机构数	比例/%
不明·无回答	6	0.1	26	0.6	5	0.1
总计	4484	100	4557	100	4685	100

资料来源:根据社会保障审议会护理保险部.地域支援の推進[A].2016(5):26 整理得到。

在综合性、持续性的服务管理中根据接受援助的具体案例开展指导工作,通过构建网络化的服务体系将居民、医疗机构、护理机构紧密衔接一起,同时对护理援助员进行定期培养。在开展权利维护工作中,首先,为维护老年人基本权益,在观念上要做到以人为本、以人为核心,预防虐老事件的发生。其次,根据 2012 年护理保险制度的修订内容,定期召开地域照护会议(与地域综合援助中心相同级别),每次会议由当地自治体的职工代表、护理经理、民生委员、护理机构从业者、医师等护理和医疗服务群体代表参会。在地域照护会议上,讨论中心机构今后的发展方向、个别疑难问题、老年人的自立援助和护理管理工作并制定护理、保险工作计划等。

地域综合援助中心属于市町村中基层的行政组织机构体现了地域中相互协作的互助理念,通过网络化的管理运营方式连带各种职种和多功能机构,丰富了当地居民生活,并且注重每一个环节的衔接,构建一个可持续发展综合性照护体系。杨刚(2008)研究发现,日本福利社会构建过程中,把社区、民间团体、行政自治体等遵循各自目标为市民福利服务的多重主体一元化为一个合作网络,形成新兴的"地域共同体",使之遵循既定的福利目标,实现资源整合,及时而有效地为地域社会中需要帮助的对象提供必要的社会福利服务。牧里每治(2012)指出,要在地域福利内构筑"新的相互支撑"(通过居民与行政部门的协作开展新型福利模式),通过"区域共助"[①]这一媒介来衔接政府部门的公共服务"公助"和居民通过自身力量解决问题的"自助"。而综合援助中心正是充当了衔接体的功能,将地域内各方资源整合起来,进一步促进协调、整合、计

---

① 区域公助:通过居民互助解决生活问题,通过政府办的服务对需要援助的人开展援助活动的相互结合。

划,并且定期召开研讨会,确立当地新的护理课题,承担与周围医疗机构的合作工作以及时刻保持与周围居民、志愿者、NPO之间的互动。如图4-6所示。

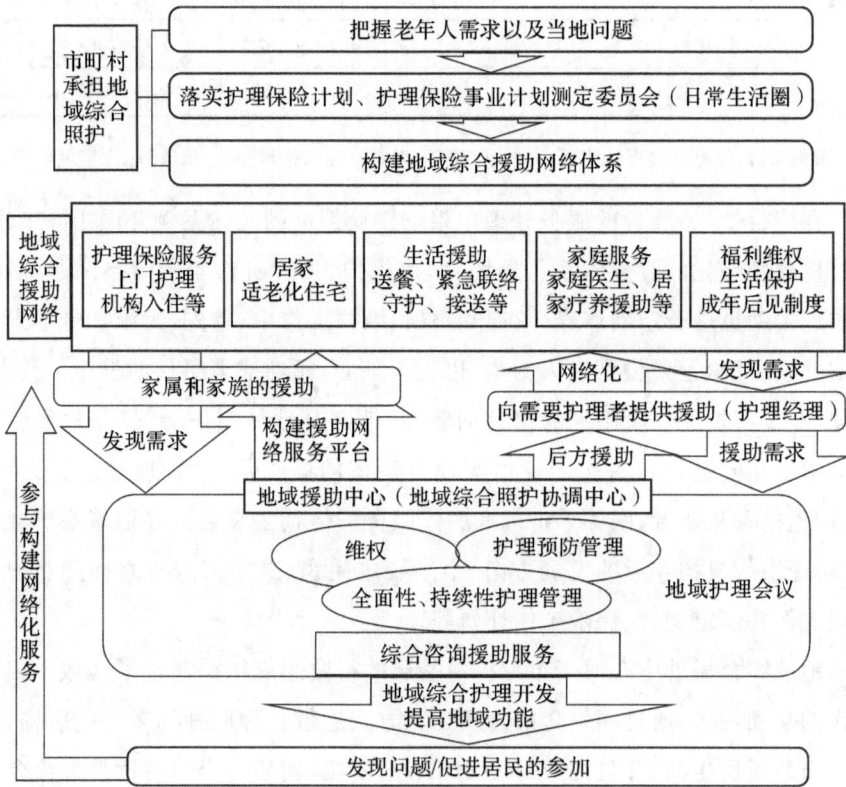

图4-6　地域综合援助中心以及地域综合照护服务体系

资料来源:根据日本长寿社会开发中心.地域包括支援センター運営マニュアル2012[A].2012:16整理得到。

最后,重视人文关怀和尊严养老。日本所属亚洲文化圈,受儒教文化的影响,养老护理问题一直由家庭承担,不过,随着女性就业率提高以及双职工家庭的不断实践,家庭功能越来越薄弱,曾经以高度家族制度为主的养老护理工作逐渐转移到社会成为万众瞩目的社会服务性问题。在社会护理工作中除了提高护理工作人员的专业化水平还需要更多的人文关怀以及福利服务精神,最重要的是在维护人权、尊重人格的基础上实行服务,可以说护理服务是人权保护的最后一道工序(一番ケ瀬康子,2009)。在提供护理服务的过程中,一是,应满怀热情,对老年人持有无限的体贴和信赖;二是,具有专业知识水平以及处理问题的冷静心理,当面对性格迥异和患有障碍、认知不清的老年人时应以正确的态度加以对待;三是,护理工作的本质是以人为本,让每一位老年人在始终保持自身尊严的前提下接受护理服务,使接受护理者能够恢复自理、自立的能力下不断实现自身价值,走完最后一程。在提供护理服务时以福利的视角将疾病治疗和护理提升到更高层次,例如,将精神、宗教、社会、环境等作为一个人的老年期的完整福利。

首先,在人文关怀下的护理服务中,日本护理福利学界最关注的是临终护理。由于日本医疗机构和特别养护老年机构床位数有限,为缓解医院的压力,近年来越来越推崇居家临终。在家中,通过护理工作者或社会工作者上门护理的形式,减轻患者的精神压力,尤其对患者心灵上进行慰藉,鼓励每位患者带着勇气走到终点,例如,为临终患者在最后一程中召集周围邻里,大家一起唱他最熟悉和最喜欢的歌曲,减轻与病魔抗争的压力,带着愉快的心情临终。充分的人文关怀,让患者在最后一刻都带着自己的尊严离去,这也是日本福利文化的体现。

其次,对痴呆症老年人的护理关怀也是一个重要课题。如何处理痴呆症老人的护理和临终关怀这是一个双向问题,尤其对于痴呆症的家属援助问题,很多痴呆症老年人的家属在护理过程中都感觉压力过大,甚至有自杀的倾向。在针对痴呆症老年人的小规模多功能护理服务机构中可采取"回忆疗法";在痴呆症老年人的屋子里摆放一些过去的照片,护理员与老年人交谈照片中的人物或故事,帮助他们追忆过去,因此老年人会想起一些事情,逐渐地,这样回忆出的往事越来越多。仿照此方法,在痴呆症老年人家中可采取"音乐疗法",放一些老年人熟悉的民谣和歌曲,唤醒痴呆症老年人的部分记忆,也可让老年人情绪稳定。还可采用"环境疗法"带老年人到年轻时常去的地方,帮他们唤醒部分记忆,减少一些其他的危险行为,同样也减轻家属的负担。

最后,密切的人文关怀和尊重人格的护理服务源自日本对护理服务的教育和学习。日本学者一番ケ瀬康子描述 50 多年前她去福利机构和服务现场做调研的时候,当时的服务好似监狱一样,对老年人像对犯人一样管理,唯一行使的职能就是一日三餐的供给而已,缺乏人道精神(一番ケ瀬康子,2009)。

后来有宗教背景的大学在社会福利方面展现出积极的态度,设有福利专业的教育带动了福利事业的发展。今天,以福利就是文化、理念为主题培养福利专业的学生以及在大专院校开设课程,能够更好地对所有人提供优质的服务。

笔者认为,日本地域综合照护养老服务体系是在日本地域福利发展到一定成熟阶段,针对地域中的特殊群体(老年人)而开展的一系列生活援助服务、医养结合服务、重症预防服务,并调动地域中的各项资源在高度统合的前提下服务于当地居民。与此同时,出台《护理保险法》将使各项服务的流程、种类、收费标准、计划管理等法治化、制度化、效率化、等级化,做到有法可依,规范了服务标准和服务质量,并且,护理保险制度的出台对护理服务的利用者起到最基本的经济保障作用,其初衷是竭尽所能让服务利用者实现生活自理达到自助的状态,因此需要各方群体组织和机构互相协调和配合提供综合性的援助服务。

三、地域综合照护服务体系的评估机制

在地域综合照护服务体系的实行中,通过追踪 PDCA 周期循环评估机制和地域经营模式的配合完成该体系的评估,并且根据评估结果确保该地区医疗和护理服务质量能够持续、统一、高效地改进。同时,也应避免医疗、护理供给方的体制改革和税制支援制度的确立等相关政策制定陷入急于求成的状态。

(一)地域综合照护服务体系 PDCA 周期循环评估机制

日本地域综合照护体系以市町村为单位三年进行一次修改、实行护理保险工作计划,根据每个社区特点充分发挥其自主性。在每次修改之前进行该体系的评估,在评估过程中塑造 5W2H[①] 的观念,通过运用 PDCA(Plan:计划;Do:实施;Cheek:检证;Action:改善)周期循环评估机制对每个市町村进行评估,最终以记录、分析、反馈的形式探讨出与该地区相对应的组织化体系。其运行过程如图 4-7 所示。

1.把握地域课题和发掘社会资源

通过对护理保险制度计划的实施和测定来调查生活需求、把握社区实情;

---

① why(为何):课题、目的;who(谁):服务提供者和利用者;where(哪里):地区、场所;when(何时):时期、期间;what(什么):内容、项目;how(怎么做):运行、管理;how much(多少价格):财源、经费。

通过地域照护会议,达到共享医疗、护理信息和信息透明化的作用;通过量化分析得出相关课题和需要发掘的社会资源。

2.地域相关人员政策讨论

首先,在护理保险工作计划中注重与各个都道府县之间的联系,调整各实施计划(医疗计划、居住安定计划、市町村福利计划等),强调居民参与计划的制定。其次,定期召开地域照护会议并共享每个地区课题,以此加强地区之间的融通,促进医疗、保健、福利、工作人员之间的配合。最后,根据年终产业实施计划的情况制订出下一个护理保险工作计划。

3.相关政策的决定和实行

在护理服务方面,根据当地实情协调居家服务和护理服务机构之间的平衡,以及居民的实情推测今后护理服务需求。在医疗和护理方面,在医疗和护理相结合的基础上,协调地域综合支援中心机构与相关医疗团体的配合。在居住方面,整合老年公寓和相关配套政策以保障老有所住。在生活援助、护理预防方面,根据自助和互助理念实施相关政策,促进社会参与,因地制宜开发护理产业。在人才培养方面,以各个都道府县为单位提高服务质量,提高护理职业的待遇。

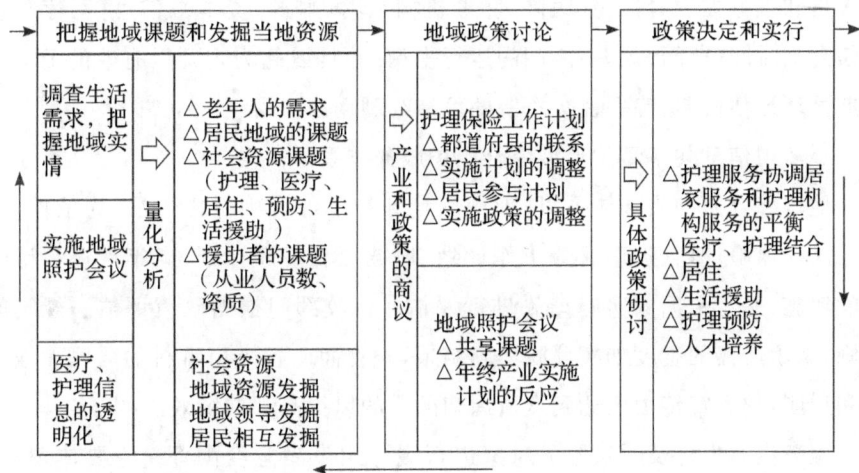

图 4-7　市町村地域综合照护服务体系构建过程(PDCA 周期循环评估机制)

资料来源:根据日本厚生劳动省.市町村における地域包括ケアシステム構築のプロセス(概念図)平成 25 年 8 月 28 日[J].社会保障審議会护理保险部会(第 46 回),2013 整理得到。

地域综合照护服务体系的 PDCA 周期循环评估机制是以市町村为平台进行调整的。该地区中地域照护会议和地域综合援助中心这两个机构对工作进行调查。PDCA 周期循环评估机制通过整合人财物、信息、时间管理，提供了一个医疗和护理服务之间的无缝衔接体系。在地域中从机构到医疗，再从医疗到护理，深化彼此之间的合作，提供一个连贯、一体化的服务，在此基础上应进一步探讨各行业间的融合方法形成一个与服务相配套的多方供给养老产业。虽然通过 PDCA 周期循环评估机制提高和改善了服务质量，但限制了护理需求者的选择范围，并且随着社区中医疗和护理服务的衔接，确保信息共有化，加速合作进程、服务效率化、专业教育扩大化等，与此同时也带来了超负荷的信息量，今后对于信息的筛选也应多加注意。

（二）地域综合照护服务体系的改进

在日本地域综合照护服务体系中，当地政府根据其管辖地区特点，如人口规模、人口构成、老龄化比例、护理等级认定比例、痴呆症老年人数、文化、气候、产业、交通、社会资源、财政投入指数等因素的不同进行相关数值分析。当地政府以居住、医疗、看护、护理预防、生活援助为平台，确保本地区人（行政管理人员和服务提供者）、物（医院、养老机构）、财（财源、资本）、信息（医疗和护理信息）、时间（期间、效率）之间的运行平衡，并且以此为主开展有效的 PDCA 周期循环评估机制，确保社会资源的可持续利用。

1.实现信息共享型的地域综合照护服务体系

地域综合照护服务体系以《地域医疗和护理综合确保推进法》为依据，促进了医疗保险计划、护理保险工作计划、地域福利援助计划、老年人福利计划等的实施，并且根据其实施结果进行评估。行政部门根据政策评估法规定的准则，秉承严格的态度如实反映实施结果，并且面向各个市町村的居民加强解释和说明，加大宣传力度达到众所周知的目的以提高评估绩效。

服务供给方应及时对服务对象进行服务质量满意度测评。主要体现在：(1)框架测评。根据投入的人财物、时间、组织体制、角色分配、业务手册进行测评。(2)过程测评。根据诊断结果、看护护理、援助内容、援助方法进行测评。(3)结果测评。对治疗成果、援助结果等多方面进行测评，以确保提高医疗和护理服务的质量。

通过运用护理援助评价体系对援助现状进行分析,在此基础上统一地域综合照护服务,构建一个全民共享的信息可视化体系,并且在各都道府县市町村中结合护理保险制度工作计划实施的结果提供一个适应该地区综合性强的援助信息化体系,主要目的表现为:(1)比较各个地区之间的实施结果,便于执行各地区的选中方案。(2)有利于各地区参考全国其他地区与之相类似的方案,探索出适应本地区发展的策略。(3)保证各都道府县相关工作人员接受信息的一致性、共享方案思路和探讨结果,促进各地区相关部门的紧密配合。(4)能够迅速应对人事调动问题,做到优质高效地补全空缺岗位。最终通过对护理保险制度的不断改进,构建一个信息综合一体化的社区综合照护服务体系。

2.提高服务供给方的服务质量

首先,在护理人才培养方面,通过日本护理协会和日本护理大学合作运行的"专门护理员制度"进行人才培养开发战略,并且针对特殊领域,如肝护理、精神护理、老年人护理、小儿护理、慢性病看护、居家看护等进行专业护理。其次,为提高护理员服务质量,在每一份护理计划书中附加问题汇总表、服务评价表等对服务的完成情况和满意度进行综合打分,实现有效的护理计划评估体制有助于促进下一个计划的开发和应用。最后,对于痴呆症老年人,由厚生劳动省促进老年人保健健康部成立痴呆症初期集中援助小组,对相关活动的成果、工作内容和方法等进行评价和验证。通过地域综合照护服务体系痴呆症评估表、痴呆症行动障碍程度鉴定表、痴呆症看护等级鉴定表等评价指标进行测评。

在2013年日本振兴发展战略中,首次将护理服务机器人应用到护理服务中,对护理服务人员起到了补充性的援助作用。例如,移动援助、排泄援助、洗澡援助、看护痴呆症老年人等各项服务都可依靠护理服务机器人完成,并且之后对护理服务机器人这一新兴产业更是加大力度进行投入和研发。

3.地域综合照护服务体系中PDCA周期循环评估机制的改进

PDCA周期循环评估机制为提高下一次评估水平不断进行改进。通过整合人、财、物、信息、时间,提供一个医疗和护理服务之间的无缝衔接组织。在地域中从养老机构到医疗,再从医疗到护理,深化彼此之间的合作,促进地域形成一个连贯、一体化的服务模式。各个服务行业之间的衔接不应只停留在合同表面,应进一步谋求一个医疗和护理服务相统一、相配套的养老服务产业。

在地域综合照护服务体系构建中,政府承担主要责任,为进一步推进医疗和护理服务供给制的发展,委托民间相关团体通过市场进行援助活动。为确保提供的服务质量,规范民间团体的商业行为,政府应按标准实行审核,强化监督和指导力度。以风险管理(risk management)和危机管理(crisis management)来提高地域居民的自我保护意识,受理居民的不满和投诉,并完善该体系,最终根据各个地区的实情因地制宜发展社区综合照护服务体系。

4.向"共生社会"迈进的地域综合照护服务体系

2016 年,安倍首相决定采取积极的财政刺激措施,为应对少子老龄化这一社会结构性问题,通过内阁会议制定出"日本一亿总活跃计划"的相关政策。厚生劳动省根据计划在同年 7 月总结提出了日本地域福利今后发展的主题是"皆是我事",主要强调了社区构建的主体是每个居民,通过居民之间相互融合加强地域建设,形成建设地域人人有责的意识形态。并且发挥社区的主体性和能动性,挖掘社区各项职能,使民生问题通过社区基层来解决。具体到居民日常生活中的护理、育儿、疾病、残疾等各项服务,甚至包括居民就业、家庭收入、空巢问题等都涵盖在内。通过发挥地域能动性以及与公共援助机构合作,创造出一个安心、安逸、多功能相融合的社区综合援助体制。在"日本一亿总活跃计划"的基础上当地居民都可充当援助和被援助对象来实现"共生社会"的构建。

本章小结

本章主要做了以下几方面的工作:

第一,对于日本地域综合照护服务体系的理念形成做了概述。从地域福利思想方面,分别对冈村重夫、永田干夫、右田纪久惠三位早期的地域福利学者提出的地域福利理论进行总结,得出地域福利由社区照顾、地域组织以及市民自治三方面组成。在此基础上,野口定久总结了近 30 年地域福利思想的变迁和现在地域福利体系在整个福利国家的位置,并根据野口定久对地域福利中理念的总结,介绍了自助、互助、公助的内涵以及应用到地域综合照护服务体系中的内容。

第二,通过《护理保险法》的修改一步步提出地域综合照护服务体系。在地域综合照护服务体系中,地域医疗体制的构建,缓解了医院人满为患的状态,开创了居家上门医疗服务的形式;并且通过分级诊疗圈的设置,完善医疗病床的各方功能,衔接各个医疗环节,对居家服务的供给起到无缝衔接的作用。此外,概括了老年人住宅改造的政策和措施,适老化的老年住宅改造有利于居家养老的便捷性。

第三,概括了地域综合照护服务体系的内容、构成要素以及特征。其特征是整合当地各方资源、实现社区照顾、地域综合照护中心协调、人文关怀和尊严养老。

第四,概括了地域综合照护服务体系的评估机制,运用 PDCA 评估体制对每一时期的政策制定达到及时的评估和反馈,不断完善地域综合照护服务体系的运营功能。

第五章　日本地域综合照护服务体系的多维度分析

第一节　吉尔伯特福利框架与日本地域综合照护服务体系的多维度构建

本章通过使用吉尔伯特(Neil Gilbert)的社会福利政策理论分析框架对日本地域综合照护服务体系进行四个维度分析。吉尔伯特(2013)将社会福利中的各个要素进行归类总结出四个维度,分别为社会福利政策的针对群体、社会福利政策的供给主体和内容、社会福利政策的输送机制、支持社会福利政策实施的资金来源。这四个维度相互配合与依赖、制约,在特定的社会环境中提供福利服务。

一、吉尔伯特福利分析框架的内涵

日本二战后在各方面纷纷立法并建立起完善的福利国家体制,20世纪70年代进入福利的黄金时代,但好景不长,受石油危机的影响迫使政府开源节流,以小政府的管理方式调整福利规模减轻国家负担,以此确保持续性地提高居民生活质量。80年代日本政府开始倡导福利服务主体多元化、地域化、私有化,通过市民运动强化了地域的自治力量,以当地居民为核心自发建立和开展一系列的自我服务模式,政府在资金、法律法规方面只起到辅助作用。而当今地域福利作为一个新兴组织活跃在社会福利的改革大潮中。随着70年代日本步入人口老龄化社会,老年人当之无愧成为地域福利中优先选择服务的对象。不过,在有限的福利资源中,福利服务供给应在相应原则下进行有效率和有选择性的供给,进而形成普惠式和甄别式两种福利服务供给方式。米奇利(2003)认为,普惠式以确保个人尊严与社会和谐为目标,甄别式以低成本、高效率福利效益为目标。虽然社区养老照顾本身服务于一个特定的被选择群体,但是必须在普惠式前提下,在指定社区中为老人进一步选择相适应的福利服务供给模式。赵向红(2017)认为,应根据老年人需求确定福利供给的标准和范围、哪些老年人应接受何种福利服务,最终使福利资源供给和接受之间达到平衡状态,以此保证福利政策的顺利执行和资金投入的有效使用。

二、日本地域综合照护服务体系的多维框架构建

吉尔伯特(2013)认为,福利政策的供给主体和内容是根据老年人福利需求而开展制定的。其中,供给的本质是从无形和限制到具体和多样化,并且,社会供给通常反映政策目标的理论和特征。武川正吾(2011)分别从福利政治、再分配结构、规制结构这三个方面对日本福利国家的特征进行了归纳和总结。在行政方面,日本是社会民主主义薄弱的国家、官僚体制强大;在福利费用方面,政府社会支出薄弱并应用于推广公共事业;在规制方面,社会规制薄弱、经济规制强大。在这种特征下,日本1961年实现全民皆医疗、皆年金的社会保障体制,并且,在强有力的官僚体制下,将1973年确立为福祉元年,1997年推出《护理保险法》,而在整个过程中社会民主主义势力所起作用甚小。大规模的公共事业支出使得社会支出相对较低,公共事业支出多偏向于地区间的再分配。武川正吾指出,因为大规模的公共事业由日本行政机构所管理,所以这也可能成为强有力的经济规制的原因。换言之,大规模的公共事业管理和强有力的经济规制是在强大的官僚体制背景下由国家进行介入和干涉而形成的两种治理模式(武川正吾,2010)。

在递送机制中,福利输送系统指地方社区(local community)。社区是福利的提供者与接受者均会出现的地方,服务提供者与接受者之间具有一种组织性的安排。其中,服务的提供者可能是专业人士、自助组织、专业团体或是公私立机构,以个别或合作的方式在家庭、社区中心、地方设施、紧急庇护所、社会福利与心理健康部门、诊疗机构及医药等场所提供福利服务。吉尔伯特

(2013)指出,日本地域综合照护服务体系通过地域这个组织平台,根据当地居民需求将服务递送到居民身边。日本《社会福利法》中也明确提出建设地域福利体制以及确立福利服务的理念、供给主体的准则。《社会福利法》第3条规定服务应以人为本,在维系个人尊严的前提下,通过福利援助服务使利用者能够独立经营自己的基本生活。第4条中强调了地域福利的重要性,并指出当地居民是"地域居民",以社会福利的发展为目标从事福利活动,在居住地内通过相互帮助,使地域中每位居民无差别、无障碍地生活。

在支持社会政策的经费来源这一方面,吉尔伯特(2013)提出社会福利经费来源有三种基本方式:税收(taxes)、捐款(voluntary giving)、收费(fees)。其中,税收是政府的强制行为,向公民和企业征收而得,对公民而言则具有义务性,也是对公共社会福利活动支出的最基本的来源。捐款则来自私人募捐,即慈善或者慈善事业(philanthropy,指在广泛的医疗、研究、文化及宗教活动中)。收费则是指在市场中对使用社会福利产品或服务收取费用,这些产品或服务由当地企业作为商品进行销售,也由非营利机构或组织提供,并收取费用确保平衡收支。在福利国家的实际运作中,将这三种经费来源混合运转,社会福利机构或组织的预算常常将税收、捐款及服务费用三种来源列入收入项目。尽管公立机构常以税收作为主要经费来源,但也会依靠使用者所支付的费用或慈善募捐。

我们根据吉尔伯特对社会福利经费的来源区分,对日本地域综合照护服务体系资金来源进行分析。其中,在税收方面,按受益人是否履行缴费(税)义务,可以将社会保障分成费税制度和非费税制度,前者以缴费为受益前提,后者则无须缴费。在缴税为受益前提下,主要指各项社会保险项目;在无须缴费(税)为受益前提下,主要指社会救助和福利项目。李珍(2013)认为,在地域综合照护服务体系中,护理保险主要以老年人为对象实行强制性缴费政策,以合同方式向被保险人提供福利服务,财政来源一部分是通过公共税收由国家、各地政府承担,另一部分由个人承担保费。在服务使用过程中,对于一些特殊护理机构仍保留采取规制方式,费用全部由政府机构承担。在捐款方面,由厚生劳动省开展每年一次的募捐运动。从中央到地方,从民间筹集资金,再由各地市町村政府以资金补助的形式参与援助活动;以 NPO 为中心在当地设立地域银行,利用当地人才、设施机构、资金,为当地创造新型产业,缓解当地行政机构的压力。在收费方面,易松国(2006)指出,在西方福利国家的改革中,私营化被认为是公共物品供给改革的具体方向,因而在 20 世纪 70—80 年代公共物品私营化得到了快速发展,日本在养老护理服务方面也推出不在护理保险涵盖范围内的私人购买产品,例如,针对富裕阶层的收费老人之家和入住护理机构中购买的部分服务。

　　以上是根据吉尔伯特社会福利政策理论分析框架对地域综合照护服务体系的归纳和分类,具体构建如图 5-1 所示。

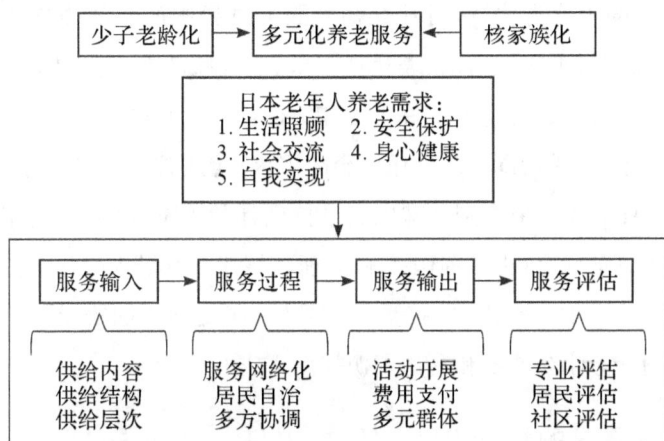

图 5-1　日本地域综合照护服务体系维度分析

第二节　养老服务需求维度分析

　　日本人口结构的转变以及经济产业化的变革导致福利需求发生了变化。年轻人涌入大都市导致市町村人口呈负增长趋势,同时,随着老龄化程度的急剧加深,很多地区经济产业衰退而走向贫困,成为过疏地区。与此同时,产业结构升级,加大了第三产业发展,就业形势也发生了改变。男女同工同酬使女性角色转换,开始从家庭走向社会,原本由女性承担家庭护理的角色逐渐淡化,护理任务从家庭内部向外部蔓延,形成第三产业,家务劳动形成了商品化的模式。空巢老人家庭数量增多,核家族化促使家庭护理功能不得不依赖社会完成，并且生活环境与社会环境发生改变，各种慢性病、癌症、生存压力等因素导致当今老年人的需求成为一个多元化、复杂化、数量化的集合体。

一、日本老年人的需求

三浦文夫(1977)指出，随着社会需求的变化，非货币需求不断提升取代货币需求，非货币需求的评价标准更加难以鉴定，其主要体现在物质供给层面、人文关怀和服务、机会提供等多方面，并且对服务提供的场所和过程应更加重视。J.布拉德肖(1972)以每个人具有相应的思维能力和感知能力的前提下，独立安排自己的生活为主旨，对社会福利服务过程中产生的需求进行了四种分类：规范性需求、感知性需求、表达性需求、比较性需求。白泽政和(2008)综合以上观点，总结了针对老年人的服务需求有以下几方面：①经济安定的需求；②身体精神方面的需求；③工作机会的需求；④居住场所的需求；⑤教育机会的需求；⑥每个地区中个别特殊家庭维持生计的需求；⑦确保公正安全的需求。冷水丰(2002)单独从保健医疗和护理领域中总结出四方面的需求：①需接受指导疗养、看护的需求；②接受保健预防、康复训练的需求；③护理、家政服务援助需求；④社会关系和利用资源援助需求。

二、五种需求的划分

笔者根据以上需求的概括内容，针对日本老年人这一特殊群体，以马斯洛的需求层次理论①为基本框架，将其总结成五个方面：生活照顾方面、安全保护方面、社会交流方面、身心健康方面、自我实现价值积极养老方面。生活照料方面，分成保健预防需求、医疗需求、护理需求、康复需求以及家政援助需求。在保健预防中，针对老年人健康管理、慢性病发作方面加大管理和预防措施力度；急救时期的入院治疗和出院后医院和诊所之间的紧密衔接，针对患者需求提供与之匹配的医疗服务；针对失能以及半失能、痴呆症老人生活中的各项行为需求，如走路、更换衣物、洗澡、排泄、饮食等提供解决方案；在康复中以满足恢复身心健康、能够自理的生活状态需求为目标；家政工作主要针对行动不便

---

① 马斯洛的需求层次理论：生存需求、安全需求、归属需求、自尊需求、自我实现需求。

的老年人的日常家务工作需求,如清扫、换洗、购物、调理生活等。在安全保护方面,主要满足独居老人及夫妇的安全需求,例如,火灾预防、交通事故、遭遇虐待后寻求保护等。在老年人权利保护方面,尤其是在痴呆症老年人无法独立判断和表述自身意愿时,及时针对其需求维护其自身权利。在社会交流方面,主要丰富老年人老后生活,满足老年人社会交往的意愿,以及继续激发其实现人生价值为社会做贡献的工作热忱。同时要加强老年人日常身体锻炼,使其多交流多走动,避免产生孤独感以及被社会排挤的挫败感。在身心健康方面,主要针对患有癌症的老年人的悲观与不安心理、对死亡的恐惧感、对心理医生和社会工作者的耐心疏导需求。在自我实现价值方面,满足老年人实现自身价值的愿望,丰富当地的娱乐生活设施和开展多项活动,方便老年人开展和组织相关团体活动,调动老年人的积极性和奉献精神。

老年人的各种需求也是随着老年人各时期的生理状况发生改变的。例如,处于身体虚弱期的半瘫痪状况下时,身心方面就需要得到援助,此时的护理需求以及社会交流需求占主导地位,并且安全需求、料理日常家务生活的需求也随之而生;在他们刚出院的康复治疗期间,医疗需求和康复需求占据主要位置,由于他们还未能独立生活,家务方面的需求以及确保利用服务权利的需求占主导地位;在癌症晚期阶段,除了医疗需求之外,其心理需求也是很重要的,提供必要的心理疏导是首要任务。社工和心理咨询师应根据老年人各个时期的需求不同而调整服务,确保各个时期的服务供给能够无缝衔接,充分调动当地资源满足老年人各个时期的需求。

第三节　养老服务供给主体维度分析

现如今,针对老年群体的供给主体呈现出多元化的发展趋势。政府在政策制定方面仍占主导作用,执行主体除了行政机构以外,第三方(NPO)、居民个体也都加入其中。吉尔伯特将福利供给分成实物给付和现金给付,在此二分法基础上为提高分析准确性而更详细地划分成六种形式:现金、服务、权利、社会干预、机会、福利券。笔者根据这六种区分形式从日本现有政策、制度、法律中归纳出针对老年人各方需求的供给主体以及供给内容。

一、现金福利给付

在现金福利(cash)方面,公共救助与社会保险都属于现金福利,提供无限制的消费自由。在日本老年人现金福利方面,主要以满足老年人的经济需求为目标,体现在对老后生活的收入保障,以及医疗费用和护理费用的资金供给上。失业保险、国民年金、国民医疗健康保险、护理保险中都有涉及老年人生活中各方面的经济保障。例如,厚生劳动省统计协会(2013)[①]失业保险中规定,老年人在领取退休金之前失业的这段时期内,可根据失业前工资的45%~80%领取相应补助。护理保险制度主要针对老年人在接受护理、康复、保健预防等多项服务时,报销大额的护理费用,后节会具体说明。

二、福利服务供给

福利服务(services)方面。基于案主利益的活动,这种社会服务供给形式无法直接转移成市场上的价值,例如居家照顾、个人心理咨询等。福利服务主要体现在针对老年人的各方需求而开展的护理服务和援助活动上,并且通过法律的形式使服务制度化、规范化。日本在1963年设立《老人福利法》,界定了老人福利的原理和理念,并且对福利服务进行行政干预式的规制管理,《护理保险法》即是在《老人福利法》的基础上设立和进行细化修订的。《老人福利法》第10条规定了整合援助体制和居家护理服务、老人日间照顾工作、老人短期机构入住工作、小规模多功能居家护理工作、痴呆症老人共同生活援助事业、复合型养老服务、老人日常康复用具借贷事业、养老机构入住项目、促进老人福利事业的发展和开发研究等。

1997年《护理保险法》创立,2000年开始实行护理保险制度,护理保险制度在最初的《老人福利法》基础上对老年人的实际需求提供相应服务。在2015年《护理保险法》的第六次修改中确立了地域综合照护服务体系,进一步充实地域援助事业的服务内容和实施力度,促进医疗和护理服务有效衔接。其中,服务供给种类可归纳成三部分:第一部分是居家护理服务,第二部分是护理预

---

① 日本厚生統計協会.保険と年金の動向 2013/2014[A].2013.

防服务,第三部分是护理预防综合事业服务。为缓解机构人满为患的压力,2015 年修订中规定要护理等级为 3 级以上才能入住老年人护理福利机构。在第一部分居家护理服务中,上门服务占主导,主要包括护理、入浴、看护、康复训练、居家疗养、康复器械借贷等业务。上门护理满足了行动不便的老年人基本生活需求,并设有家政服务援助业务,满足老年人的家庭清扫等需求。此外,针对痴呆症老年人的护理需求,不断完善相关服务。例如,在 2011 年护理保险制度修改中增设小规模、多功能型居家护理和上门看护复合型服务,以及 24 小时定期巡回业务,同时配备日托服务、日间康复训练机构,以及短期入住服务、老人机构护理服务(保健、医疗、福利三方面),在护理保险制度范畴之内报销。

在第二部分护理预防服务中,涵盖所有上门服务项目(上门预防护理),以及预防型机构入住项目。护理预防是在 2005 年《护理保险法》修订中为预防更多老年人提前陷入需要护理的状态而增设的项目;同时,为提高护理保险费用的给付效率、抑制保费支出,将最初需要护理的等级一分为二,形成护理预防层级,还区分了中轻度患者和重度患者。护理预防项目的增设体现了护理服务开始重视老年人身心健康的预防工作,加强身心各项机能的管理工作。在此次修订中设立地域援助事业,以预防护理为主设置三部分,具体后文有述。

在第三部分护理预防综合事业服务方面,丰富老年人的护理预防的基础知识,并进一步加强护理预防和康复训练的援助工作。服部万里子(2018)研究发现,在综合性援助事业中,设立一站式(one stop)咨询窗口,其中由社会福祉士、护理援助员、保健师为有困难和需要护理的老年人解决问题,通过初期交谈、评估、联络这三个步骤促进各级政府和企业组织的衔接,提供一站式服务,并根据居民的咨询问题制定福利服务计划,随时做好反馈工作,根据反馈情况不断改进和完善。

三、权利管理

在权力(power)方面。影响物资控制的再分配,通过制定福利政策将权利由政策主管部门传输到特定群体身边。为丰富老年人生活,创造更多有利于老年人身心健康发展、娱乐活动的场所和机构,日本政府采取一定补助措施制定福利政策并由基层政府开展执行。1990 年,全国开展以促进老年人自我实现和健康为主题的事业活动,在各都道府县设立"构建乐观长寿生活"的福利机构,并编入护理保险制度中,在市町村行政机构中开展实施,归属于护理预防综合管理事业。

在社会干预方面。在强有力的官僚体制下,福利政策制定应以满足特定人群的需求为宗旨,实行强有力的行政管理,促进稳定的体制结构形成。行政机构将工具性的供给(instrumental provision)列为首要条件,通过建立良好的体制以及发展与执行社会福利计划,鼓励机构更有效率、效能地提供社会福利服务。例如,对于层出不穷的虐老事件,为保护老年人的身心安全和健康,2005 年日本政府制定《老年人虐待防止法》①,并由各市町村地域援助中心贯彻执行。为确保痴呆症老年人在独立人格尊严下自立养老,2000 年日本设立成年后见制度②,以痴呆症老年人的需求为核心,遵照痴呆症老年人的初衷在意志清晰时指定第三方作为监护者,监护者今后将代表老年人在经济资产、服务利用、掌握文件资料等各方面替老人做出正确的选择。为确保老后生活中的人身安全,日本政府在 2006 年制定《无障碍新法》③,该法律对老年住宅、建筑物以及公共交通等设施实行无障碍化改造和建设,以确保老年人和残疾人的日常生活行动安全。込山爱郎(2019)研究发现,为促进民间团体以服务供给者的身份加入地域综合照护服务体系,进而将居民的潜在需求转换为有效的实际需求,1998 年日本政府颁布《特定非营利活动促进法》,将 NPO 活动形式合法化,进一步满足当地居民的生活需求,鼓励 NPO 和民间团体参与老年人生活服务和护理预防,举办各种活动增加老年人的生活热情和培养更多的兴趣爱好。

四、加大老年人就业机会

机会(opportunities)是一种奖励或制裁,用以达到目标。与实物、服务不

---

①　日本厚生劳働省.高齢者虐待の防止基本[A].2005.
②　日本法務省民事局.成年後見制度[A].2018.
③　日本厚生劳働省老健局高齢者支援課.高齢者住まいの施策について－地域包括ケアシステムの構築－[A].2015.

同,机会是公民权的供给或额外的机会,机会无法直接转移成价值,因为人们必须在所提供的环境下使用这些机会。日本在人口老龄化不断加剧的背景下,为积极推进老年劳动力的供给,持续为老年人创造更多继续就业的机会。广田熏(2012)研究发现,在 2012 年 8 月日本国会通过《高年龄者雇佣安定法》修订案,并于 2013 年 4 月开始实施。该法的修订主要是针对怀有工作意向的老年人可以继续工作到 65 岁,取消先前的继续雇佣年龄限制,并进一步扩大雇佣老年人的公司数量,对没有实行继续雇佣制度的企业实行惩罚。为缓解企业人力成本负担,日本政府采取一定补助措施,即大型企业雇佣一位 60 岁及以上的老年人,国家给予 50 万日元(约 3.2 万元人民币)的奖励金,对于中小企业则给予 90 万日元(约 5.9 万元人民币)的奖励金,期限均为 1 年。并且,日本还设立"银发人才中心"之类的工作介绍机构,内容丰富,例如采取短工、小时工等多种工作形式,满足了健康老年人继续工作的心理需求,使他们退而不休,也充实了老年人的生活状态,避免产生孤独感和被社会排除的孤立心理。

五、实物津贴补助

实物(goods)是具体的供给形式,如食物、衣物与住所。这种供给形式仅具有有限的转移价值,通常只能在当铺、二手市场或以非正式的以物换物方式换取。在日本生活保护制度中针对处于贫困线底层的老年人给予金钱补助,保障最低生活水准。国立社会保障·人口问题研究所(2013),根据城市和地区的不同特点以及老人不同的年龄段,对所补助费用也相应有所调整。例如,2012 年在大城市内 60 岁及以上的老年人的生活补助金额为 80140 日元/月(约 4200 元人民币/月),60 岁及以上的夫妇家庭为 120440 日元/月(约 8000 元人民币/月)。但是,仅仅依靠保护制度中的补助金额很难很好地生活下去,还需发挥当地居民自治力量和第三方组织进行生活援助。

六、福利券发放

福利券(vouchers)具有结构性的交换价值,可以在特定机构换取使用。在地域中,由当地市町村的社会福利协会联合当地各方组织对居民提供福利优惠援助活动。如当地的商业委员会、农业协会、居民,针对当地居民发行的"感恩券"。"感恩券"的发行形式灵活,主要用于在当地商店中购买商品和当地福利服务,但并不是完全免费,居民可低于市场价格购买"感恩券",这体现了地域中市民自治和互助的精神。

日本政府针对老年人的需求从预防保健、护理、经济保障、就业、权力保护和市民自治等方面制定了强有力的政策法律,构建了一个完整的供给体制,这同样也反映了日本福利国家的管理特点,即大规模的公共事业投入和实行社会规制。正如前文所述,护理保险制度的制定标志着日本国家主导型行政规制福利模式向地方主导型契约化地域福利模式发生转变,同时服务主体更加多元化,国家政府主导角色逐渐变弱,地方及市民的力量越来越强大,所以通过对地域福利综合照护体系的构建能将服务资源顺利传递到每个居民身边。

第四节　养老服务输送过程维度分析

一、输送过程概述

日本地域综合照护服务体系通过护理保险制度提出,以老年人所在居住地为平台,以点线面的衔接方式为老年人提供各类护理和医疗服务资源,并且老年人通过护理保险制度,有效利用护理服务资源也降低了医疗成本费用,实现安心居家养老也减轻了医疗机构的负担。为防止碎片化(fragmentation)、不连续(discontinuity)、无责任(unaccountability)、不可及(inaccessibility)这四个问题的产生,在规划改革社会组织与服务输送体系中,应建立高效的服务体系,进而解决政策上的选择和需求不确定性问题。梁誉(2017)认为,为避免养老服务体系碎片化,应采取整合性的供给模式,基于整合照护理念中根据服务的需求使服务供给与服务使用的具体需求相适应,加强不同服务管理与服务项目之间的协作与联系,从而提高服务的有效供给与服务质量,确保服务的回应性与可及性。

笔者结合第六章的案例分析,梳理了日本地域综合照护服务体系的输送过程,总共分成四个步骤:服务输入—服务过程—服务输出—服务评估。其中,服务输入为第一步,包括服务供给的内容、结构、层次;第二步为服务过程,通过网络化的运营模式并结合居民自治和多方协调的服务供给模式达到"点、线、面"相结合,将多元化的服务种类具体化呈现在老年人面前;第三步为服务输出,包括活动开展、费用支付、多元群体,通过活动开展丰富当地居民生活;第四步为服务评估,包括居民、社区、专业评估,通过全方位的评估有效改善养老服务。如图 5-2 所示。

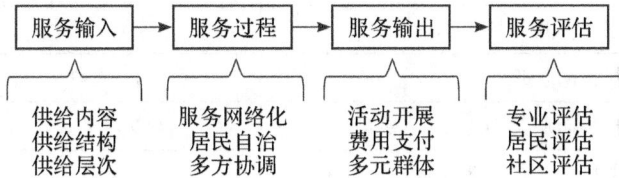

图 5-2 日本地域综合照护服务体系的输送过程

二、服务输入过程分析

地域综合照护服务体系主要针对地域中的老年人,通过运用地域中多方资源为老年人提供多方面的服务,属于养老服务范围。丁建定(2013)在进行中国社会保障制度体系完善研究时,曾提出社会保障制度的内容体系、结构体系、层次体系的分析框架。其中,内容体系是指社会保障制度所包含的基本项目,它显示了社会保障制度对社会问题的覆盖面;结构体系是指社会保障制度所构成的对象,它显示了社会保障制度对社会成员的覆盖面;层次体系是指社会保障制度主体之间的相互关系,它显示了社会保障制度的各种主体参与社会保障制度的程度。这里笔者借鉴这一框架分析日本地域综合照护服务体系,更加有利于我们对体系的理解和比较。

(一)供给内容分析

结合下一章的案例分析,日本地域综合照护服务体系的供给内容主要为护理康复、保健预防、医疗看护、生活援助、居家住宅。在居家护理预防中,《护理保险法》规定的各项服务内容通过地域综合照护服务体系的构建进一步进行整合和衔接。护理保险服务中分成居家上门护理服务(总计 13 种)、地域密集型服务(8 种)、机构服务(3 种)。具体服务内容分类如表 5-1 所示。

表 5-1 护理保险服务利用的内容

项目	由都道府县指定和监督管理	市町村负责指定和监管
护理预防报销	上门预防护理(13 项)	地域密集型护理预防服务(3 项)
	上门助浴预防护理	小规模多功能型居家护理(预防为主)
	上门预防看护	痴呆症对应型日托护理(预防为主)
	上门预防康复训练	痴呆症对应型共同生活护理(只限预防 2 等级)
	居家疗养指导管理	
护理预防报销	日托预防护理	
	日托预防康复训练	
	短期机构入住生活预防	
	短期机构入住疗养预防	
	特定机构入住生活预防	
	康复器械借贷	
	指定康复器械销售	
	适老化住宅改造	
	由都道府县指定和监督管理	
护理报销	地域密集型服务(8 项)	上门护理服务(13 项)
	上门助浴护理	定期巡查随时应对型访问护理看护
	上门看护	小规模多功能居家护理
	上门康复训练	夜间对应型上门护理
	居家疗养指导管理	痴呆症对应型日托护理
	日托护理	痴呆症对应型共同生活护理
	日托康复训练	地域密集型特定机构入住生活护理
	短期机构入住生活护理	地域密集型护理老年人福祉机构
	短期机构入住疗养护理	机构入住者生活护理
	康复器械租赁	
	指定康复器械销售	
	适老化改造	

续　表

项目	由都道府县指定和监督管理	市町村负责指定和监管
护理报销	机构服务(3 项)	
	老人护理福利机构(认定等级 3 级以上)	
	老人护理保健机构	
	护理疗养医疗机构	

资料来源:藤井賢一郎.介護保険制度とは[M].13 版.东京都:東京都社会福祉協議会,2015:12-13.

　　其中,居家上门护理服务又分为居家护理援助服务和预防保健援助服务(如前文所述),根据老年人的身体状况判断究竟提供何种服务。具体实施内容包括上门护理、上门康复训练、上门助浴等 13 项内容。服务对象为失能半失能以及身体不方便的老年人,并且为降低重症发病率,对未认定护理级别的老年人提前做好护理保健预防措施,例如,增加膳食营养辅导、口腔卫生服务等内容。采取居家上门援助服务的形式是在尊重老年人自身意愿的前提下由护理经理(care manager)一对一制定护理服务援助计划,能够有效衔接各个服务之间的各项内容,服务经审查生效后开始提供,服务宗旨为被保险者尽快恢复独立生活的能力,以及避免基本生活能力下降。为此,在护理服务的种类设置中应适当减少过于简单的服务项目,以免造成老年人过度依赖护理服务而导致简单的动手操作能力下降。

　　地域密集型服务主要针对痴呆症患者,为其在原居地提供一系列上门护理和短期机构入住服务。总共有八项原则,当地居民需通过办理相关手续成为保险对象,使用本地区的护理服务机构。其他地区的居民如有利用当地服务的需求,则需办理特殊许可才能获取使用权,这也被指责带有规制化色彩,妨碍了服务供给的灵活性。密集型服务采取复合式供给形式,即可在家中接受上门护理服务,也可申请周围小型护理服务机构接受照顾或短期入住,这对痴呆症老年人缓解病情具有一定疗效,也减轻了家属负担。该项服务由所在市町村制定计划和实行,每个市町村可以根据当地人数和服务机构数量以及服务质量制定计划,以免造成服务过剩和资源浪费。护理机构分为三种:福

103

利、保健、疗养,其中 2015 年《护理保险法》的修订中规定护理机构入住要求为护理等级为 3 级以上。

在医疗护理方面,2014 年日本政府颁布了《地域医疗和护理综合确保法》,它与《护理保险法》分别适用于医疗和护理领域。为进一步促进居家医疗与护理服务资源的有效利用,该法提出实行上门诊疗和康养服务,以及加强对痴呆症老年人的护理服务和强化地域综合援助体系中医养结合的建设。根据《确保法》改革的内容,第一,为迎接 2025 年超老龄化社会的挑战,建立居家医养结合服务体制,改革医疗和护理供给模式,进一步外延医疗机构的功能,解决医疗机构人满为患和病床数量短缺、医保费用居高不下的问题,各个都道府县统计医疗机构的病床数,细分病床功能,将病床划分为高度急性期、一般急性期、亚急性期、慢性期、居家疗养期,并且在每个区域内设定医疗圈,例如,一级医疗圈针对高度急性期的患者、二级针对一般急性期的患者、三级针对亚急性期和慢性期的患者等。第二,改革医疗机构现行的供给体制,整顿医院设施和设备,培养医护人员。当医疗机构的病床功能不符合规定时,都道府县有权公示医疗机构黑名单,并取消该医院申请补贴资格和融资优惠资格,取消对该医院的扶持资格和特定功能病床申请资格。田香兰(2016)指出,三级医疗圈的医疗机构还需为当地居民提供护理服务,在每个区域内设立医疗和护理合作机构,促进医疗服务与护理服务的配合,为当地居民从急性期医院出院后过渡到家中康复这一过程做铺垫,例如,名古屋市通过构建各层级诊疗圈,以及设置居家医疗护理合作中心站点,为患者成功地衔接了各个阶段的医疗和护理服务,实现分级诊疗功能,也发挥地域护理功能,当地居民可安心在家中接受治疗,减轻医疗机构的负担。

文化娱乐活动方面是居家养老中不可或缺的部分。日本各个市町村根据当地特点由居民自发组织开展一系列有利于老年人身心健康、兴趣培养的娱乐活动。并且,通过互助理念,老年居民之间自发组织成为志愿者,在生活方面开展互相帮扶活动。例如,东京都大田区老年居民在市民活动中心每周组织餐饮活动,为当地居民提供物美价廉的餐食,增强当地居民之间的互动活动;鹤岛市社协组织当地市民开展文化沙龙活动,定期举办医疗讲座;鹤岛市当地居民成立 NPO,组织利用当地资源开展贸易活动,带活了当地经济发展。

为确保娱乐活动的全面开展和坚持就近原则,一般以当地小学学区进行划分,由当地市民公馆或社协承担老年人的娱乐活动,以此方便老年人的出行同时也进一步拉近了邻里之间的感情。

在精神慰藉方面,心理咨询成为上门护理中重要的组成部分之一。在当地癌症患者居家疗养期间,需要心理咨询师定期做心理疏导工作,尤其对作为"第二患者"的癌症患者家属更应加强慰问。心理师和社会工作者应开展日常走访、提供上门沟通等各项服务,时刻了解居民的生活现状,尤其对空巢老人、老年夫妇加强沟通和慰问环节,及时发现问题及时解决,尽量减少孤独死的情况发生。

(二)供给结构分析

城市社区居家养老服务的供给结构主要指服务所覆盖的人群,反映出社区老年人享受养老服务的普遍程度。胡宏伟等(2016)指出,在护理预防方面,大多数集中于护理保险制度的利用者。《护理保险法》第九条规定有保险义务的人分为两类,1号投保人为居住在日本国内的公民(不论国籍、性别、年收入等条件,年满65岁的公民);2号投保人为40~64岁之间的公民群体,且同时缴纳医疗保险费用和护理保险费。当1号投保人申请使用护理保险时需要严格的审核步骤,经审核合格并由护理经理制定护理计划后才可使用护理服务;2号投保人在患上老年痴呆症、心脑血管疾病、糖尿病综合征等15种慢性疾病之一时才可申请护理保险享受护理服务。护理保险在地域综合照护体系中覆盖面最广,在接受护理服务之前,老年人都会申请使用护理保险,这也是导致日本护理保险费用持续增加的原因之一。

日本实行全面皆医疗保险制度,医疗资源在地域中覆盖范围很广。每位居民都会加入医疗保险制度,并且地域医疗资源包括诊所、二级医院、可提供体检、免费义诊、保健治疗等全方位服务和机构。文化娱乐活动主要由当地居民自发组织,居民自治会根据当地特色以及老年人特点开展一系列活动。精神慰藉主要针对癌症居民以及痴呆症老年人,关注他们及家人的心理健康是一大重点。2014年设立的《地域医疗综合护理确保法》将当地医疗和护理服务有效衔接,统合医疗资源采取分级诊疗体制,活用当地诊所和充分发挥居家治疗、康养功能。《确保法》实现了从急性期医疗机构过渡到慢性期以及居家长期护理的衔接模式,完成了从机构内护理到居家综合护理的转变,从专业医疗护理服务到当地居民、企业的非正式援助,最终促成医疗、护理、保健预防、生活援助、居家这五个因素整合衔接,构建起地域综合照护服务体系。

（三）供给层次分析

地域综合照护服务体系的供给层次指地域中各养老服务供给主体之间的相互链接,反映了各主体之间参与养老服务的程度和市町村、民间机构以及周围企业在养老服务供给中的权责关系。市町村保健福利部门和民生部门在政策实施过程中起到主导作用,基层政府贴近当地居民生活,及时把握当地的民生动态,通过制订和修改福利计划,调整服务提供的种类,完善当地居民的生活条件。具体工作内容由基层行政机构负责,通过制定福利计划、调整当地护理保险计划、整合护理服务、改革保险费用支付方式、开展地域综合援助工作、监督护理保险制度等手段,灵活应对当地居民的具体需求并及时调整政策。同时,市町村下设福利事务所、保健中心、地域综合援助中心等贴近居民生活的组织,地域援助中心负责协调和制定护理保险计划,为当地居民提供福利援助服务、护理预防管理服务。

在民间团体组织和机构中分成法制性组织和非法制性组织。社会福利协会由社会福利法人经营,在每个市町村设立单独的社会福利协会,促进小范围内的福利服务活动的实行,组织当地居民开展各项福利活动、组建志愿者活动、促进居家福利服务的发展。社协是协调和衔接行政部门、民间福利机构的纽带,定期举办福利活动活跃居民生活。

1998年设立的《非营利活动促进法》,使从事非营利活动的团体和法人活动内容合法化,也降低了从事公益法人的门槛,并规定给予一定的资金补助,只要符合条件的民间组织即可申请成为NPO法人。[①] 琦玉县鹤岛市社会福祉协会(2017)指出志愿者活动由志愿者中心实行,志愿者开展无偿的活动,不过,为了尽可能减轻志愿者活动的成本,活动中心会为志愿者提供少量的车补、餐补,并向市民以"地域货币"的名义征收少量的活动经费。在地域建设中,志愿者和非营利团体组织的参与丰富了当地居民的生活,町内会和自治

---

① 日本内阁府.特定非营利活动促进法の一部を改正する法律[A].2016.

会、地缘型组织都是由志愿者和非营利团体组织构建而成的,体现了居民自治的强大力量。志愿者中心会联合地域内的老年俱乐部和消防部门定期举办娱乐活动和安全讲座活动。

地域周围企业主要以经济援助和辅助居民群体活动开展为主,使供给主体更加多元化。当地企业成立援助基金会,给生活在该区域的贫困老年人提供生活援助,以及配合当地志愿者组织、社协开展一系列的服务活动。东京都大田区的 SOS 钥匙扣制作就是与当地企业合作完成,并对当地残疾人提供公益性岗位,保证他们的最低生活水平。

三、"点、线、面"递送机制的形成

日本地域综合照护服务体系采取多元化的服务供给方式,本着以人为本的宗旨,加强各个组织与组织之间的互相合作,通过"点、线、面"的方式将服务传递到每个居民身边。首先,关于"点、线、面"的网络体系说明。市町村政府部门作为行动主体起到指导作用,主要体现在行动计划方面、监督管理方面、财政预算方面,并且在市町村中设立儿童指导中心、咨询中心、保健预防中心为除老年人以外的多种群体提供服务,行政机构是地域中服务执行的主体,时刻关注当地居民生活,作为"点"联合其他组织为居民服务。在民间组织中,社会福利协会、民生委员会、民间组织(农业协会、生活协会)、企业团体组织对福利服务的计划、实施、调查、宣传、援助等过程起到积极的配合作用,并且与市町村基层行政机构紧密相连,提供信息和随时调整服务内容。地域综合援助中心在 2006 年通过护理保险制度的修订而设立。它是护理保险制度的实行载体并具有协调多方组织的功能,同时,也有效利用当地资源提供专业服务。

在地域中每个机构作为一个协调点发挥作用,正如吉尔伯特所指出的"协调"这一策略在于发展社会福利系统的整合性与全面性,许多服务规划都被要求将服务破碎的本质整合成一致性的状态。每一个组织作为"点"在发挥协调作用时,由另一个载体承接它的功能,传递到另一个"点"处实现递送功能,这个载体即是社会工作者。

社会工作者(简称社工)一词最早出现在英国伯克利报告中,社会工作者的工作内容由心理咨询和社会照顾这两个部分组成,在地域工作中承担

重要的角色。在一个地域中,社工全方位把握居民需求,解决居民生活中遇到的困难和问题,与居民之间建立信赖关系,开展面对面心理辅导,疏通个人烦恼,解决家庭矛盾,进一步分析整个地域中所存在的问题和影响因素,最终通过评估制定援助计划方案,与居民之间协商一致后再实施计划,完成正式照顾和非正式照顾的衔接。总共分成四个步骤,分别为调查、计划、实施、检查。在调查方面,社工根据当地实情,针对弱势群体开展个别援助服务以及对地域整体实行调查研究。在开展工作过程中重视工作流程,通过具体操作,实现地域综合援助体系的构建。在计划制定方面,根据个别援助服务和地域整体的调查结果制定援助计划,重点把握援助对象的需求。在实施方面,社工根据个案调查和地域调查开展地域援助实践工作,并由各专业领域的社工代表组成社工团队开展援助实践活动,重视社工团队组织体系的形成以及重视与团队调整后的衔接。在检查方面,以上门访问和网络化会议的形式对个别案例进行定期检查。通过上门访问这一项服务与特殊居民群体之间建立密切的联系,及时发现问题并及时解决问题,达到防患于未然的效果。通过社工这一"线"的衔接,将服务递送到居民身边,使服务覆盖整个地域,完成"点、线、面"的结合。

其次,在居民自治中,家庭、邻里是地域中最重要的资源。通过互助的形式构建了很强的地域社会,并且积极参与地域建设,投身志愿者队伍中,与社工和社会福祉士互相合作一起构建当地的照护服务体系。

最后,多方协调。行政组织担任了重要的角色,并且当地居民配合行政组织共同开展福利援助活动,与此同时,行政组织与周围活动中心、民生委员会、自治会、商店、医院、消防队、保健预防机构、养老护理机构等构成公共服务圈,促进相互合作与配合,形成了多元化的养老服务体系。

四、服务利用流程

地域综合照护服务体系的服务输出指当地居民根据自身情况利用现有服务资源对服务进行具体操作和实施。本部分在分析和总结服务供给的主体、服务过程后结合案例对服务输出环节进行了划分,其总共分为费用支付、活动开展、多元群体这三种。

在费用支付方面,居民通过申请护理保险,利用护理服务,产生服务费用时由护理保险负责报销,由于 1 号投保人被规定为 65 岁及以上的老年人,这部分人群服务需求量较大,需要护理服务较多,因此地域综合照护服务体系主要服务于 1 号投保人,1 号投保人在接受护理服务时通常自己承担 10% 的费用,护理保险报销 90% 的护理费用。2017 年,根据日本厚生劳动省最新修订,从 2018 年起养老金在 280 万元、340 万元(约合 19 万元人民币)以上的中高收入群体所报销比例降到 70%,自己负担护理保险服务费用增大到 30%。本部分在护理费用支付方面根据服务种类进行了详细划分,如表 5-2a 和 5-2b 所示,护理服务分成四部分(各个市町村会根据当地情况有所调整):上门护理、上门看护、机构护理、短期机构护理,具体服务事项根据各个地区经济情况折合当地收费标准进行收费,平均每单位为 10 日元左右(约合 0.6 元人民币/单位)。

表 5-2a　护理费用报销具体事项

上门护理		上门看护	
身体护理		上门看护平台	
20 分钟以下	165 单位	20 分钟以下	310 单位
20 分钟以上 30 分钟以下	245 单位	30 分钟以下	463 单位
30 分钟以上 1 小时以下	388 单位	30 分钟以上 1 小时以下	814 单位
生活援助(家政援助)			
20 分钟以上 45 分钟以下	183 单位		
45 分钟以上	225 单位		
机构护理		短期机构入住	
护理等级 1	656 单位	预防护理 1	433 单位
护理等级 2	775 单位	预防护理 2	538 单位
护理等级 3	898 单位	护理 1	579 单位
护理等级 4	1021 单位	护理 2	646 单位
护理等级 5	11141 单位	护理 3	714 单位
		护理 4	781 单位

资料来源:高野龍昭.これならわかる＜スッキリ図解＞介護保険[M].2 版.东京都:翔泳社株式会社,2015:44-45.

表 5-2b　各地区 1 单位护理服务的价格(2015 年修订至今)(单位:日元)

地域区分	城市代表	访问护理、居家护理援助	访问看护、机构康复训练、多功能型居家护理	机构护理、痴呆症机构护理、护理保险相关机构	康复器械借贷、居家疗养管理指导
1 级地	东京	11.40	11.10	10.90	10.00
2 级地	横滨	11.12	10.88	10.72	
3 级地	千叶	11.05	10.83	10.68	
4 级地	神户	10.84	10.66	10.54	
5 级地	京都	10.70	10.55	10.45	
6 级地	仙台	10.42	10.33	10.27	
7 级地	札幌	10.21	10.17	10.14	
其他	其他	10.00	10.00	10.00	

資料来源:高野龍昭.これならわかる＜スッキリ図解＞介護保険[M].2 版.东京都:翔泳社株式会社,2015:44-45.

　　护理保险制度的认定过程和内容构成如图 5-3 所示,在长期护理保险资格认定过程中,首先,由被保险人向市町村护理保险部门提交护理保险申请书;其次,由市町村派出护理福祉士进行鉴定,上门开展调查后做出首次认定;再次,由市町村委托主治医师对被保险人进行检查,并给出检查结果;最后,市町村护理保险部门根据两次结果认定确定护理等级,护理等级总共分为 7 个等级,根据被保险者认定的等级由护理经理量身定制护理计划,并开始上门护理服务。被保险者每半年需要重新认定一次,每次认定时长为 3 个月,被保险者分为 1 号投保人和 2 号投保人,护理保险实则属于现物给付,在给付中市町村都道府县各占保险费用的 12.5%,国家机构则为 25%,直接提供上门援助服务(例如,居家服务、地域密集型服务)和机构护理服务,以服务的形式充当保费支给当地居民,居民根据自己的护理计划接受所提供的服务,如果需要额外服务则属于个人购买行为。护理服务不止局限于护理保险制度,还可通过居民自治会以及第三方组织获得,服务输出形式多种多样。

　　在活动开展方面,地域援助事业是整个市町村中开展有关护理预防工作的总和,同时,也是地域综合照护服务体系成立的根基之一,对整个体系的建设起到铺垫作用。现如今,地域援助事业对体系中保健预防的运行、构建等方面起到积极的指导作用,可以说地域援助事业的工作内容是早期照护体系的雏形之一。

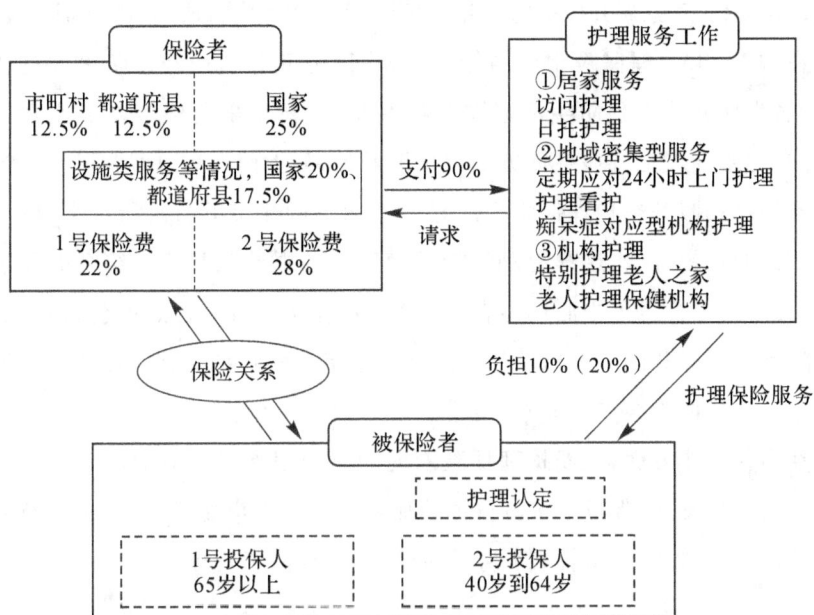

图 5-3　日本护理保险制认定过程和内容

资料来源:根据日本厚生劳动省.介護保険制度の仕組み[J].厚生労働省介護·高齢者福祉,2018 整理得到。

地域综合援助中心是地域援助事业开展的实施主体。为抑制护理认定人数的增长,通过关口前移加强前期的保健预防工作,为此由地域援助中心指导开展地域援助事业,2006 年开始在整个地域中分成三部分实行。第一部分为护理预防事业、第二部分为综合援助事业、第三部分为任意事业。其中,在第一部分护理预防事业中,由于预防护理等级分成两个级别,根据级别的不同实施具体政策。例如,在护理预防等级 1 中,实行护理预防科普宣传工作、开展地域护理预防援助活动、事后评估工作;在护理预防等级 2 中把握需要预防护理对象的情况、开设日托护理预防和上门护理预防、开展事后评价工作。在第二部分综合援助事业中,加强预防护理管理的同时,设置综合性、全方位的咨询业务,无论年龄、性别、当地居民皆可咨询与福利服务相关的内容,为居民解决身边疑惑;提供综合性、持续性、网络化的护理经理服务,随时随地为居民解决困难提供帮助,并开展权利拥护工作。第三部分任意事业方面,确保护理费用的报销合理化,对家属开展援助服务,对痴呆症老年人实行成年后见制度等。

在 2015 年护理保险制度的修订中,将第一部分的护理预防事业重新调整,命名为新型护理预防生活援助综合事业,在新型事业中丰富了原来的内容,并在此基础之上开展生活方面的援助服务,如上门送餐、助浴等。并且,上门服务和日托服务在护理保险中的报销比例由所在市町村自行决定,取消原来统一式的报销方式,这样有利于减轻市町村的财政负担。在综合援助事业中,加强地域综合援助中心的运营工作,定期召开地域综合照护会议,促进地域医疗和护理服务的发展以及整合痴呆症老年人的政策实施工作和生活援助体制建设。具体内容如表 5-3 所示。

在多元群体方面,长期护理保险制度的出台拓展了服务的内容和地域援助事业的多项发展,促进了多方群体的加入。其融入市场机制,促进规章制度到契约制度的转变,丰富福利服务的供给机制,提高了资源的有效利用效率。

五、第三方评估模式

地域综合照护服务体系的最后一个环节是对服务质量进行评估,一般通过第三方机构对服务完成情况、过程、内容开展评估工作。由于评估环节比较容易被忽视,日本为此形成了一套专业性的评估体系。如上文所述,通过构建 PDCA 循环体系确保了服务的有效供给,并且能够及时反馈居民的各种需求,为居民提供更好的服务。PDCA 循环评估模式由当地市町村基层政府通过购买第三方评估服务而开展一系列评估活动。在当地通常由地域综合服务中心执行,通过接收当地居民的意见进行反馈、整理并改善。当地居民作为被服务对象,能够清晰掌握服务的质量,不过,由于居民自身认识有限,对服务的评价还只停留在初级阶段,今后应加大对居民的宣传力度、普及知识讲座。

如今,日本政府以社会福利法为基准,在地域福利领域中面向全国开展福利援助活动,迎接超老龄化社会的新挑战。不过,在地域综合照护服务体系中关于具体操作情况也存在诸多问题。例如,由于福利型体系和医养型体系这

护理报销（要护理 1~5）	
护理预报销（要支援 1~2）	
● 护理预防·日常生活援助事业 （供给多元化） ● 护理预防·生活援助服务 　　上门服务 　　日托服务 ● 生活援助服务（新增,如送餐服务） ● 护理预防支援事业（护理管理） 　　一般护理预防事业	新护理预防综合援助事业
● 综合的援助事业 ● 地域综合援助中心的运营 ● 护理预防管理、综合咨询援助服务、权利拥护、护理管理援助 ● 地域综合照护会议召开（新增） ● 促进居家医疗护理服务合作（新增） ● 痴呆症综合援助事业（新增） ● 整合生活援助体制（新增）	
● 任意事业 　　护理费用报销合理化 　　家属护理援助事业 　　其他	

表 5-3　新护理预防综合援助事业(2015 年至今)

资料来源:根据日本厚生劳动省. 地域包括ケアシステムの構築について[J]. 未来投资会议構造改革徹底推進会,2017:13-14 整理得到。

两种模式并存,福利型体系如何有效融入医养型体系并共同构建地域综合照护服务体系还是个未知数;同时,地域综合照护服务体系的构建在结合当地特征的前提下进行不断完善和整合,如若全国采取统一的法律进行规范治理是否存在不妥;地域中的护理服务对象从最初的社区老年人扩大到整个居民,服务范围从护理援助到居民生活中的具体方面,涉及对象和覆盖范围都不断增加和扩大,那么实行起来是否有一定难度而被认为计划过于理想化?

第五节 经费来源维度分析

日本地域综合照护服务体系的资金运转方式多样化,形成了国家、居民、NPO多方供给主体。并且,护理保险制度成为体系资金的主要供给者,在体系各方面中都发挥着重要作用。

一、税收政策

如前文所述,在日本地域综合照护服务体系中,当居民获得护理服务时,所需经费来自护理保险的补助。护理保险制度采取现收现付机制,财政来源一半来自公共税收,另一半来自向被保险人征收的保险费用。其中,在公共税收中国家承担25%,各个都道府县承担12.5%,市町村承担12.5%。在个人承担的保险费用中,65岁及以上的1号投保人缴纳的保险费用占总保险费用的22%,40~64岁的2号投保人缴纳的保险费用占总保险费用的28%。此外,在国家承担的25%中,5%另交给市町村行政机构用于调整1号投保人因数量、收入不同而产生的差异。在各都道府县行政机构中还设立了财政安定化基金,国家、都道府县以及各市町村分别提供金额的1/3用来弥补由于保费过量支出时或收入不均时的缺口,以此稳定护理保险制度在各个市町村中的正常运行。

护理保险费用还用于整个市町村地域援助事业的资金运转,如前文所述,地域援助事业是地域综合援助中心在地域综合照护服务体系中开展各项事业的总和,其财政来源于国家、各级政府以及被保险人。地域综合援助事业的财政分别支出在日常生活中的预防保健援助和综合援助这两个方面。其中,根据2016年社会保障审议会护理保险部统计,在预防保健援助工作中支出为554亿日元(约合36.7亿元人民币)、国家负担277亿日元(约合18.3亿元人民币);综合援助支出为1507亿日元(约合100亿元人民币)、国家负担754亿日元(约合50亿元人民币),财源构成如图5-4所示。

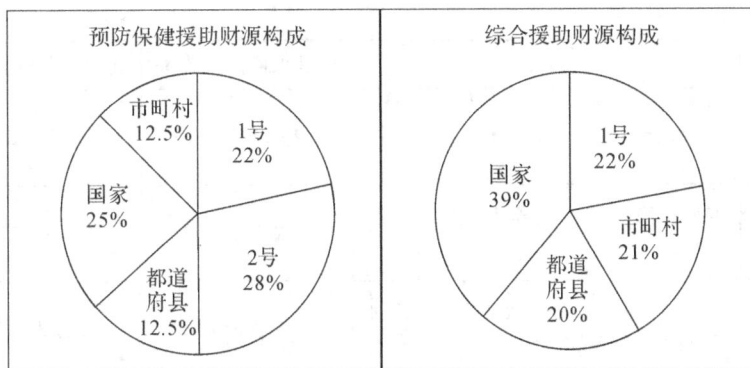

预防保健援助财源构成

- 市町村 12.5%
- 1号 22%
- 国家 25%
- 2号 28%
- 都道府县 12.5%

综合援助财源构成

- 国家 39%
- 1号 22%
- 市町村 21%
- 都道府县 20%

图 5-4　预防保健援助财源构成与综合援助财源构成

资料来源:根据厚生劳働省社会保障审议会护理保险部.地域支援の推進[A].2016(5):10 整理得到。

被保险人保险费用的负担根据人群的缴费不同所支付的比例也不相同,1号投保人为 65 岁及以上老年人,这部分人服务需求量较大,需要护理服务较多,在缴纳保费方面,根据厚生劳动省 2016 年修订,并在 2017 年 4 月起实施的护理保险内容中,总共将护理缴费基数划分成九个等级,如表 5-4 所示。为确保护理保险制度的可持续发展,满足低收入群体老年人的基本护理需求,从 2017 年开始对等级 1～3 的低收入老年群体降低护理保险费缴纳费率,分别从之前的 0.5、0.75、0.75 降至 0.3、0.5、0.7,差额由公共财政补助。但对于中高水平的养老金群体则提高了护理保险费率,等级九为 1.5。1 号投保人的费用主要从养老金中扣除,直接向所在市町村行政机构缴纳,领取低保的老年人保险费用直接从低保中扣除;2 号投保人的费用和医疗保险费用一起征缴,并在护理保险储蓄池中进行再分配。

表 5-4　1 号投保人护理保险缴纳费率和利用人数

等级	人群	护理保险缴纳费率	利用人数和百分比
等级 1	领取社会救助或养老金收入不足 80 万日元/年(约合 5.3 万元人民币)	基础额①×0.3	629 万人(18%)

---

①　保险基础额从护理保险第六期(2015—2017)开始,全国平均为 5514 日元/月(约合 350 元人民币/月)。

续 表

等级	人群	护理保险缴纳费率	利用人数和百分比
等级2	养老金收入在80万～120万日元/年（约合5万～7.9万元人民币）以下	基础额×0.5	246万人（7%）
等级3	市町村民税免税且养老金大于120万日元	基础数×0.7	236万人（7%）
等级4	免村民税，养老金收入不足80万日元/年（约合5.3万元人民币）的老人	基础数×0.75	532万人（15%）
等级5	免村民税，养老金收入超过80万日元/年（约合5.3万元人民币）的老人	基础数×0.9	426万人（12%）
等级6	本人年收入未满120万（约合7.9万元人民币）	基础数×1.0	440万人（13%）
等级7	年收入120万～190万之间（约合7.9万元～12.6万元人民币）的老人	基础数×1.2	394万人（11%）
等级8	总年收入190万～290万元之间（约合12.6万～19.2万元人民币）的老人	基础数×1.3	241万人（10%）
等级9	免税且总年收入超过290万（约合19.2万元人民币）的老人	基础数×1.5	236万人（7%）

资料来源：根据日本厚生劳动省.平成29年厚生労働白書－社会保障と経済成長－[A].2017:106整理而得。

税收中除去一部分资金用于护理保险对养老护理服务进行补充之外，在地域中还有一些公共机构还完全依靠公共福利中央财政支出进行运转。这些机构在原来的规章制度下建立起来，随着规章制度被废止，合同制度取而代之，但是仅有少数特例被保存下来。对于生活困难、无居所的底层老年人或流浪儿童，以及类似养护老人之家和儿童养护机构的贫困救助类机构，政府仍实行强有力的规制管理。

二、慈善捐款的应用

日本民间团体为促进社会福利事业的发展从1947年开展共同募捐活动，

向捐赠者赠送红色羽毛,也称为红色羽毛运动。共同募捐运动以全体国民为对象,在全国 41 个县中每年举办一次。1951 年,共同募捐运动通过《社会福利法》以法律的形式确立起来,并且,在各个都道府县中设立共同募捐基金会,捐款用于各市町村中社会福利协会和小地域福利活动。中央共同募捐基金会为贯彻志愿者精神这一理念,促进形成全体国民之间互相帮扶的志愿者精神,保持慷慨心境,不论何时都会自发实施捐赠活动。现如今,共同募捐发展活动的主要方向多集中在居家养老福利服务方面,根据当地居民的具体需求开展募捐运动,并不断培养当地志愿者和促进当地居民参与志愿者组织。門美由紀(2017)①研究得出,2015 年募捐总额达到 184 亿 6000 万日元(约合 12.2 亿元人民币),完成目标 201 亿日元(约合 1.3 亿元人民币)的 91.7%。募捐类型分为以家庭为单位的募捐(占 72.8%)、以法人为单位的募捐(9.9%),并且通过募捐资金促进地域福利活动 5.3 万件,总额约 160 亿日元(约合 6.5 万元人民币)。现如今,共同募捐以"杜绝地域孤立支援、推进地域募捐活动"以及"丰富募捐形式"为主题不断号召社会各界人士进行捐款,提倡大型企业慈善捐款,设立红色羽毛福利基金会,强化东日本大地震中受灾地的援助活动,不断充实中央共同募捐基金会的各项机能,今后,募捐运动还将针对各种新需求不断完善和改进。

在建设地域综合照护服务体系的过程中,为不断满足居民多方养老护理需求,日本 NPO 也作为服务供给主体参与其中。胡澎(2018)指出,日本政府在 1998 年出台 NPO 法,降低了 NPO 法人的准入门槛,大批 NPO 以民间组织的身份取得法人资格,涌入养老护理、育儿支援、残疾人福利领域。在地域中,为促进 NPO 的发展设立地域银行,活跃当地经济,促进地域物资的流通,同时也增加了当地福利活动的财政资金来源。地域银行指在护理和残疾人领域中,以解决社会性问题为主要目标通过融资的形式而在当地设立银行,也称为 NPO 银行。NPO 银行以政府拨款和企业的赞助金为基金,由政府委托当地 NPO 开发当地福利资源,促进、提高当地居民的生活质量。NPO 通过利用当地资源、场所、资金等,根据当地实情开发当地经济,设立新岗位,促进当地就业以减轻当地行政的负担,实现当地居民的人生价值。如鹤岛市社协与当地

---

① 社会福祉法人中央共同募金会.平成 27 年度报告书赤い羽根の中央共同募金会[R].2015:2-8.

NPO联合利用当地资源开发新能源创出新产业，为当地居民创造收入，也增加了就业岗位。

三、收费服务

吉尔伯特(2013)指出，社会福利服务的运营机制多以公益性为主，很少采取额外支付。不过，在日间照顾服务中，部分服务需要以购买的形式进行补充，但是针对贫困居民则需依赖慈善组织、基金会或政府资金进行补贴。日间照顾服务通常以付费机制维持经营，导致大部分服务都需要付费才可以使用，由此，根据服务利用者的经济情况，采取适度缴费，逐步适当降低收费标准。当地居民在接受护理服务时，采用现收现付的支付方式报销所接受的服务费用，超过报销标准上限还需个人自行购买服务。日本护理服务按健康程度分成7个等级，分别为预防护理等级1和2，需要护理等级1、2、3、4、5，其报销上限如表5-5所示。

表 5-5　护理援助等级和报销上限（报销比例 9:1）

护理援助等级	护理服务费用报销上限	住宅改造报销上限	护理用具报销上限
预防护理等级 1	5.3 万日元/月 被保险人负担 5003 日元/月	20 万日元 （被保险人负担 2 万日元）	10 万日元/年 （被保险人负担 1 万日元）
预防护理等级 2	10.47 万日元/月 被保险人负担 10473 日元/月		
需要护理等级 1	16.6 万日元/月 被保险人负担 16692 日元/月		
需要护理等级 2	19.6 万日元/月 被保险人负担 19616 日元/月		
需要护理等级 3	26.9 万日元/月 被保险人负担 26931 日元/月		
需要护理等级 4	30.8 万日元/月 被保险人负担 30806 日元/月		
需要护理等级 5	36.6 万日元/月 被保险人负担 36065 日元/月		

注：以上报销比例在 2015 年第六次《护理保险法》修改中制定并一直未有改变，按照日元最新兑换比例为 100 日元＝6.6 元人民币。

资料来源：藤井賢一郎.介護保険制度とは[M].13 版.东京都：社会福利协会社会福利法人，2015：10.

针对护理的报销费用和保险支付以及被保险者个人支付的情况,学者高野(2016)以东京都新宿区(地域级别为 1)为例,该区的报销比例为 9∶1,上门护理服务这一项中,身体护理规定为 30～60 分钟,花费 388 个单位,折合为4423 日元(约合 265 元人民币),其中个人支付 10％的比例,为 443 日元,护理保险报销 90％的比例,为 3980 日元。针对一些护理保险报销制度之外的特殊护理服务,还需通过个人支付额外的费用,例如,机构入住中所有的餐费、短期入住收缴的房租和水电费、特定机构入住和团体之家入住的管理费、日常生活费用或特殊服务费、特殊房间费用、远距离机构入住时产生的交通费用。其中,对于领取生活救助金的困难群体,机构收费项目都减半或是免收,具体收费和报销情况根据当地市町村情况而定。

在经费来源中,福利服务的费用主要由护理保险支付。护理保险总费用支出逐年增高,从刚成立的 2000 年总费用为 3.6 兆日元(约合 2298 亿元人民币)到 2017 年的 10.8 兆日元(约合 6600 千亿元人民币),增长了 3 倍,而需要认定护理的人数从 2000 年的仅有 218 万人,到 2005 年迅速增加到 411 万人,超过了 2010 年的预期水平;至 2012 年被认定的人数又达到了 533 万人,超过了 2050 年的预期水平。2019 年,护理保险事业资料数据显示,截至当年 5 月被认定的人数达到 659.8 万人,其中男性为 207.5 万人、女性为 452.4 万人,女性高于男性。[1] 面对庞大的护理费用增长,日本政府负担日益加大,根据日本财务省 2018 年数据,2012 年护理保险支出总数为 8.4 兆日元(约合 5500 亿元人民币),占 GDP 总数的 1.8％,而预计到 2025 年增加到 19.8 兆日元(约合1.2 兆元人民币)增加了 2.3 倍,占 GDP 总数的 3.2％。[2] 由此可见,中央政府面临巨大的财政压力,由于日本护理保险采取基层统筹的运营方式,市町村必须承担护理保险费用的 12.5％,这就导致地方财政形成巨大的支付压力,地区发展不平衡拉大了地区之间的差距。为缓解资金压力和平衡地域之间的发展差距,日本通过多种形式的捐款进行补助,第三方团体也活跃于过疏地区。并且,在提供护理服务中融入商业性的购买模式,丰富服务的供给渠道并且灵活

---

① 日本厚生劳働省.介護保险事业状况报告の概要(令和元年 5 月暂定版)[A].2019.
② 日本财务省.社会保障について[A].2018:20-22.

开展服务的供应形式,脱规制化运营模式促进了多元化的管理方式的形成。

本章小结

本章通过吉尔伯特的社会福利政策理论分析框架对地域综合照护服务体系进行四维度分析。具体工作如下:

第一,养老服务需求。分别从生活照顾、安全保护、社会交流、身心健康、自我实现这五个方面对日本老年人的需求进行了概括和总结,老年人的需求根据各个时期身体情况的不同而发生改变,应调动各方资源做好紧密和灵活的应对和衔接。

第二,养老服务供给主体维度分析。分别对现金福利、服务福利、权利、机会、实物、福利券等方面进行分析。日本政府根据老年人的需求在经济、就业、权利等各个方面都实施了强有力的法律政策,构建了一个完整的供给体系,将服务资源传递给地域居民。

第三,养老服务输送过程维度分析。通过服务输入、服务过程、服务输出、服务评估这四个步骤对服务体系的输送过程进行了分析。从供给内容、机构、层次、服务网络化、居民自治、多方协调、活动开展、费用支付、多元群体、专业评估、居民评估、社区评估这些方面进行政策总结和概括,多层次的供给主体和点线面的递送机制使地域综合照护服务体系的建设更加紧密,贴近当地居民的生活。

第四,经费来源维度分析。护理服务通过护理保险以现收现付的方式开展使用,通过分析护理保险的缴费方式和报销方式以及服务项目等,总结出日本护理保险支出过于庞大。本章还分析了NPO和募捐运动在民间通过筹集慈善捐款,进而用于当地福利建设,完善服务的资金来源。

第六章　日本地域综合照护服务体系
运行模式分析

第一节　医养结合模式

　　2014年,日本政府发布《地域医疗和护理综合确保推进法》,该法中明确了医疗和护理合作服务模式的宗旨是构建可持续性发展的社会保障体制。按照法律规定的内容(《护理保险法》《医疗法》)提供相应的服务措施,并且通过地域综合照护服务体系的构建,形成一个高质、高效的医疗服务合作供给平台,应对超老龄化社会的到来。在该项法律中,通过消费税的第一次分配,各都道府县分别设立医疗护理合作基金,确保了供给资金来源;在医疗服务方面,规定了医疗机构中病床的各项功能,各个都道府县根据当地特点制定医疗计划,提供有效的医疗服务。厚生劳动省医政局(2014)①规定,在护理费用方面,通过地域综合照护服务体系的构建,完善护理服务收费的公平性,医疗和护理服务的开展使地域援助事业主体更加多元化;同时,加强医疗事故的调查,增设护理工作人员进修培训制度。《推进法》对地域医疗职能的划分、医疗与护理服务的合作衔接、居家医疗服务建设、改善医疗机构入住条件、确保医师和护理工作人员的从业数量等五个方面做了明确规定,促进了当地居民从高度急性期的急救治疗回归到家庭疗养这一过程顺利过渡,促使居民早日回归正常生活,这是应对2025年到来的超老龄社会最好的未雨绸缪之计。

---

　　① 厚生劳动省医政局.医療介護総合確保推進法(医療部分)の概要について「A」.平成26年9月.

在《居家医疗和护理合作推进事业工作各都道府县的任务》中,明确规定了国家、都道府县、市町村这三方面行政机构在医疗和护理服务中所实施的具体工作内容。厚生劳动省老年人保健科(2016)[①]指出,开展全国性的宏观性计划、制定规章制度以及针对实施结果进行数据分析,不断反馈实施过程中出现的问题以确立新课题的方向,在全国范围内搜集典型事例并开展学习;都道府县级政府起到承上启下的作用,督促各个市町村在执行过程中应注意的具体事项,并且提供所需数据,开展护理工作人员的进修和人才培养,并对市町村中的实施过程进行弥补性援助;作为具体实施部门,当地市町村行政机构根据当地情况,直接与居民对话,开展实际生活援助和调查。

一、岩手县釜石市多职种协调工作小组制的开创

釜石市位于日本东北部的岩手县沿海地区,曾经以制铁工业而繁荣,在1954年达到人口红利期9万人,但随着制铁高炉的关闭,人员流失外迁惨重,在2011年发生的东京大地震威胁更是加剧了这一趋势,至今只剩下3.49万人,人口老龄化也较为严重,2015年65岁及以上人口达到35.6%,高出国家平均值26%(釜石市统计,2018)。釜石市处于"医疗机构多于医生"的不平衡状态,即使该市在岩手县也属于医疗资源并不充裕的地区。当地居民人数的减少导致医疗机构经营惨淡,釜石市市民医院合并到釜石市县立病院,以此作为促进当地居家医疗服务发展的契机。此外,市民医院和市保健福利部以及一所民营医院处在同一建筑物内,邻近的地理优势位置弥补了医疗资源不足的现实问题,确保了为当地居民提供可持续性、连贯性的医疗服务。釜石市在2017年开展居家医疗试点工作,在市政府的保健福祉部门中设立地域医疗联合推进室,正式开始居家医疗和护理联合事业发展工作。

釜石市在提供医疗服务中的最大特色是设立了一个能够灵活协调各方职种间关系的工作小组。通过该工作小组的沟通和联络,各个职种之间的配合得到了增强,有利于为当地居民提供高效、高质、精准的医疗服务。釜石市小

---

① 厚生劳働省老健局老人保健课.在宅医疗?介護連携推進事业の推進に向けた 今後の取组と都道府県の役割について[A].平成27年度.

组隶属市保健福利部老年保健护理科,总共由五名成员组成,其中一名成员由当地医师会借调的医生兼任,其余四名成员均属市政府行政人员,保健福利科科长兼任小组组长(釜石小组保健福利部,2017)。具体配置如图 6-1 所示。

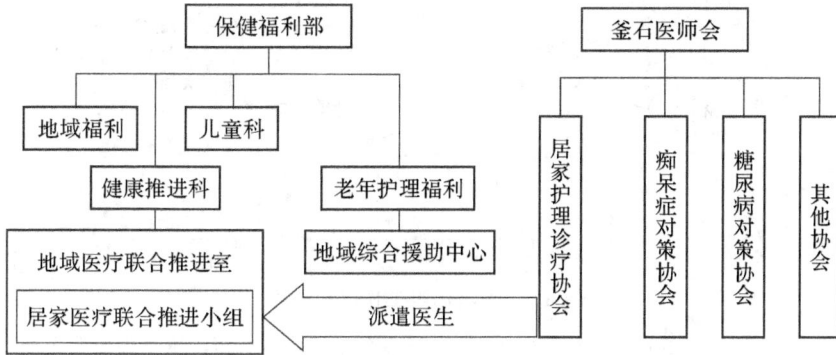

图 6-1　釜石市协调小组配置

资料来源:日本厚生劳动省老健局老人保健課. 在宅医療·介護連携推進事業の推進に向けた今後の取り組みと都道府県の役割について[A].2016:18.

其中,居家医疗联合小组在工作中发挥着承上启下的作用,恰似一个媒介巧妙地将各个职种之间分层次、分阶段地联系在一起。在第一阶段衔接过程中,小组工作人员分别与地域医疗服务供给体系中的工作人员和组织负责人进行一对一直接对话,把意见和有待解决的问题进行详细记录,同时,工作人员也适当根据意见和问题进行信息反馈,并对受访者提出的意见和问题在充分保护个人隐私的原则下以表格形式汇总下来。在第二阶段衔接过程中,各个组织之间相互交流。小组工作人员总结第一阶段中的问题和意见找出相对应的需求,并且根据需求内容,安排各个组织和相关人员进行见面交流或定期召开信息交流会,此举旨在减少在实际工作中由于多职种疏于交流而产生的不必要摩擦,使服务供给更加顺利和紧密地衔接。在第三阶段衔接过程中,健康推进科确保各个职种工作人员根据提出的问题和解决方案达成一致性。具体过程如图 6-2 所示。

釜石市将行政机构和从事医疗的组织以及个人紧密衔接,为地域医疗服务供给体系的发展营造了一个优良环境。优良环境的形成也受益于该地区长

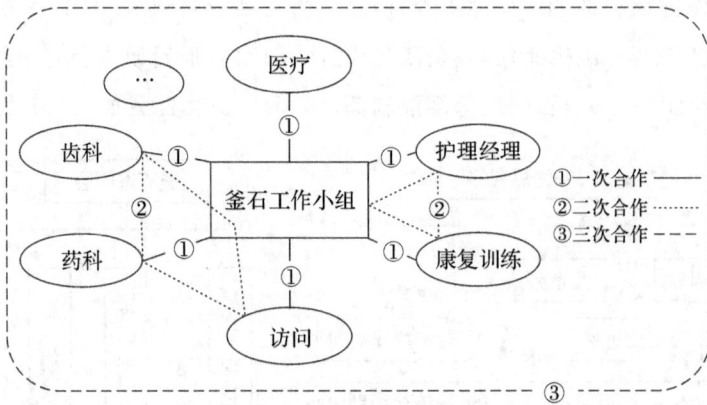

图 6-2　釜石小组工作部门流程

资料来源：日本釜石市保健福祉部.平成 29 年度までの釜石市の福祉の概况をまとめた社会福祉の概况 30 年度版［J］.釜石市保健福祉部高齢介護福祉課在宅医療・介護連携係.2017:3-4.

久以来形成的地域连带关系，以及机构分布的地理优势，特别是医师会加入并参与其中，这使小组在执行过程中省去很多烦琐的手续，行政部门与医师会有效结合是釜石市的一大亮点，通过小组工作中三阶段的紧密衔接，多职种之间合作更为紧密。不过，在实际工作中，釜石市协调工作小组并未完全按照《居家医疗服务合作事业》中规定的各项任务一一执行。受当地客观条件制约的影响，人口稀少再加上遭受地震破坏，很多公共基础设施仍处于百废待兴的状态，并且受灾地的护理保险制度经常修订，所以小组需对规定中的项目再进行适当筛选后才能再次执行。而且，在实际操作中可以同时完成《居家医疗服务合作事业》规定中的多项任务。例如，在第一阶段的衔接工作中即可完成对当地医疗和护理情况的调查、共享多职种之间的信息等工作。小组本着以满足当地居民需求为主、需求至上的原则，采取任务内容套用规定制度这一逆向选择的工作方式，确保当地居民在短时间内享受医疗和护理互相合作的便利服务。并且，日本政府考虑到重灾地资源紧缺这一难点，在《居家医疗服务合作事业》中规定"面向市民印发宣传册"这一项改为"互联网和面对面宣传"。麻雀虽小，五脏俱全，釜石市协调工作小组能够根据当地特点制定具有当地特色的服务计划，做到了对宏观政策的灵活解读和调整，使釜石市成为日本全国医养模式中的典范之一。

二、名古屋市医师会主导居家医疗和护理服务合作模式

日本名古屋市是爱知县首府,同时也是日本三大都市圈之一——名古屋都市圈的中心城市。根据名古屋市医疗保健计划(2014),截至 2014 年,名古屋市总人数达到 2,271,380 人。从 2005 年开始,由于城市空心现象的出现,该市人口曾经一度减少,近些年这一局面才开始扭转,人口逐渐增加。作为日本经济产业中心城市之一,名古屋市青年人口聚集比较多,65 岁及以上老年人人口比例相对较低,为 22.9%(全国平均值为 27.7%)。不过,由于受日本人口结构整体改变的影响,名古屋市预计到 2025 年 65 岁人口比率将达到27.5%,居家养老和护理的问题迫在眉睫。

名古屋市有丰富的医疗资源和人力资源,二次医疗圈辐射的范围大。根据爱知县地域医疗保健计划(2014)[1]的统计数据,医疗圈中的医院为 133 所,诊疗所为 2032 所,占整个爱知县医疗机构和诊疗数的 40.9% 和 39.2%。并且,名古屋市每万人拥有的床位数也高于整个爱知县平均床位数,其中,普通床位数为 73.3 张,高于平均值 54.2 张;疗养型床位数为 17.7 张,稍微低于平均值 18.7 张。总之,名古屋市急性期医疗资源丰富,普通病床的利用率高达88.5%,导致周围医疗圈的患者异地就医涌入当地医疗机构。不过,名古屋市人口老龄化发展迅速,卧病在床的老人、患慢性病需长期护理的老人数量增多,需要接受护理的人数也递增,居家医疗服务的开展迫在眉睫,如何更好地促进居家医疗服务和护理服务的衔接配合,正是名古屋市市政府亟待解决的问题。

2014 年爱知县县政府保健福利科推出"名古屋医疗圈保健医疗计划",该计划提出,保健福利科通过护理、保健、医疗三方合作制为患者提供丰富的居家医疗服务,提高患者以及患者家属的生活质量,在老年人原居地构建地域综合照护服务体系,确保老年人自立养老。该医疗计划中还进一步强调居家医疗服务并不是简单的医疗服务行为,对在家中需要接受高强度治疗的患者而

---

① 爱知県医療保険局医療計画課.爱知県地域保健医療計画について[A].2014-03.

言,专业医师要及时把握病人情况,随时应对发生病变时所带来的其他一系列不良情况,各领域的专业医师之间要开展合作,确保治疗之间的紧密衔接。名古屋市市政府从 2014 年开始实行《名古屋市居家医疗护理合作推进事业》,成立居家医疗护理合作推进事业委员会,并委托名古屋医师会作为该事业的主要负责人,同时投入 1500 万日元(相当于 100 万元人民币)用于该事业建设。名古屋市市政府老年福利部门设立地域护理推进科,派出 7 名人员兼任居家医疗护理委员会委员,同年,地域护理推进科中增设居家医疗和护理服务窗口,增强居家医疗和护理服务的合作,推进地域综合照护服务体系的建设。如前文所述,居家医疗和护理服务事业在《护理保险法》中属于地域援助工作的范畴,以最小行政级别市町村为核心开展整个服务工作。名古屋市居家医疗护理委员会依照《居家医疗和护理合作推进事业工作各都道府县的任务》中所规定的流程内容,开展了如下工作。

首先,全面把握当地医疗资源及相关情况。统计各区域的医疗机构和居家服务援助中心数量,并以图表的形式公布在地域援助综合中心和各个医疗合作站点的官方网页上,同时,向居民做好宣传和普及工作,接受当地居民的意见和投诉,实时把握最新情况。

其次,加强关于居家医疗和护理合作的相关课题研究。委员会为制定居家医疗和护理合作规章制度,而充分利用 ICT 智能信息系统。同时委员会为了丰富该领域的人才建设体系,委员会主席邀请名古屋大学医学系研究科教授、名古屋齿科医学会、名古屋护理服务事业研究会(包含机构入住、护理援助、上门护理)、老人保健机构协会、社会工作者协会、名古屋市健康福利局老龄福祉部加入其中。委员会通过多职种之间的相互融合,促进了合理化的医疗和护理规章制度的完善,并扩展了 ICT 系统的实际应用。

再次,名古屋医师会在构建可持续性的居家医疗和护理服务供给体系过程中发挥着重要的作用。医师会在主要城区中分别设立三处医师分会:东区医师分会、昭和区医师分会、南区医师分会。分会之间互相合作,共同应对各个区域中的居家医疗服务需求。其中,医师会定期召开例会进一步强化各职种之间的合作,开展个别疑难病例的研讨会;设立居家援助联络中心,及时应对患者的紧急求助。同时,根据每个患者的病历做好疾病预防工作;规定在亚急性医院以及亚急性诊疗所(200 张床位以下)工作的副主任医生在紧急情况时可以外出应诊,事后做好反馈工作和备录在案,将患者信息与主治医生共享;在市内设立医疗核心点,辅助各区域医疗机构和医疗服务中心,提供医疗援助服务,例如,随时接纳无家庭医生的患者,共享该地区患者信息和病历,掌握各地区诊所的具体情况并为患者出院做好承接准备,配有值班医生和护士各一位随时代替应急出诊等。

名古屋市医师会在构建可持续性的地域综合照护服务体系中又分成居家上门应诊援助服务次体系、居家疗养援助服务次体系、居家疗养转移服务次体系。在居家上门应诊援助体系建设中,为确保随时应对居民需求提供上门医疗服务,提出代替出诊方案。所谓代替出诊,即在确保医疗核心点医护人员在主治医师无法出诊的情况下随时代替应诊,家庭医生也可代替主治医师开展上门出诊工作,并且,也随时接受居民的直接应诊要求,开展上门治疗工作。在居家疗养援助检查体系中,为确保居家患者以及家属能够安心在家中接受治疗,定期前往亚急性医院进行复查,根据调查结果在饮食营养、康复治疗方面进行合理调整,同时也减轻护理人员和家庭医生的工作负担,每次调查结果都录入系统以方便其他工作人员进行查阅,达到信息共享的效果。居家疗养转移体系主要针对二次入院治疗的患者,即从急性期医疗机构回到家中继续疗养,病情意外加重而不得已再次入院治疗的人。为防患于未然,居家疗养转移体系加强了亚急性医院与家庭疗养相关服务的衔接,以做好亚急性医院的后方支援工作。

最后,医疗和护理相关工作人员间达到信息共享的状态。使用 ICT (information and communication technology) 系统构建一个医疗和护理信息平台,主治医师向各护理事业团体分享治疗信息,方便与患者交流。如何设立居家医疗和护理咨询窗口,从整体把握医疗和护理的内容而制定相关规章,这正是现如今名古屋市医师会正在着手解决的问题,根据居民需求制定居家医疗护理合作的准则是成立咨询平台的前提条件(名古屋医师会,2015)。名古屋市居家医疗和护理合作供给供应体制如图 6-3 所示。

名古屋医师会将医疗和护理服务紧密衔接并顺利开展上门应诊和护理服务,跨行业管理取得了很大成果,缓解了医疗机构人满为患的紧张现状。不

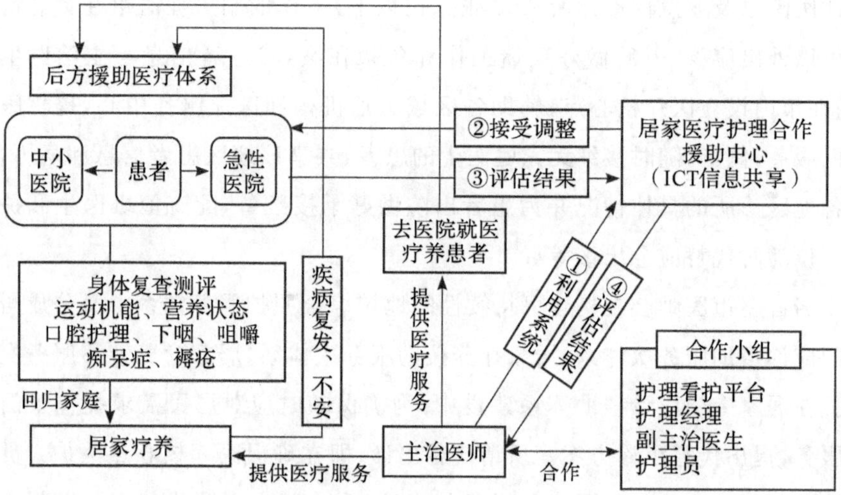

图6-3 名古屋市居家医疗和护理服务合作供给体制

资料来源:名古屋医师会.はちまる在宅センター相互サポートシステム[Z].在宅医療·介護連携支援センター,2015.

过,在开展过程中也有一些不足:由于监管方由医师会负责,过分强调医疗行为而忽视了护理服务的改善意见和供给内容;医疗服务界定范围不清晰,服务供给程度和服务承担主体划分也不明确,经常出现医师会揽权的局面。今后,名古屋市市政府还应多加强行政参与力度,通过窗口的开设统计数值,确定居家医疗服务的居民人数,掌握该项工作的核心,起到主导作用,而不是将整体任务都归于第三方团体。此外,医师会也应克服职业刚性带来的弊端,促进多元化供给体制的构建。

第二节 社区照顾模式

一、癌症临终关怀居家姑息护理服务

近年,日本因癌症患病死亡人数逐年增加,根据国立癌症研究中心(2018)的统计结果,2017年因癌症死亡的人数达到373,334人(男性220,398人、女性152,936人)。2014年的癌症诊断结果显示,癌症患病全国总值为867,408

例(男性 501,527 例、女性 365,881 例)。而 2016 年的最新诊断结果显示,癌症患病全国总值为 995,074 例(男性为 566,575 例,女性为 428,499 例),预测每年以 10 万人的速度增长。[①] 厚生劳动省 2018 年人口动态统计的报告显示,癌症在死亡因素中排首位,总人数达到 373,584 人,也就是说,每 100 万人中就有 300.7 人死于癌症,占总死亡人数的 27.1%,并且死亡人数的年龄层多集中在 65 岁及以上老人,今后因癌症而死亡的人数会继续增加,前景不容乐观。

在持续少子老龄化以及死亡人数逐年增加的人口结构变迁中,日本对癌症发病率更加重视,日本政府在 20 世纪中期开始发展临终关怀和地域姑息[②]护理服务。1965 年,日本成立居家安乐死协会,80 年代后半期日本开始推行告知癌症病情政策,李书雅(2015)研究发现,从 1999 年开始癌症中心统计癌症告知率高达到 86.4%。虽然,近年来癌症患者能够很平和地接受这个事实,并且敢于公开疾病的事例越来越多,但家属对此态度并不积极。2003 年 3 月,日本医疗制度改革的基本方针(2003)中提出,将后期老年人的诊疗报销纳入临终医疗评估体系中,促进居家护理服务的同时还应进一步普及综合性临终护理服务(包括入院治疗),构建一个以后期老年人身心健康为主题的护理服务体系。2007 年,日本姑息护理团队正式成立,对全国 397 所临终护理机构提供建设性的指导意见,从癌症治疗初期的姑息护理工作到为当地居民群体科普姑息护理常识,姑息护理模式在地域综合照护服务体系中逐渐壮大和广泛应用起来,并配合当地医疗机构等多方资源进行网络化的整合建设。

日本居家安乐死协会(2011)规定了地域姑息护理服务的概念是针对地域中的全体居民(包含癌症患者和家属)提供姑息照护援助护理服务,并且服务供给主体涵盖各个行业和各个职种。其理念是在维系患者尊严的前提下,缓解患者自身痛苦以及家人苦恼,改善患者的生活质量(QOL),使患者怀有希望,安心在原居地完结自己的生命。姑息护理援助对象除了癌症患者,还包括地域中其他患有对生命造成危机的疾病患者,例如艾滋病患者、痴呆症患者、

---

① 日本国立癌症研究中心. 最新がん統計[EB/OL]. https://ganjoho.jp/reg_stat/statistics/stat/summary.html.

② 姑息护理:英语为 palliative care,日语为缓和ケア。20 世纪 80 年代世界卫生组织(WTO)提出姑息护理应贯彻到癌症治疗的始末,将姑息护理与癌症治疗相配合。

智障儿童,近年来又将患者家属作为"第二患者"纳入护理援助对象当中。由此可见,将患者家属纳入被援助对象也是提高护理援助工作效率的关键。在进行援助时,首要条件是尊重患者自身意愿,对患者以及家人反复确认治疗和护理计划后再实施的护理援助服务,有利于减少与患者之间的矛盾,一旦患者有所改变应随患者的意愿而做出相应调整。姑息护理服务采取团队方式开展援助活动,团队组成人员有牙科医生、保健医生、家庭医生、姑息护理专业医生、药剂师、康复训练专业人员等医疗相关工作者;当地居民、志愿者、护理经理、上门访问护理员等地域福利服务工作者,为患者解决临终问题以及入住机构问题。护理服务针对患者的情况而进行调整,在特殊时期,心理医生、营养师、理学疗养师也需加入其中。1990 年,日本医疗机构引入临床路径治疗模式(clinical pathway),针对这一模式建立起一套标准化治疗程序,通过事先对患者疾病的告知而改善实施内容,促进医疗团队的高效实施。厚生劳动省(2014)将这一治疗模式引入地域综合照护体系,以当地癌症定点治疗的医院为核心对患者实行临床路径治疗。并且,患者在当地接受治疗时,治疗信息在医疗、保健、护理机构之间达到资源共享,在地域中实现了有效的衔接治疗模式,使患者诊疗计划能够有效开展和执行。

近些年,随着日本老龄化的发展,死亡人数逐渐增多,预计到 2030 年平均每年死亡人数将达到 160 万人,然而大多数老年人群还是选择医院作为临终地,这导致医疗机构的床位数一直供不应求。今后,居家治疗应成为康养、临终关怀、癌症治疗等护理服务的首选。在地域中,以构建提供持续性的医疗和护理服务为目标,增加当地基础医疗诊所数量、减轻急性医疗机构患者人数为目标,重视诊所与居家护理服务的合作。提倡在家中接受治疗,尤其对于癌症患者,回归家庭后能够从患者的身份回归到正常身份,无形中减少了患病的压力,有利于保持身心愉悦的生活状态,减少疾病的痛苦。同时,在提供服务时还应该重视对患者家属心理方面的疏导,积极有效为患者提供帮助。

目前,日本三重县四日市居家医疗诊所与地域中各个护理机构有效衔接在一起,促进了当地综合照护体系中医养结合的发展。在 2012 年以后,当地医院的死亡率降到 68.6%,居家和当地护理服务机构则急速增长,分别达到

18.5％和9％,居于全国居家护理率高行列中。[①] 为不断减轻急性期医疗机构患者人数,在地域中推行持续、紧密衔接的医疗、护理体制,厚生劳动省于2016年提出到2030年居家护理率从现在的13％提升到30％这一硬性指标,也就意味着,每年全国需要增设3200所地域性的基础诊疗所,然而现在的年增数量仅为50所,远不及规定指标。因此,需要进一步完善姑息护理服务和当地诊所的有效衔接,根据患者意愿和家属情况设计持续性的上门护理服务,使当地资源得到充分和有效的利用。

二、针对痴呆症老年人地域密集型服务的开发

痴呆症老年人群是老年群体中的特殊人群,其护理问题一直是居家护理领域中的棘手问题。日本厚生劳动省1987年就预测到痴呆症老人将由1985年的59万人增加到2000年的112万人,而事实则是在1995年痴呆症老人就已经达到126万人,2005年为189万人,其增长速度远远超过预期。[②] 根据厚生劳动省2012年统计,患有痴呆症的老年人数为462万人,大概每7个65岁及以上老年人中就有一位患有痴呆症,患有轻微痴呆症(介于正常和痴呆症之间)的老年人约为400万人,也意味着4个人中有一位亚痴呆症老年人。伴随着老年人人数的递增,预计2025年日本痴呆症老年人数量将达到700万人,每5个人中就有一位痴呆症老年人,其发展速度惊人,对痴呆症老人的护理服务供给模式以及政策制定是日本整个养老领域中的重点课题。日本政府着手解决痴呆症问题始于20世纪80年代,1986年厚生劳动省设立"痴呆症老年人推进部门",并组成厚生痴呆症老年人委员会,以此解决痴呆症老年人生活中出现的各种问题。不过,在这个过程中,日本政府发现了如下五个问题:第一,如何抑制痴呆症老年人居高不下的发病率;第二,痴呆症老年人应接受何种护理服务和治理;第三,如何减轻痴呆症老年人的家属负担;第四,针对痴呆症老年人的护理机构和护理服务如何建设;第五,应着重加强哪一方面的护理人才

---

① 日本四日市市政府保险医疗推进课.第2次四日市市保健医疗推进プラン2018年度～2022年度[A].四日市 2018(3):31-34.

② 日本厚生劳働省.「認知施策推進5か年計画(オレンジ)」別紙認知症高齢者の介護サービス利用について[A].2013.

培养(康越,2014)。为给痴呆症老年人提供一个更有效治疗兼顾护理的生活环境,2012年,日本厚生劳动省推出《痴呆症政策实施五年计划》(也称"橙色计划2013—2017")。并且,在先前计划的基础上,2015年,再次提出《痴呆症政策实施综合战略》(也称"新橙色计划"),明确了2025年超老龄化社会到来时应实现的目标,其中包含提供有效的护理、医疗以及康复服务。

2000年,在日本京都开始流行痴呆症咖啡屋,这些咖啡屋由当地痴呆症老年人家属组织而成。家属们将自家房屋改造成咖啡店,以便接待周围痴呆症老年人和其家属,饮品价格低廉,开店的目的主要是提供一个信息交流、护理诉苦、精神放松的平台。咖啡店一成立便受到好评,吸引了很多社会爱心人士、当地志愿者、医生、护士、主妇等不同人群加入其中。咖啡屋营造了一个轻松愉快、家庭温馨度很强的环境,避开了刻板、制度化的形式,在尊重老年人尊严的情况下,让老年人一边做自己喜欢的事一边愉快交谈。笔者在做志愿者期间,经常以一个外国人的身份加入交谈行列,为老年人以及家属带入新鲜感。这种交流形式的整个氛围比以往更加活泼,老年人的专注力相比增强,疲劳感也相对减少。由此可见,仿若日常生活的氛围能够有效地缓解痴呆症病情的发展速度。现如今,类似痴呆症咖啡店的场所已经遍及日本全国,形式多种多样,主要以当地痴呆症老人为核心,尽可能地让其接触其他居民,并加深当地居民之间的融洽关系和相互帮助、在当地共同营造一个痴呆症治疗的良好模式。在2015年"新橙色计划"中,明确提出在日本全国普及痴呆症咖啡屋,并且由当地政府采取服务购买的形式给予资金方面的补助和场地援助。

2006年,在护理保险制度的修订中,针对痴呆症老年人提出了就地养老的准则,即确保痴呆症老年人在熟悉的环境中开展养老护理援助工作。"新橙色计划"的目标制定也根据这一项,即在尊重痴呆症老年人自身意愿的前提下,在原居地中构建与其相匹配的护理机构和提供护理援助服务。在护理保险制度中还提出为痴呆症及重度失能老年人提供地域密集型服务。其中,以痴呆症老年人为对象的服务项目有小规模多功能型居家护理服务、痴呆症老年人集体护理之家、痴呆症老年人日间护理机构。

在小规模多功能居家护理服务中,将上门护理、短期入住、日间照护这三种服务方式灵活地衔接起来,并且全年无休、随时应对老年人的需求提供护理

服务,截至 2015 年,日本全国共有 4905 所居家护理机构,利用人数为 91495
万人(厚生劳动省,2015)。护理保险制度规定小规模多功能居家护理机构中
日间照护人数不超过 29 人,实际接收在 18 人左右,并且规定每位利用者拥有
3 平方米以上的利用空间,短期照护方面规定人数在 9 人以下,并且每人为
7.29 平方米(厚生劳动省,2015)。为避免痴呆症老年人由于环境和服务人员
的变化而产生不适,一般在当地开设小规模多功能居家护理机构并规定只允
许该小区居民申请使用,限制了周边居民的使用权利。该机构的收费标准采
取包月方式,入住者只需支付整体费用的 10%,其余 90% 由护理保险负担,根
据收费标准可推断小规模多功能居家护理机构主要针对护理等级鉴定为 3 级
以上的老年人,也可说明护理费用报销比例和提供的服务更倾向于中重度老
年人(郭芳,2017)。如果中重度老年人病情加重,可以免去预约环节,直接入
住机构。痴呆症老年人对周围环境较为熟悉,能够很快适应机构环境,有利于
尽快恢复、回归家庭。

在痴呆症老年人集体护理之家中,规定护理等级 1 级以上的老年人才可
申请入住。老年人通过共同进餐、居住、生活、户外活动、进行身体机能的训练
等延缓痴呆症的发展速度。除了少数失能老年人需要 24 小时监护以外,其余
则以家庭模式开展其乐融融的养老生活。这里对护理工作人员的工作态度要
求较高,规定工作人员应持有热忱的态度对老年人的生活进行指导,为痴呆症
老年人开启一个新的生活模式。同时,树立正确的护理理念,随时纠正老年人
的"小过失",刺激痴呆症老年人的记忆力恢复。营造一个人文关怀至上的氛
围是集体护理之家最基本的要素,切忌把老年人当成收取费用的病人而只是
完成护理任务。不过,近年来经常曝出护理机构虐待老人的新闻,为避免此类
恶性事件的发生,日本政府应继续加大监管力度以及相关人员职业道德的培
养。在日间护理机构中,护理员为老年人提供娱乐、午餐、理发、康复训练等简
单的日常活动。日间护理机构限定为 12 人,近些年迅速发展起来,截至 2017
年机构数达到 4146 家(厚生劳动省,2017)。

痴呆症老年人护理机构的经营主体很多样化。地方公共团体、社会福利
法人、医疗法人、协同组织、营利法人、社会财团法人、特定非营利活动法人都
参与其中。从表 6-1 可看出,社会财团法人在复合型服务机构所占比例为

4.9％,地方公共团体除在地域密集型老人护理福利机构所占比例为 4.1％以外,在其他机构所占比例微乎其微。然而,公益性质的社会福利法人在其他机构所占比例均在 10％以上,并且在地域密集型护理老人福利机构中承担重要责任,所占比为 95.9％;民营企业(营利法人)在日间护理机构中所占比例最高(75.3％),在护理之家、小规模多功能居家护理机构、特定机构生活护理这几方面比例都在 40％以上,占据一半养老产业。值得一提的是,NPO 在各个机构都占一些份额,在《护理保险法》和《非营利组织法》中均涉及 NPO 参与护理服务的内容,NPO 近些年也开始迅速发展起来,居第四位,远远高于政府所占比值。

表 6-1　不同经营主体在养老机构所占的比例(单位:％)

地域密集型服务机构	总数	地方公共团体	社会福利法人	医疗法人	社会财团法人	协同组织	营利法人	NPO	其他
上门护理	100.0	—	30.6	17.1	2.0	3.4	45.0	1.5	0.4
夜间照护	100.0	0.6	36.7	8.9	2.2	2.8	46.7	2.2	—
日间护理	100.0	0.3	11.7	3.9	0.9	1.1	75.3	6.3	0.5
痴呆症对应型机构护理	100.0	0.3	44.3	11.9	0.9	1.4	35.3	5.7	0.2
小规模多功能居家护理服务	100.0	0.1	31.9	12.8	0.7	2.1	46.1	5.9	0.4
护理之家	100.0	0.1	24.4	16.5	0.4	0.6	53.6	4.3	0.2
地域密集型机构护理	100.0	—	31.2	16.4	0.7	0.7	48.3	2.4	0.3
复合型服务	100.0	—	18.1	20.3	4.9	3.2	50.1	3.4	—
地域密集型老人护理福利服务机构	100.0	4.1	95.9						

资料来源:日本厚生劳动省.平成 28 年介護サービス施設・事業所調査の概要[A].2016.

日本政府在痴呆症老年人护理人才培养和培训方面下了很大功夫。在老年福利方面开展综合性的资格考试,先后设立社会福利师资格考试、护理福利师考试、精神保健师考试。《护理保险法》规定在各护理机构中从业人员必须持证上岗,机构经营者也应持有资格证件并有相关护理经验。2005 年日本痴呆症护理学会对行业护理人员实行"痴呆症护理专业师"资格认证,痴呆症护理内容也被列为看护学校、福祉大学的必修课程。

日本在全亚洲最早关注痴呆症治疗并及时推出政策和护理措施缓解痴呆症人群的严重程度,以回归家庭为目标利用所居住地的资源,开展护理服务。同时,《护理保险法》的出台对服务提供起到了监督、规范的作用。今后应加强政府引导,开发民间力量,促进多方参与,进一步构建地域综合照护服务体系,积极应对2025年超老龄化社会的到来。

第三节　市民社会参与型模式

一、东京都大田区地域网络化运营模式

大田区位于东京都的南部,是东京都23区之一,区内有著名的东京国际机场羽田机场,该区总面积60.66平方千米,与我国首都北京朝阳区互为友好合作区。大田区总人口数为715,165人,老年人人数为161,800人,老龄化率为22.6%,独居老人为16,054人。① 人口老龄化的现象导致该区发展并不乐观,2017年该区65岁及以上老年人口为16.3万人,预计到了2025年前期老年人变成后期老年人,养老需求急剧加大,痴呆症老年人、独居老年人也会迅猛增长。大田区内一直由居民自治委员会、町内会②组织活动,以居民为主体,利用当地特色开发当地资源,为当地老年人提供看护和援助等各种服务。生活在东京都内的老年人多以独居形式为主,随着独居人数的增加,孤独死的现象近年屡见不鲜(每年被发现的无名老年死者保守约3.2万人),日本NHK在2010—2011年的纪录片《无缘死的冲击》中对东京都内老人进行跟踪采访,发现很多老年人与周围邻里关系淡漠,个人保护意识很强并且经济贫困。人口流动性强,当地工作人员难以准确地掌握老年居民的需求,并且很多老年居

---

① 大田区福利高齢部.高齢者見守り？支え合いネットワーク活動事例集[EB/OL]. http://mima—mo.net/,2016-10.

② 自治会、町内会:町村下最基层的自治组织,不属于行政机构范畴,一般为传统街坊的居民自治组织。自治组织多为新兴的公营或民营住宅小区的居民自治组织,它们类似于中国的居委会。

民患有痴呆症无法清楚表达自己意愿;还有,独居老人在自己家中无声死亡,死后工作人员无法联系上死者家属,甚至死者的真实姓名都无从查阅,区政府对死者的死后处理支出逐年增大,此类问题成为制约当地地域福利发展的因素之一。

2010年,厚生劳动省提出生活安定网络援助事业方针。在该方针中明确了在当地资金自给自足的前提下,以地域为基础单位,以全体居民为对象,根据居民需求开展援助活动(三菱研究中心,2013)。各个自治体响应方针内容,根据当地的实情各自开展援助活动,除了老年群体之外还带动当地其他群体(残疾人、妇女、儿童)加入其中,形成了地域网络化的服务供给体系。大田区以地域综合援助中心为核心开展一系列的组织活动,以"点、线、面"①的网络化形式将地域中各种居民自治团体组织(町内会、自治会、NPO、援助协会)以及当地的行政机构、医疗机构、护理机构等相互统一,为当地老年人、居民提供综合性的援助服务,以"自助、互助、共助、公助"的形式实现地域综合照护服务体系的构建,如图6-4所示。

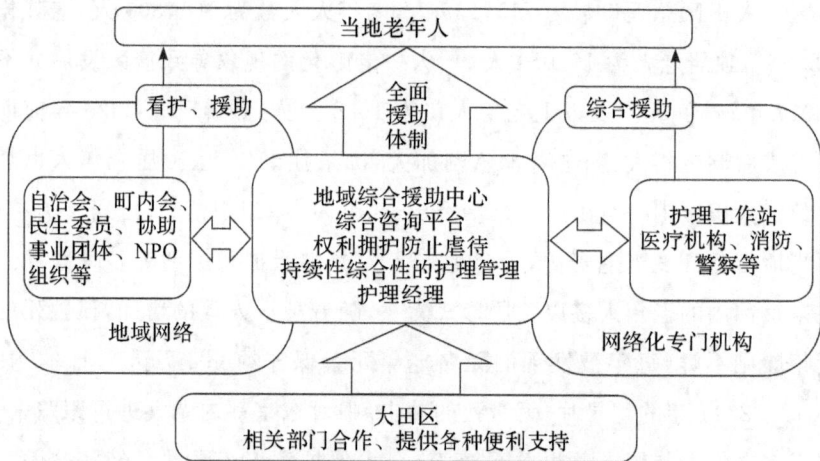

图6-4 东京都大田区地域综合照护服务体系运营模式

资料来源:东京都大田区社会福利协会.おおた高齢者見守りネットワーク[Z].第1回大田区地域包括支援センター運営協議会,2016.

---

① 点、线、面:"点"指提供服务的机构和场所,"线"为服务传递过程,"面"为覆盖整个地域。

　　大田区计划构建一个关怀性强的地域综合照护网络化体系，增强地域居民之间的联系，尤其对当地老年人开展护理援助、人文关怀等活动确保老年人的生活安全和健康，当地企业和行政机构以公益赞助人的身份加入其中。其中最为典型的案例是SOS钥匙圈的佩戴。为确保当地独居老年人、痴呆症老年人、行动不便的老年人的日常生活安全，地域综合援助中心的工作人员将每位老年人的个人信息记录在案，例如，将紧急联络人、病例、常去的医疗机构等信息录入系统中，并编排号码，将号码印在纸条上夹入钥匙圈中，纸条背面还印上大田区援助中心的联络方式，以便走丢老年人能够通过热心人士的帮助顺利找到家。2009年，大田区开始实行钥匙圈派发工作，对于独居老人还采取将纸条贴在家中明显位置，紧急情况发生时，工作人员可根据纸条信息对老年人进行相对应的援助服务。并且，大田区的地域援助中心为紧急应对突发事件而常年留守一名职员，在居民入院急救时可根据援助对象的纸条信息开展相应护理服务，很大程度上保护了独居老年人的安全。

　　在寸土寸金的东京都内，为给居民营造一个良好的交流环境，负责人在当地集市中选择一处空店铺作为活动场所，构建了地域综合援助中心。白天是大家的休息场地，供居民进行交流和活动，也可作为居民开展讲座的场所。场地的利用在一定程度上提升了周围市场的人气，达到了互利共赢的效果。在每个周五，当地老年人将场地变成餐厅，为当地居民提供午餐，午餐价格便宜，吸引了很多当地居民就餐，居民之间的互助使居民更为紧密地联系在一起。

　　大田区通过地域综合援助中心开展一系列的活动，为当地老年人的生活构建了一个安全性强的生活网。并且，当地民营组织、公共团体都加入其中，在当地居民自治下开展援助服务工作。在居民生活中形成一个紧密的生活关系网，增强了居民之间的联络，增进了居民之间的感情。现如今，通过SOS钥匙圈的普及，对空巢老年人和被孤立化的老年人的援助达到一定效果，大多数老年居民都参与到活动中，并成为会员亲自组织活动，同时，邀请赞助企业以及当地医疗等公共团体、各界人士开展讲座活动或娱乐活动，加强了当地组织与居民之间的融合，同时吸引了更多组织团体的介入。

　　日本地域综合照护服务体系以地域综合援助中心为核心开展一系列的援

助活动,以此为主轴衔接其他组织和机构,构建一个覆盖整个地区的网络化服务供给体系。以当地居民作为主体参与构建,并与其他多元领域互相合作,通过互助的模式不断吸引本地区之外的组织参与其中(包括 NPO、中小企业协会、行政机构),最终形成一个网络化的援助供给模式。不过,网络化体系的形成是在市民自治意识很强的前提下,在自助、互助基础上建立的"点"与"线"相衔接的体系,从而突出了日本福利国家的特征之一——连带性。在以居民为主体、多元组织协助参与的服务体系建设中,政府与居民以及其他社会组织形成一种合作关系,通过两者的合作,将其他社会组织引入公共事务治理,利用市场经济的竞争原则和效率原则改善并提高公共服务的质量和效率,达到削减政府职能和业务,这也体现了日本福利国家从 70 年代起要构建小政府大社会的方针(蔡杨,2018)。随着少子老龄化、无缘社会、商业街衰退等问题的加剧,日本越来越认识到"人"在地域中的主动性,构建市民参与型的地域综合照护体系是为了更好地迎接超老龄化社会的到来,同样也是日本地域福利中构建市民社会的宗旨。

二、埼玉县鹤岛市社会福利协会与居民共同参与地域建设

1951 年,日本政府设立《社会福利法》,阐明了社会福利事业内容和种类的划分。其中,社会福利事业划分成两类:一类指具有公共性质的福利机构,经营主体为国家、地方公共团体,以及社会福利法人;另一类指以营业为目的的社会福利事业团体,一般为上门护理服务等(金子光一,2014)。不过,日本新宪法第 89 条在财政方面规定了公私分离原则,这使民间福利事业团体领取财政补贴受到了限制,私营机构一时运营惨淡。同年,为了重振社会福利事业,协调公私福利机构和福利服务之间的财政分配问题,构建私营福利机构的监管体系,日本政府成立社会福利协会这一组织机构,并通过《社会福利法》以法律的形式确定下来。日本社会福利协会(简称社协)受美国地域组织理论的影响而建立,前身是民间慈善团体,战前一直承担各地的救助工作。社协成立后对民间福利资本进行协调和补充,并作为一个具有法人资格的民间团体分别在全国、各个都道府县、市町村针对居民需求制定福利计划,开展福利服务。现如今,日本社协以居民为主体、市町村行政为辅助开展一系列的福利活动。

其中,当地社协是自治委员会、民生委员会、社会福祉士、妇女协会、老年人俱乐部、儿童委员会、志愿者团体的核心组织,并且联合周围其他团体组织共同为当地居民生活、地域的可持续发展提供必要的援助服务。

市町村社协以当地居民为会员收取会费,除了会费,国家、各个都道府县以及市町村提供补助金、委托金、社会慈善捐款、营业收入等以此保证资金来源(田香兰,2010)。全国社会福利协会的主要职能是在宏观方向给予指导,都道府县社协只起到监督和评估的作用,处于基层的市町村社协则实施具体计划。各个市町村社协根据所在地区的居民群体分布情况、人口老龄化情况、自然资源情况、周围商业发展情况制定每一期的地域福利计划,并在实践中根据具体情况进行灵活调整,满足当地居民和经济发展需求。市町村社协具体职能有 7 种:第一,促进居民参与型的小地域福利活动;第二,根据居民参与情况提供福利服务;第三,重视各个部门与当地居民之间的无缝式沟通交流,捕捉居民的切身需求;第四,整合灾害时的救助和应急措施;第五,开发当地志愿者的活动;第六,对当地居民开展福利知识学习、定期举办居民座谈会共同商讨对策;第七,做好媒体和报纸宣传。各地也可根据自身情况进行调整。全国各市町村灵活运用 7 项职能分别开发出适合本地区特色的福利服务模式,充分调动当地居民积极性,不断提高当地居民生活质量和地域发展。

埼玉县鹤岛市社会福利协会在小地域福利活动开发中,通过当地 NPO 法人和居民自治会促进当地居民活动生机勃勃地开展起来。鹤岛市位于日本首都圈埼玉县中部,人口为 7 万人,老龄化率为 26%,属于首都东京都的卫星城市,当地很多居民往返于东京都的工作单位和鹤岛市的居住地之间。同样,鹤岛市也面临 2025 年超老龄化社会的到来,为此,当地社协坚持互助的理念,通过开发小地域福利活动,预先援助当地老年居民生活。

小地域福利活动准确说是以居民日常生活圈为根基,在熟人社会的基础上开展一系列的帮扶活动(一般为防灾训练①、环境保护、福利知识讲座等),是

---

① 防灾训练:由于日本是自然灾害尤其是地震频繁发生的国家。所以,一般从国民幼儿时期开始就对其开展防灾逃生教育。各个机构、学校、单位、团体组织、住宅地区都会对所属成员进行防灾实训。

互助形式的体现。鹤岛社会福利协会成立了小地域福利活动委员会,以邻近地段和小学校区为单位进行了划分,截至 2017 年,总共形成 7 所小型委员会,其中鹤岛第二小学(简称鹤二小学)地域援助委员会以 NPO 法人的形式向当地居民提供福利服务。此外,日本政府规定,申请成为法人型 NPO 参与养老服务建设时,在税收和组织运作的便利服务上将获得更多的优惠政策与支持(张乐川,2018)。鹤二小学申请法人的同时领取到政府相应的补助金,利用当地一所废弃酒厂的场地资源创立了鹤岛新型能源合作事业,并且由当地志愿者对当地儿童开展能源知识普及,利用当地可再生资源为当地经济创收,也带动了周围居民参与地域建设。鹤二小学在规定的基础上根据所在地区的情况灵活运用当地资源搞活了援助活动,并且使申请过程简化,利用地域之间互助的优势,简化程序,做到了当地行政部门和社协的申请、批准等烦琐过程,做到了当地事务由当地居民协力解决。

鹤岛市富士见地区援助委员会利用市民会馆定期举办沙龙活动、茶话会、每周一次的料理厨房活动等,每天活动都有所不同,并根据活动内容收取小额费用。该会调动了当地居民参与的热情,并且定期邀请医疗专家开展讲座,丰富了居民的生活。

社协作为日本政府的辅助民间组织,协调政府部门与居民之间关系,解决福利相关问题,是行政机构与居民沟通的中介组织。社协的资金主要依靠政府补助,各项福利服务的项目均由市町村根据当地实情制定年度地域福利计划。社协在地域福利中担任重要角色,是日本福利体系的一种补充形式,公益性较强,但缺乏居民的自发性并未有完全的决策权力。社协在推进居家护理福利服务时,通过福利计划的制定使居民成为社区福利的主体,以促进福利型社区的建设,发挥居民的自主性和参与性。由此可见,日本社协对日本地域福利的发展起到重要的指导性作用,发挥了社区的能动性,缓解了人口老龄化的问题。

第四节　特殊地区福利发展模式

一、过疏地区概述

日本 20 世纪 50 年代中后期,伴随着战后经济水平高速增长,产业化和城市化的进程逐步加快,以年轻人为主的农村地区居民举家涌入大城市,一时人口和财富迅速聚集在以东京、大阪、名古屋为首的三大经济圈。日本社会不断走向现代化进程,与之而来的是空间关系上的重组。在大城市快速发展导致人口密度不断增长,山村、渔村地区人口急速下降,产业发展减缓,财政支付能力减弱,基础生活条件变恶劣,以及一些传统的当地婚葬嫁娶活动难以举行,阻碍了当地居民正常生活和生产发展,形成了过疏地区。"过疏地区"这一词最早出现在 1967 年 3 月的日本经济审议会中,会议认为无论是民间部门的地域动向,还是人口的地域移动,都呈现出强劲的由后进地域向先进发达地域快速流动的趋向,并且这一经济的地域发展变化也引发了无数的地域问题。日本学界进一步将其特点归纳为:自然条件和经济条件差,町村政府财源少,普遍老龄化(田毅鹏,2012)。为提高当地居民福利水平和就业机会,确保该地自然环境和预防自然灾害等,60 年代起,日本相继颁布并实施了一系列的关于过疏地区治理的相关政策法规,从 1970 年开始相继颁布了《过疏地域对策紧急措施法》、《过疏地域振兴特别措施法》(1980 年)、《过疏地域活性化特别措施法》(1990 年)、《过疏地域自立促进特别措施法》(2000 年),四部法律总称为"过疏法"。

据统计,截至 2017 年 4 月,日本全国共有过疏地区(包含市町村)817 个,占全国市町村总数的 47.6%,人数仅占全国总人数的 8.6%,面积则占全国总面积的 59.7%。并且,过疏地区年轻人口外流使其提早进入少子老龄化阶段,根据 2015 年国势调查,过疏地区在 1970—2015 年,0～14 岁人口数从 714.5 万人降到 115.7 万人,15～29 岁的人口数则从 388.5 万人减少到 113.9 万人,但 65 岁及以上老年人数则从 138.4 万人增加到 398.5 万人。① 现如今,由于过疏地区人口不断减少,并且受地势因素的影响,该地区内的产业发展停滞、交通不便外加人口流失严重,这些情况使得当地有些村落已经合并或消亡,过疏地区的整体发展困难重重。

二、过疏地区的特征

过疏地区早于其他地区步入高龄化社会,其制约因素也相对其他地区显著。首先,过疏地区产业经济衰退。过疏地区中作为主要产业的农林水产业逐渐衰退,并且再次引进,如新型产业的制造业也于事无补,取而代之的是服务业。产业发展不平衡使过疏地区中的经济活动和生产生活方面的原材料供给不得不依赖外部,使资金在收支原本负增长的情况下仍继续外流,再加上劳动力的不足,最终导致过疏地区的经济发展低迷。为重塑经济环境,保证可持续发展,有必要建立一个新的地区经济发展循环体系。

其次,过疏地区生活功能衰退。在人口持续减少的过疏地区中,医疗和护理服务不能满足当地老年人的需求。存在护理服务种类单一、医师和护理人员短缺、居家上门服务因距离间隔远而无法准时到达等问题。此外,护理保险制度在过疏地区也无法充分发挥。

最后,当地居民主人翁意识和自豪感衰退。在过疏地区中,老年人足不出户,参与社会的热情减退,失去了原来应有的人际关系网,这加速了老龄化的进程。此外,人口结构变化导致地区长期笼罩在低迷的气氛中,一些传统民俗遗失,淳朴民风也逐渐消失。

综上所述,日本过疏地区人口结构发展不平衡使当地产业振兴发展陷入困境,再加上人口老龄化问题越来越严重,《过疏对策法》在当地可称为过疏地区老龄化对策法。过疏地区振兴战略将地区产业发展与福利服务相结合,其地域福祉的功能开发目标则是在维系当地自然环境的前提下,利用当地特有资源,为当地居民创造财富,达到人与自然和谐共生、持久居住的效果。

---

① 日本総務省自治行政局過疎対策室.平成 28 年版「過疎対策の現況」について[A].2016.

三、日本本土化的社会发展理论

在带有社会性规制色彩的日本社会福利制度中,因制度的断层产生各种福利问题,阻碍着人与地域社会的融合。谋求多样化主体合作、克服社会性规制带来的弊端,构建一个地域共生社会是当今日本社会福利改革和发展的方向。为此,厚生劳动省提出了"适应新时代福利援助服务的构想"这一政策主体,其中,在关于构建新型的地域综合援助体系中,主张扩大福利领域的范围。新型衔接体制不只是在福利范畴之内,还应涵盖到其他行业,例如居民就业、农业、保健医疗、地域振兴等。① 日本学者平野隆之(2017)指出,构建地域共生社会应充分发挥地域的能动性和主体性,每个居民都被包含在内,享有均等的福利服务。彭华民(2016)指出,日本以福利社会发展理论为基础,有意识地创造出这样一种地域社会,使其具备对培养出的行为主体有利的政策环境,各个个体有效发挥有集体倾向的生活能力,充分运用市场、政府并促使其发生改变,达到提高自己和他人福利的目的,进一步构建地域共生社会。

这里以高知县中山间地区小据点的开发这一实践视角来对福利社会发展进行评述。首先,产业开发和地域建设相融合。产业开发和地域建设是相辅相成的,中山间地区村落社区功能再建以及促使地域资源再生这一过程,需要地域福利和当地产业紧密融合。福利社会发展主要针对社会制度排挤之外的人群,承担起对其责任和义务以及相应的福利服务,在中山间地区建立一个小据点,多功能地服务于所有人群(特别是小孩、老人、残疾人等),最终实现一个共生型、多世代间的交流场所。同时,与产业开发据点相衔接,提高居民的生产能力,促进就业和提高居家医疗援助服务的质量。其次,在地域建设方面,随着2015年护理保险制度的修订,地域作为护理保险制度实施的载体再次被提及。其中,构建一个社区综合照护体系成为地域建设方面的先锋,如何解决其体系内各个功能的衔接,怎样设立一个衔接地域福利和地域保健部门的行政机构也是今后福利社会发展的课题。最后,以当地居民为代表、多样化主体

---

① 日本福祉大学 COE 推进委员会.社会福祉开発学の构築[M].京都市:株式会社 ミネルヴァ房,2005:3-7.

合作为前提,创建一个协调性强的援助平台,充分发挥小据点创造共生空间的作用。空间上,创造出一个各方主体相衔接的场域,物质表现为居民交流活动的一个地点。并且,共生空间的构建并不一定拘泥于小据点这一形式,门前收货^①的配送组织,同样起到了小据点的作用。

四、高知县振兴经济产业和养老服务相融合的小据点开发

日本高知县中山间地区是典型的过疏地区。在少子高龄化、地域社会功能衰退的情况下,该县进行了改革,成功塑造出高知县特有的地域综合照护服务体系,并且成为全国过疏地区中照护服务体系发展的典范。高知县面积居日本43个县中的第17位,总人口数则在所有县中排名倒数第三。全县中93%为中山间地区^②,山地多的现状使得可利用的耕地面积十分有限,在中山间地区居住的人口仅占全县人口的41%。高知县产业结构具有下列特点:重工业发展仍比较缓慢和滞后,农业依旧占主导地位。但并不意味着受地形因素的制约,该县并不适合大规模的农业生产。不过,即使居住环境不断恶化,仍有7成以上的居民表示会在此地养老送终。

高知县中山间地区中服务组织功能衰退,制约了当地经济发展。为重建村落并预防村落的消失,根据当地实情建立一个福利和产业相结合的体系势在必行。2014年,日本内务府针对过疏地区少子老龄化、人口发展不平衡等问题提出"街道、居民、产业共创战略",强调以社区为单位、居民为中心,以人带动经济发展并且通过经济增长拉动人口增长,在过疏地区中重建一个良好的新型循环模式。同时,日本政府指出,过疏地区发展不单要依靠福利行政方面,还要与地区产业振兴等相关部门相结合,通过开发各项服务功能的方式促进福利和产业这两个部门之间的制度衔接和协调发展。

第一,政策实施方面。高知县从2012年开始针对中山间地区实施强有力

---

① 门前收货:针对无法将农作物运送到市场的老年人而进行上门收取农作物的一种服务。参见:田城孝雄,内田要.まちづくりとしての地域包括ケアシステム持続可能な地域共生社会をめざして[M].东京:東京大学出版会,2017:67-68.
② 中山间地区,在农林中的规定为符合中间农业地域和山间农业地域的地区。中间农业地域的基准指标为森林覆盖率达50%～80%,耕地多以倾斜农田为主的市町村;山间农业地域的基准指标则为森林覆盖率达80%以上,耕地率不足10%的市町村。

的政策改革,县政府进行了体制重组、补充和完善村落社区福利政策等举措。为促进政策的实施以过疏对策法为基础新设中山间地区政策应对部门,该部门明确了高知县中山间地区今后的发展目标是构建一个确保当地居民稳定收入,在原居地中构建可持续、安稳的生产生活体系,以维护民生和产业开发这两个主题进行,构建新型村落地域福利。值得一提的是,在制度实施和开发的过程中,高知县的独特之处就在于设立了一项地域援助计划员制度。县政府任命地域援助计划员(县级),将其配置到地方市町村政府机构(市级)深入当地开展实践调查,以当地居民为出发点,根据当地实情采取援助对策,促进该地区活性化发展,切实反映民生需求。地域援助计划员不仅能起到振兴当地产业的作用,还能完善县政府和当地政府之间的衔接工作,其扎根当地搞活经济以促进地区蓬勃发展,并及时与上级沟通和反馈,进一步推进政策在多领域间的融合和实施,同时缩小了县政府部门与地方政府沟通的不便,进而提升工作效率。

第二,小据点的形成方面。地势原因造成了村落之间相互割裂、孤立的局面,使居民生活、生产行动不便,活动范围缩小,逐渐丧失生活的热情。2012年,高知县中山间政策应对部门在人口老龄化极为严重的土佐町石原地区设立了村落活动中心(机构名为村落活动中心协会)。该活动中心协会以当地居民为主体,以旧小学和集会场所为小据点,针对地区中出现的问题和居民需求开展生产生活服务、福利援助、防灾训练等各项活动,同时辐射周围的其他村落、吸引外部人才,搞活当地经济。活动中心的成立将各个孤立的村落联结起来,村落应对风险的能力得到加强。土佐町石原地区村落活动中心由以下四个部门构成,分别为集会部门、直销部门、生产援助部门、新能源部门。四个部门的工作内容如表 6-2 所示。

表 6-2　村落活动中心集会、直销、生产援助、新能源四个部门工作内容

部门	活动
集会部门	在特定节日里举办集会活动,如七夕祭活动
直销部门	当地特产植物外地销售业务;定期举办销售会和植物观赏活动
生产援助部门	耕种、割草、插秧等农活的援助活动
新能源部门	通过设置太阳能电热板,每年将剩余电力卖给电力公司,获取一定收入

　　四个部门组织的活动,改善了当地居民的生活质量并且吸引了周边以及外地市民的观光和贸易合作。在搞活当地经济的同时,也为当地居民生活添加了乐趣。并且,村落活动中心的修建使得当地居民有了固定的交流和活动场所,很大程度上促进了地区建设和地区的可持续发展。其中,村落活动中心协会下设活动办公室,对活动的开展起到计划和扶持作用,办公室管理由石原地区社会福利协会会长兼任,同时他也是当地村落活动援助员。小据点的最大特色是生产和福利相结合,社会福利协会①(简称社协)在其中起到了重要的作用,社协的参与构建使得村落活动中心添加了一部分福利色彩,其不但是空间上的活动场地,也是地区和地区之间相互衔接、人才构建和物资汇集的一个基地(平野隆之,2017)。中山间地区开发产业的同时也发展了村落社区福利,推动了当地社区福利建设,也辅助了产业的发展。例如,通过村落活动中心的开发使得当地残疾人有了活动场所,他们在这里进行简单的生产流水作业,用当地产的大米做成面包进行销售等一系列产品开发活动,既是福利与生产相结合,也体现了社会资源的开发。

　　第三,老年活动据点的形成。在人口老龄化极为严重的高知县中山间地区,社协通过地域福利计划,以老年人为服务对象,进一步开发出一个多功能、应用灵活的小据点。其小据点命名为"温暖活动中心",同样以当地小学校区为中心据点向周围村落辐射,周围村落形成卫星小据点,这使村落中每位老年人都被涵盖在内,根据老年人需求提供特定的援助服务,克服环境不利因素为老年人创造出一个更为方便、舒心的生活环境。

　　温暖活动中心主要围绕老年人而设置,其基本服务功能包括:集合功能。针对老年人提供一个日间照料和看护、认定护理等级为主的场所(附加接送服务);针对没有安定生活和足不出户的老人提供援助交流场所。上门服务、谈话、联络功能。为老年人提供居家上门服务,通过聊天增进和老年人的感情。生活援助功能。根据老年人的需求进行援助,如确保老年人外出安全、提供送

---

　　① 社会福利协会简称社协,是在各个都道府县中都有设立的,以促进地域福利发展为目的的一个民间团体。参见:野口定久.ゼミナール社会福祉学图解でわかる理论と实践 [M].东京:中央法规出版株式会社,2018:136-137.

餐到家等援助服务(高知县产业振兴推进部,2016)。温暖活动中心还不断扩充基本功能,增设护理保健预防机构和痴呆症咖啡厅、短期照料等服务项目。并且与其他专门护理机构、保健机构、医疗机构等形成一个完整的社区福利网络体系。同时,中心还与村落活动中心进行链接,开展援助服务活动。其中,地域援助计划员参与援助活动并起主要作用。如图6-5所示。

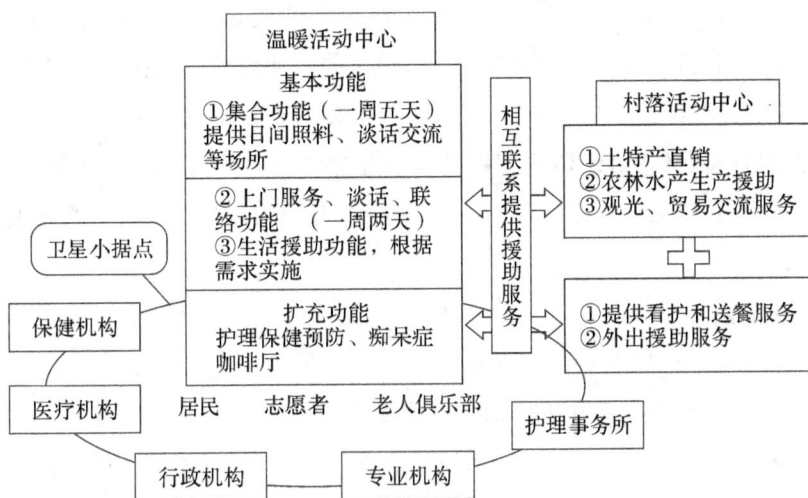

图6-5　温暖活动中心各项服务功能内容

资料来源:田城孝雄,内田要.まちづくりとしての地域包括ケアシステム持続可能な地域共生社会をめざして[M].1版.东京都:東京大学出版会,2017:69-71.

现在,温暖活动中心的援助服务对象已经扩大到了残疾人、妇女和儿童,高知县中山间地区的社区福利因据点的设置而被赋予了更多的角色和任务,如缓解了当地老年人出行难的问题,居家上门服务解决了老年人生活不便的问题。并且,老年人俱乐部定期举行活动,以振兴当地经济为主题利用当地天然资源组织老年人进行生产活动。产出成品通过村落活动中心直接对外销售,在带活了当地经济发展的同时也复苏了老年人的生活热忱。

高知县中间山地区以维护民生和产业开发为主题,确保当地可持续发展,通过居民之间强有力的团结合作,开拓健康、有朝气的长寿生活,实现了在老龄化严重的过疏地区中的人才培养,发展了当地特色产业。小据点的构建,使产业发展和地域福利相结合,增加了当地居民收入,为当地居民提供了多种多样的生活援助服务。

日本社会福利的宗旨之一是以制度排挤在外的特殊群体为对象,进一步开展特殊援助服务和制定相关政策制度。在过疏地区中,以提高地区整体生产力和开发地区魅力为着眼点,维护当地村落持续发展为目标进行地区开发和建设,成为今后日本福利改革的重要课题。目前,除了通过设立小据点的方式,在中间山地区某些地区中还开创了福利和产业相结合的一种产业链模式——门前收货。这项产业的开创使该地区的企业经营者直接与当地居民对接,产业的开发给占人口一半以上的 65 岁及以上行动不便的老年人带来了极大的便利,这是网络组织体系化的结果。通过增强老年人耕种的积极性并完善老年人自立养老的生活条件,促进了基层行政组织与老年人之间的交流。

本章小结

本章通过案例分析方法分别列举了日本地域综合照护服务体系中医养、护理、居民自治、过疏地区这四个方面具有代表性的案例,并分别进行分析说明。

第一,医养结合方面。以受灾地岩手县釜石市地域综合照护服务体系中上门服务的釜石市工作小组为例,综合得出该小组的工作特征是灵活协调各方职种之间的关系。通过沟通和联络,增强各个职种之间的配合,有利于为当地居民提供高效、高质、精准的医疗服务,并且,在实际工作中,结合当地居民具体需求,分三个阶段将问题搜集、总结、解决,即使在资源匮乏的受灾地区也能够根据实情灵活调整规定,合理提供上门服务,成功塑造了灾后重建地区中医养结合的典范。另一个案例是日本第三大城市名古屋市医师会设立了保健、护理、医疗三方合作的医疗服务体系,该体系上门为老年患者提供丰富的居家医疗服务,提高老年患者以及患者家属的生活质量。其中,名古屋市政府采取分级诊疗的形式,充分利用当地门诊和二级医院的疗养功能,缓解急救期医疗机构中人满为患的状况,福利、医疗、护理各方有效合作使得上门医疗和护理服务形成了一个良好循环的体系。

第二,上门护理方面。分析了癌症姑息式上门护理服务的方式。各地区利用当地资源,将医疗和护理有效结合,成立上门医疗和护理小组,确保癌症患者在家庭中也能够接受有效和安稳的治疗,缓解了医疗机构的压力。另外,还分析了以痴呆症老年人为主要援助对象的地域密集型护理服务,该护理服务通过小规模多功能居家护理的形式使痴呆症老年人能够安心在原居地养老,并通过护理保险制度给予补助,充分发挥了地域中护理的作用。

第三,市民参与方面。列举并剖析东京都大田区地域网络化运营模式:地域援助中心以当地居民为主体,联合当地各方组织构建了一个"点、线、面"相结合的地域援助服务体系。大田区地域综合援助中心针对当地空巢老人,发挥市民之间互助的作用,调动居民积极参与、发挥居民自治的作用。又列举了埼玉县鹤岛市社会福利协会发挥统一和连带的功能,即由当地居民成立 NPO 共同参与当地福利援助体系建设,在地域福利中发挥社协组织功能促进市民参与的事例。

第四,过疏地区方面。对过疏地区的形成原因和特点进行了说明,并结合福利社会发展理论在日本本土的应用。以高知县为例,说明中山间地区通过构建小据点振兴了当地产业,解决了少子老龄化、人口流失严重的问题。同时,完善了地域福利的各项功能,有效地衔接了产业开发和福利服务,提高了老年人自立养老的生活质量,调动了他们的积极性。

第七章　中日社会养老服务的对比分析

第一节　我国人口老龄化现状

一、我国人口老龄化的形成和特征

我国是老年人口规模最庞大的国家,也是老龄化发展速度较快的国家。2001 年我国进入人口老龄化社会,用了 25 年,而日本 1970 年就进入老龄化社会,用了 24 年,日本领先我国 30 年进入人口老龄化社会,其社会养老服务经验值得我们借鉴。

国家统计局公布数据显示,截至 2018 年末,我国 60 岁及以上老年人有 2.49 亿人,其中 65 岁及以上人口有 1.66 亿人,占总人口的 11.9%,老年人口绝对数量居于全球首位。像北京和上海这种大城市的老龄化程度尤为明显。截至 2017 年,上海市 65 岁及以上户籍常住人口数为 345.7 万人,占总人口的 21.8%;2017 年,北京市户籍 65 岁及以上人口达到 237.6 万人,占总人口的 10.5%。另外,农村人口流动性高,据 2011 年公布的数据,我国农村人口老龄化率为 15.4%,超出同期城市人口老龄化率,较当年全国平均值高出 2.2 个百分点。2011 年,全国 60 岁及以上老年人口有 1.78 亿人,至 2018 年净增长 0.71 亿人,年均增长 860 万人,老龄化率由 13.3% 增至 17.3%。据预测,2030 年,中国老年人口数可达 3.58 亿人,人口老龄化率将达到 25%,居于全球首位。[1]

我国从新中国成立至今总共经历了三次婴儿潮。第一次婴儿潮在 20 世纪 50 年代发生,1945 年以后出生人数首次突破 1000 万人,1957 年达到最高点 2138 万人后开始迅速下降,1961 年因"三年困难时期"而降至 1141 万人。第二次婴儿潮出现在 1962—1976 年,这 15 年间保持每年新生人口都达到 2000 多万人的状态。第三次婴儿潮出现在 1986—1990 年,这 5 年形成了一个婴儿出生的高峰。从 1992 年起我国人口呈下降趋势,2000 年后略有回升,并最终在 1600 万人的水平上徘徊。[2] 现如今,我国低生育水平加速了人口老龄化进程,根据第六次人口普查的结果,我国总和生育率为 1.04,已经不足 1.5,即将步入"生育陷阱"。因为医疗卫生事业的快速进步为国民预期寿命延长提供了有益助力,人口老龄化压力持续增长。

我国先后经历了人口增长爆发和人口增长控制两个阶段。在经过人口爆发期之后实施了 30 年的计划生育,以控制人口数量、提高人口素质为核心目标,由此形成低出生率、低死亡率、低自然增长率的"三低模式",人口增加和增速得到了控制。不过,在低出生率低死亡率之后,迎来的是人口老龄化问题。2001 年我国步入人口老龄化社会,65 岁及以上老年人数占 7.07%。第六次人口普查数据显示,2011 年我国 65 岁及以上人口占总人数的 8.59%,相比 2001 年上升了 1.52 个百分点。[3] 并且,我国老龄化进程愈发加快,1982—1990 年间,80 岁及以上老年人口年均增速都在 5% 以上,1990—2010 年间该项指标数值为 4.1%,两项指标值不但高于同期世界平均水平,而且前者指标值甚至超出该阶段 60 岁及以上老年人口增速。城镇化的发展间接加快了农村人口老龄化的进程,我国农村和城市二元化差距导致最初在生育政策、人口结构、预期寿命、生育意愿、生育水平这四个方面存在差异,即农村多生以满足生育需求,城市少生以减少养育负担。但是伴随着城乡一体化的改革和发展,使得总

① 智研咨询集团.2017—2022 年中国养老产业行业发展趋势及投资战略研究报告[M].1 版.北京:智研咨询集团,2017:53-63.
② 张季风,胡澎,丁英顺.少子老龄化社会:中国日本共同应对的路径与未来[M].1 版.北京:社会科学文献出版社,2019:125-126.
③ 中华人民共和国国家统计局.2010 年第六次全国人口普查主要数据公报(第 2 号)[R].2010.

体生育意愿和水平逐渐偏低,人口预期寿命增加,促进了人口结构的变化,也加快了农村人口老龄化的发展。

我国人口老龄化存在特殊背景,即"未富先老",还处于发展中国家阶段人口结构却已趋于老龄化。例如,日本于 1970 年进入人口老龄化社会时人均GDP 为 15162 美元(约合 6 万元人民币),美国 1940 年进入人口老龄化社会时人均 GDP 为 8832 美元(约合 7 万元人民币),英国于 1930 年进入老龄化社会时人均 GDP 为 22429 美元(约合 16 万元人民币)。2000 年,中国正式进入老龄化社会,该年度人均 GDP 约 8000 元,合 1128 美元。[1] 与此同时,我国人口老龄化呈现出城乡二元结构分化的不均匀现象,并且农村人口老龄化程度始终高于城市;从地理位置上来看,东部沿海地区逐渐放缓、中西部地区不断加速,由于中西部地区劳动力逐渐流向东部促使西部地区人口老龄化程度加剧。失能老人基数庞大。目前全球各国失能老年人在 1000 万人以上的国家仅中国一国,社科院公布的《中国社会发展年度报告 2015》指出,"与 2010 年比较,中国完全或部分失能的老年人口共计 4000 万人,净增 700 万人,在总体老年人口占比 15.9%。其中,完全失能老年人 1240 万人,占老年人口比重 6.05%,净增 160 万人"[2]。

二、我国老年人的健康状况

随着我国老年人口平均寿命的延长,老年人的健康问题越来越受重视。我国医学界公认,年龄是慢性病发作的危险因素。现阶段国内老年人所患各类慢性疾病的人数较多,其中不乏恶性肿瘤、心脑血管疾病和神经退行性疾病等慢性疾病。我国卫健委最新统计,我国 60 岁及以上老年人预期寿命中 2/3 的时间都处于带病状态,即人均预期寿命为 77 岁但带病生存 8 年。2009 年,中国卫生服务调查研究关于家庭健康的调查数据显示:城市和农村 60 岁及以上老年人慢性病发病率分别为 53.2% 和 38.9%。老年人每年花费在医疗费用方面的钱远远超过其他人群。

---

① 孙祁祥,朱南军.中国人口老龄化分析[J/OL]. http://news. hexun. com/2015-12-16/181225628. htm,2015-12-16.
② 李汉林.中国社会发展年度报告 2015[M].北京:中国社会科学出版社,2016:200-210.

慢性病难以治愈并且疾病的预防效果较低,所以,应对慢性病的最佳办法是早发现早治疗和早期干预,这需要学界将研究重心转移到健康保护方面,开展健康管理、亚健康监测与干预。在卫生部 2012 年发布的《"健康中国 2020"战略研究报告》中指出,要将抗击疾病的关口前移,将以疾病治疗为主的临床医学模式转移到以早期监测和早期干预为主的健康医学模式,从而达到保护健康人群,遏制慢性疾病流行的目的,"关口前移"对健康老龄化的实现具有非常重要的意义。

我国慢性病患病率高,由于自然衰老的原因所导致的部分或完全失能是中国老年人口存在的重要健康问题,其中后者人数为 3750 万人。2015 年,部分失能和完全失能的老年人约有 4000 万人。在失能方面,4％的老年人长期卧病在床,7.3％的老年人听觉很弱,14.5％的老年人说话不清楚,4.3％的老年人视力微弱(卫健委,2012)。2012 年,我国城市和农村老年人生活起居需要照顾的比例上升为 14.1％和 12.8％,家庭养老护理中照顾失能老人即将成为一个很重的负担。① 从以上数据可以看出,增加老年健康人群在老龄人口中所占的比例,延长健康期,缩短带病和失能期,尽可能提高老年人的健康状态和自理能力,将会在很大程度上减轻我国老龄化社会给个人、家庭和社会带来的压力。根据世界卫生组织的最新定义,"健康不仅仅是没有疾病,在身心上都需要保持良好的精神状态",所以,老年人保持良好的身心健康也是适应社会发展的需要。

首先,心理健康方面。心理健康主要表现在两个方面:一方面为认知健康,另一方面为情绪健康。就认知健康而言,除受到认知能力、年龄等内在因素影响,外部环境影响同样关键。实证研究指出,认知功能老化相当程度上受到个人教育的影响,一般来讲,高学历老年人拥有更理想的认知功能,且该群体的认知功能减退速度明显慢于低学历。北京大学研究机构的调研报告《中国高龄老人健康长寿调查》指出,认知老化过程所受内外在影响明显。诸如体质状况、智力活动、性格等诸多因子互为影响后取得较高评分的老年人,认知

① 卫生部."健康中国 2020"战略研究报告[EB/OL]. http://www.gov.cn/gzdt/2012—08/17/content_2205978.htm,2012-08-17.

功能衰退速度明显趋缓。上述研究证实,老年人的正向情绪和心态有助于延缓认知和衰退。

其次,患病与失能方面。通过我国卫生服务调查研究第四次家庭健康咨询调查分析报告发现,2008 年地区居民老年人(≥60 岁)的两周患病率中,城市老年人占 53.4%,农村老年人占 37.8%,与 2003 年国家卫生服务调查结果相比,分别增加了 16.6%和 8.4%。然而,老年人患病有一个特征为多病共存、病情不显著。并且,随着衰老的加剧,老年人各个器官机能开始下降,因此除了健康问题,另一个问题则为失能问题。老年人失能必然造成家庭、社会资源的大量损耗,"全国城乡失能老年人研究"权威数据表明,截至 2010 年末,中国部分或完全失能的老年人已近 0.33 亿人,其中城市、农村完全失能老年人各自占比为 5.0%、6.9%,存在照料需求的分别达到 77.1%、61.8%。① 亲缘关系的维系是城乡完全失能老年人获得照料的最主要渠道;近半数的受访养老机构表示,其收住对象仅限于接收或主要接收自理老人,而失能老人不在其收住范围以内。与 2000 年相比,2006 年农村完全失能老年人的照料需求上涨超五成,远远超出城市完全失能老人照料需求的增长。

最后,现如今我国老年人是医疗卫生资源的消费主体。根据国家卫计委 1993—2011 年统计,60 岁及以上人口数从 8199 万人增加至 17765 万人,年均增长 4.4%;存在照顾需求的老年人由 492 万人增至 995 万人,年增幅为 4.0%,且疾病经济负担由 775 亿元增至 4283 亿元,GDP 占比由 2.1%增至 3.3%,疾病经济负担年均增长 12.9%,其中治疗费用年均增长 12.3%,残疾照顾人工费用年均增长 14.1%。② 由此可知,在中国人口老龄化进程加速背景下,慢性疾病发病率随之增长,致使国民经济健康发展负重前行。此外,存在医疗资源有限、家庭负担过于沉重、养老机构不愿接收完全失能的老年人,空巢老人、完全失能老人照护问题若得不到有效的解决,将成为制约今后我国健康养老进程的绊脚石。

---

① 国家卫生服务调查.2003 年第三次国家卫生服务调查分析报告中文摘要[A].2010.
② 钱军程,陈育德,孟群.中国老年人口疾病经济负担变化趋势与应对策略[J].中国卫生政策研究,2012,5(2):12-16.

第二节　我国社会养老服务运行现状

一、我国现阶段养老服务政策

从 20 世纪 90 年代到 21 世纪初期,我国人口老龄化呈现出以下特征:一是老龄人口基数较大,二是未富先老的现象比较严重,三是不同地区的老龄化发展差异性比较明显。因此,适当缓解人口老龄化是解决我国社会保障财政收支不均衡以及我国社会福利发展的刚性需求。根据近五年的情况,为有效处理人口老龄化问题,全面实施从中央到地方的政策制定和行政法规,将是我国社会养老服务体系初步构建的阶段。

2000 年以后,我国 60 岁及以上人口占总人数的 10.6%,正式进入人口老龄化社会,这一时期成为我国人口老龄化事业发展的关键阶段。为此,我国养老服务政策也逐步制定和改进。相关政策的宗旨以满足老年人基本服务需求为前提,构建起以居家为基础、社区为依托、机构为支撑的养老服务体系。2000年《中共中央、国务院关于加强老龄工作的决定》(中发〔2000〕)指出,社会福利事业专门由社会力量进入,形成一个较为特殊的老年消费市场,服务内容要朝着多元化的方向发展,涉及医疗保健、日常生活照料、老人文化娱乐等相关经营范围。

2000 年 2 月,国务院颁发《关于加快社会福利社会化的意见》,提出要发展多种所有制形式的社会养老服务机构。2004 年出台的《关于加快养老服务业的意见》,明确提出"要全面按照政策引导、政府扶持、社会兴办、市场推动的原则,形成一个较为全面的养老服务体系——需要以居家、社区、机构养老为多方合作的服务体系。逐步构建标准化的养老服务业用人制度,其养老服务业的开展要结合公建民营、民办公助等构建多元形式化的养老服务业"。现如今,我国在多方领域中对养老服务制度出台了一系列的政策法规,不断完善养老服务在各个行业之间的衔接以及开发多元化的养老服务体系。

医疗护理领域方面。为保障老年人享有较为全面的医疗护理服务体系,卫计委在 2015 年出台了《卫生计生委等部门关于推进医疗卫生与养老服务相结合的指导意见》,明确提出要推动医疗卫生和护理服务相结合的养老服务体系建设。同时,也进一步确定了发展目标和重点任务及措施。2017年国家卫计委出台的《关于印发康复医疗中心、护理中心基本标准和管理规范(试行)的通知》,进一步提出"有关于康复医疗机构、护理机构的设立,可由社会力量参与进来,朝着居家康复、护理方向发展"的目标思路,这满足了老年人护理方面的需求。

养老服务市场开发领域方面。2011年国务院办公厅印发《社区养老服务体系建设规划(2011—2015)》,强调重点发挥养老产业市场机制,同时确保整个养老服务业均衡稳定的发展,这成为我国养老产业化启动的第一步。2013年国务院办公厅根据国务院常务会议的要求,对于养老服务业在改革、加快发展方面制定了明确的任务和举措,在《关于加快发展养老服务业的若干意见》(以下称《意见》)中明确了养老服务业发展的总方向、主体任务以及具体措施等,对于整个养老服务行业的发展进行了统筹性的安排和规划。《意见》的出台,成为中国养老服务产业发展的一个重要里程碑,是指导养老服务业发展的一份纲领性文件,尤其是在"补短板,拉动消费"等方面促进了社会福利社会化的理念发展,将多方群体融入养老产业的开发和建设中,形成服务主体多元化的养老服务市场,带动了"银色经济"的发展。2014年,我国财政部、发展改革委、民政部、全国老龄办联合下发《关于做好政府养老服务工作的通知》,专门强调了养老服务业需要政府进行购买的一项决策。以2020年我国建立较为全面完善的社会养老服务体系为目标,统筹城乡发展范围,以便于城乡养老服务水准一体化、均衡化发展,在政策制定方面对养老服务进行规范化、标准化、流程化,便于服务的开展和实施以及有效衔接。

养老资源配置方面。2016年,国务院办公厅印发了《关于全面放开养老服务市场提升养老服务质量的若干意见》,同年10月,民政部会同国土资源部等部门颁布了《关于支持整合改造闲置社会资源发展养老服务的通知》。两个政策的同时出台,表明了中央政府部门在养老服务业方面的大力支持。为确保政策实施的有效性,民政部等部门在2017年颁布了《关于加快推进养老服务业放管服改革的通知》,对养老机构的设立进行整改,并且简化机构成立的流程和审批过程,积极鼓励民间资本投入养老机构的建设中。2017年,国务院出台了《"十三五"国家老龄事业发展和养老体系建设规划》,该计划对养老事业发展和体系建设的各方资源进行了指标规定。其中,在养老服务领域中,由政府部门运行的养老床位占比不超过 50%、护理型养老床位不超过 30%。这使我国今后养老事业的发展和体系建设中各项内容的设定更加明确化,通过指标设定也为今后的养老评估工作的开展打下了基础。

养老产品消费方面。2018 年,国务院印发《关于完善促进消费体制机制进一步激发居民消费潜力的若干意见》以及《关于印发完善促进消费体制机制实施方案(2018—2020 年)的通知》(国办发〔2018〕93 号),提出了关于消费机制的完善政策,对养老政策服务消费内容的扩展进行了补充。在健康养老消费方面,在保障基本医疗和护理服务的前提下,支持各方社会群体和社会力量提供全方位、多元化的养老医疗保健服务。在由民间资本兴办的非营利性福利机构方面,在用地投保、人才培养、机构准入、市政配套、执法环境各个方面应做到一视同仁。并且,养老机构分类管理制度的创设以及养老机制从原来的公办创立与机构养老,逐步朝着公建民营的角度发展,转型后的养老机制运作的规范要求逐步完善,公建民营方面的发展之不足得到了全面的协调。同时,在《方案》中提倡医养结合,以进一步落实医养结合服务制度的设立和服务无缝衔接,适当推进长期护理保险试点工作。同时,明确养老机构的标准服务体系建设与养老服务方面的标准化流程,有利于完善社区养老的全面体系建设。

2019 年,李克强总理在第十三届全国人大二次会议中指出:"民生是天下事,要做很多事情。我国超过 60 岁的老年人达到了 2.5 亿,在面临这样的一个庞大的人口老龄化人口基数上要进一步发展社区养老服务,加大政府扶持,加大社区日间照料建设、康复护理、助餐助行等相关服务。社区工作人员、政府的有关部门要保障公平准入,把主要的力量放在公正监管上,确保服务的安全可靠性,对那些违规违法的行为要坚决逐出市场,让老人、孩子、家庭都放心安心,让老年人老有所养。"

如今,我国现阶段的养老服务社会化方向逐步明确,不论在养老供给主体的开发配置方面,还是在运行机制方面,都已经大致形成了一个框架。不过,为进一步确保实施的稳定性和前瞻性,我国养老服务业需要来自社会的各方群体和个人等力量参与其中,以社会福利社会化为基础不断发展。同时,应在投资运营等各个方面适当引入竞争机制,确保提供的养老服务朝多元化、多层次方向发展。

二、我国现阶段养老服务存在的问题

1990 年,我国养老服务产业开始发展,但整个进程比较缓慢,与其他发达国家的养老服务业相比还存在很大的问题。伴随着人口老龄化的进展以及"银发产业"的范围拓展,在我国当前养老服务市场经营中,仍需解决很多问题,例如,医疗和护理服务的有效衔接和实际运营等。这些问题只有在有效解决之后,才能确保我国养老服务业朝着多元化、可持续的方向发展。

社区居家养老服务中存在的问题。第一,居家养老服务缺少融合性。虽然,现如今我国社区养老服务的种类繁多,但仍无法很好地满足空巢老人、失能和痴呆老年人等特殊老年群体的需求。并且,上门服务提供体系并不完善,例如上门送餐、上门居家护理、上门康复、上门心理服务等专项业务仍需开发。并且,无法满足部分特殊老年群体的护理需求。同时,在提供服务后的综合评估、居民评价以及适度管理这三方面并未形成一个统一性的平台,所以造成信息碎片化,导致服务供给的效率偏低。第二,市场化程度偏低。以深圳市为例,截至 2016 年,从事居家养老的民办非企业单位数量为 36 所,家政企业为 500 余家,社区老年人日托所为 86 家,社区食堂为 21 家①(深圳市民政局,2016)。由于进入门槛过高、定价机制不合理以及缺乏政策支持和财政补助,导致服务供给单一、质量偏低、市场化竞争弱、参与主体不足等多种问题出现。第三,养老基础设施不完善。政府在社区建设方面投入少,各个地方政府投入比例相差悬殊,并且养老用地规划不到位,导致了社区内日托中心、养老食堂等基础机构并未普及,并且,在全国适老化改造的工程只集中在一线城市,三、四线城市很少涉及。第四,社区中民办非企业管理能力弱。由于我国养老机构的建设还处于探索期,养老市场还并未走向成熟,对于老年人的各种需求仍无法完全满足。尤其社区中的老年人需求程度虽然高,但对于服务的实际利用率偏低,我国老年人普遍的消费观念和传统节约理念一定程度上制约了对服务的购买和利用率的提高。与此同时,政府扶持政策力度不够,服务补贴还

---

① 深圳市民政局课题组.深圳养老事业和产业改革发展专题研究报告[R].2017.

处于保基本的状态,抑制了潜在需求向显性需求的转变。第五,供给结构方面不平衡。目前,我国社区养老服务多集中在家政服务、生活照顾、日托食堂等类似基础性的服务机构,只提供相对日常的基础服务,但缺少心理咨询、康复训练、上门诊疗等顶层服务,所以较少满足老年人的内在需求。并且,养老服务之间缺少整合和统一,造成服务供给分散无法满足层次更高、更精准的老年人需求。

机构养老服务方面。第一,养老机构规模较小。根据民政部统计显示,截至 2017 年我国养老机构总数达到 14.46 万所,相比 2012 年的 4.46 万所增长了 224%。虽然我国养老机构数量大幅度增加,但并未满足老年人的需要,并且养老产业市场发展不成熟。很多养老机构规模小、成本高、服务不健全、人员服务水平低,并未形成多元化的发展主体和一定规模的市场机制。虽然养老产品种类层出不穷,很多进口器材涌入我国,但是并未激活老年人的购买力,导致产品销售一般。银色产业链并未形成和针对老年人的银发市场也并未全面开发,这些都制约了养老机构的发展。第二,缺乏民间资本参与。目前我国民办养老机构参与程度低,地方政府对民间资本参与的支援力度还不强,体现在养老用地政策落实困难、养老机构开办手续烦琐、门槛过高等方面。民间资本运营养老机构投入过大但利润偏低,长期亏损的状态破坏了民营养老机构的积极性。第三,养老供给结构不平衡。我国养老服务业表现在区域发展不平衡、公办民营发展不平衡、公办机构"一床难求"而民办机构则"虚位以待"的状态。并且,养老机构中高中低端布局不合理,缺乏护理型和高尖端的养老机构,同时也未能完全发挥保基本的作用。养老机构中养老床位功能不健全,体现在疗养型、护理型床位供应不足,并且机构对特殊群体的老年人更缺乏专业的护理。第四,民办养老机构床位空置率过高。我国养老机构空床率达到 35% 以上,究其原因,杨燕绥(2014)认为,公办养老机构多接收有优抚性质的老人和特困老人,基本不接收失能老人;而民办养老服务机构质量参差不齐。开办养老机构应进一步市场化、规范化,财政补贴应从供给补贴转变为供需补贴,相比养老机构的补助而转变为加大对老年人的需求补助,采用市场机制优胜劣汰。

医养结合养老服务方面。第一,医养结合机制不完善。医养结合发展难,进入门槛高,养老机构如若申请医疗平台则需由当地卫生部门审批,手续烦琐。并且,医养结合会牵扯到多个管理主体:医疗机构属于卫生部门监管领域,然而医保费用的报销和医保缴费机制又由社保部门管理,养老服务、机构则主要由民政部门管理,资金保障和财政支出又由财政部门监管。由此看来,管理主体不统一、医养政策无法充分落实、老年人很难享有健全的养老服务。第二,护理人员专业性不强。缺少护理人才培养基地,培养专业性的护理人才的大专院校数量又不多。同时,政府对护理人才缺少鼓励政策。由于我国并未正式实行长期护理保险制度,老年人的护理费用还属于自理阶段,老年人支付能力有限,外加勤俭节约的思想,导致很少购买康养服务产品。护理服务属于密集型产业,劳务价格并不高,并且社会认可度低,属于服务行业,离职率很高导致难以长期性地培养专业性的人才。第三,长期护理保险制度并未实施。我国虽在全国部分城市实行长期护理保险制度试点,但并未在全国推广。随着我国空巢老人家庭数量的比例增多、失能半失能老年人数的增大,护理费用成为老人家庭中的一大笔开销。虽然现在护理保险以商业保险的形式作为高端产品被广泛销售,但是并未在老年人群中完全普及,很多老人因为高额的护理费用而放弃使用护理服务。

养老服务环境方面。第一,还需加强老年宜居环境的建设,根据《中国老年宜居环境发展报告》可见,我国养老宜居环境建设严重落后于其他国家,适老化程度低、安全系数低、房间内缺少必要的适老化无障碍设施;并且,部分老旧楼层并未安装电梯,一定程度上阻碍了老年人的出行活动;社区养老服务环境配套设施不健全,难以满足老年人的日常娱乐活动需求。第二,老年人教育体系有待完善。2006 年,国务院发布《中国老龄事业的发展》白皮书,国家重视保障老年人的受教育权利,加大投入和积极扶持老年人教育事业的发展。然而,社区老年大学数量少,办学条件简陋,硬件设施不完善而无法启动远程教育等,以及从事老年教育的老师工资待遇偏低甚至是无偿,并且课程种类较少等,都是目前需要正视的问题。为缓解人口老龄化程度带来的负面影响,我国已经从中央到地方建立了全面的政策法规和养老补贴制度,这为养老产业的发展打下了扎实的基础。不过,在当前阶段,虽然我国经济发展较为迅猛,但在民生建设方面还存在不足。尤其是,人口老龄化问题并未及时解决,养老服务政策出台之后,辅助性政策并未及时跟进。并且,从政策制定到具体落实还存在一定问题。养老政策的推行方式还以试点形式为主,但是在试点以后需要进一步扩大时,资金等辅助性配套措施并未跟上。此外,各个省份差异性较大,政策推行会受到较大的影响,因此执行统一的政策难度系数比较大。第三,社会养老服务监管力度不够。当前国内社会养老体系刚刚建立,但是整体监管体系尚未形成。一些规模较小的养老机构办事效率并不高,服务水平比较低,因此无法保障为老年人提供优质的养老服务。

与其他发达国家相比,我国在养老服务方面的发展还有待提升。虽然从经济发展水平来看,我国处于迅猛发展国家行列,但是在民生、文化建设等方面,我国与其他发达国家相比还存在着较大的差距。我国有必要借鉴人口老龄化严重的发达国家先进的养老服务经验,从政策衔接、服务输送、人才培养、丰富社区功能等方面着力推进本土化的养老服务体系的建设。

第三节　我国社会养老服务影响因素的实证分析

随着大众对社会养老服务关注度的不断提高,学术界对社会养老服务的相关研究也愈发丰富。尤其是在老龄化背景下,我国关于养老问题的研究呈现加强趋势(曹献雨、睢党臣,2018)。以前的社会养老服务体系仅以"市场化"加以推动,养老服务内容存在"个性化"选择不足问题,并且"去机构化"界限模糊和"非政策化"支持也是其面临的主要发展困境(钟慧澜,2017)。我国的养老服务体系还存在发展不均衡问题,应加快居家养老、社区养老和机构养老的平衡发展,并加强人才队伍建设,以提升我国社会养老事业的发展(黄健元、贾林霞,2018)。虽然我国已经基本形成了"社会养老服务体系"的基本框架,但我国的特殊背景要求社会养老服务体系需要依据本国国情,不断探索社会养老服务新方式(马岚,2019)。通过对瑞典、英国和日本的社会养老服务体系进行比较,发现日本通过国家制度建设来保障老年人的社会权利是值得借鉴的路径(徐倩、陈友华,2019)。

在实证分析上,张娜、苏群(2014)认为,我国老年人选择社会养老机构的意愿还比较低,家庭人数、经济收入、身体状况等对养老居住地点的选择均具有重要影响。黄俊辉等(2015)通过对江苏省进行调查发现,有 22% 的农村老年人有社会养老服务需求,并受年龄、慢性病、子女数量等因素影响。我国社会养老服务呈现出"亲知识分子、亲高收入者、亲社会资本"三个典型的倾向,并且老年人的生理属性、经济特征和社会属性能够显著影响其社会养老服务选择(杜鹏、王永梅,2017)。伍海霞(2017)的分析表明,70% 的独生子女父母需要社区和养老院提供的社会养老服务,同时子女对父母的经济支持会降低独生子女父母选择社会养老服务的意愿,但父母拥有社会交往则会显著提升其选择社会养老服务的概率。侯慧丽(2018)认为,健康、家庭和市场因素是影响老年人社会养老服务需求的主要因素,而社会养老服务应主要用于满足老年人的基本健康需要、情感需求和提升生活品质。此外,教育也能够对社会养老服务产生重要影响,教育不仅有助于提升老年人的经济独立性,还有利于促使老年人购买社会养老服务产品(王永梅,2018)。封铁英、曹丽(2018)认为,自评生理健康对老年人社会养老服务使用具有显著的负向影响。张红凤、罗微(2019)则认为,提高社会养老服务资源供给能够有效增进老年人的社会养老服务需求。徐隽倬等(2019)分析了老年人选择社会养老服务的影响因素,认为有慢性病、家庭同意去养老机构、有收入、有农村社会养老金的老年人更倾向选择社会养老服务。

从上述分析可以看出,在学术界,社会养老服务理论和实证研究均比较丰富,这为本章进一步探讨奠定了基础,但也存在以下不足。第一,研究样本针对老年人的较少。现有研究在微观实证分析中,多采取在样本中筛选 60 对以上人口进行研究,而并不是专门针对老年人的调查,因而存在一定的数据使用偏差。第二,很少有直接关注老年人社会养老服务选择的影响因素,当前仅有徐隽倬等(2019)直接关注了这一主题,因而还需做进一步拓展研究。第三,在解释变量的选取上,关注老年人的孤独感、生活满意度、社会保障政策等影响因素的相对比较少,并且对健康因素的探讨需进一步深入。因此,本章立足于专门针对老年人口的追踪调查数据(CLASS),试图为提升我国社会养老服务选择意愿寻找可行性的影响因素,进而为老年人福利政策制定和模式选择提供经验借鉴。

一、数据来源和描述性分析

（一）数据来源

本部分的数据来源于中国人民大学发布的《2014 年中国老年社会追踪调查》。该调查通过定期、系统地收集我国老年人群的社会经济活动规律，掌握我国老年人在晚年生活过程中所面临的各种问题和挑战，并评估社会政策在实际应用中的实施效果，为政府决策和学术界研究提供大规模的微观数据支持。CLASS 的调查样本均是 60 岁及以上的老年群体，调查的内容十分广泛，涵盖了受访者的个体情况、健康状况、经济特征、养老认知和家庭子女等多方面内容。调查范围来自全国 29 个省（自治区、直辖市），样本量达到了 11511 人，具有广泛的代表性。除去不符合研究要求的样本后，本部分在加入全部解释变量后，样本数量为 6769 个。

（二）描述性分析

表 7-1 是本部分的主要变量的定义和描述性统计。社会养老服务是本部分关注的因变量，在问卷中的设计是"您今后打算去哪养老"，对应的回答是"自己家、子女家、社区、养老院以及其他等"，选择在社区和养老院养老，说明受访者愿意接受社会养老服务，因而将其均赋值为 1，否则赋值为 0。未来选择社会养老服务的比例是 5.84%，说明目前我国的老年人接受社会养老服务的意识整体偏弱。

在解释变量中，性别变量的均值是 0.4796，说明受访样本性别分布整体均衡。年龄变量的最大值为 113 岁，最小值为 60 岁，均值为 70.31 岁，能够较好地体现出对养老服务的需求。已婚有配偶的比例为 64.79%。受教育程度变量结果显示，接受过初中、高中、大专及以上样本的比例分别是 19.13%、9.82% 和 5.9%，说明绝大多数的受访老人仅有小学及以下的教育水平，受访老人整体受教育程度偏低。受访老人中拥有城镇户籍的比例是 48.15%，说明城乡分布也比较平衡。健康状况好、健康状况一般的老人比例分别是 42.42% 和 29.41%，日常生活需要帮助的老年人比例为 7.58%，这些表明受访老年人健康状况相对较好。有慢性病的比例为 75.05%，表明老年人普遍面临着慢性病的困扰。

表 7-1　本部分主要变量的定义与描述性统计

变量	变量定义	均值	标准差	最小值	最大值
社会养老服务	未来选择社区和养老院养老＝1,否＝0	0.0584	0.2345	0	1
性别	男＝1,女＝0	0.4796	0.4996	0	1
年龄	受访者年龄的连续变量	70.3125	8.1021	60	113
婚姻	已婚有配偶＝1,否＝0	0.6479	0.4777	0	1
初中	初中＝1,否＝0	0.1913	0.3934	0	1
高中	高中＝1,否＝0	0.0982	0.2976	0	1
大学	大学＝1,否＝0	0.0590	0.2357	0	1
户籍	城镇户籍＝1,农业＝0	0.4815	0.4997	0	1
健康状况好	健康好＝1,否＝0	0.4242	0.4942	0	1
健康状况一般	健康一般＝1,否＝0	0.2941	0.4556	0	1
日常生活需要帮助	需要帮助＝1,不需要＝0	0.0758	0.2647	0	1
患有慢性病	有慢性病＝1,无＝0	0.7505	0.4327	0	1
生活满意度	对目前的生活感到很满意、比较满意、一般、比较不满意、很不满意依次赋值为1、2、3、4和5	1.9683	0.9215	1	5
有工作	目前有工作＝1,无＝0	1.81918	0.3937	0	1
收入	受访者收入的连续变量(对数)	9.0992	1.4088	4.0943	13.21
感到孤独	受访者过去一周觉得孤独的频率为"没有""有时"和"经常"依次赋值为1、2、3	1.3758	0.6427	1	3
养儿防老	对养儿防老的观念为"同意""视具体情况而定""不同意"依次赋值为1、2、3	1.5366	0.7940	1	3
喜欢学习	对受访者现在喜欢学习是否符合实际情况为完全不符合、一般符合、比较符合和完全符合依次赋值为1、2、3、4	2.9319	1.3539	1	4

变量	变量定义	均值	标准差	最小值	最大值
是否享受城镇职工基本养老金	是＝1,否＝0	0.2334	0.4230	0	1
是否享受机关事业单位离退休金	是＝1,否＝0	0.1507	0.3578	0	1
是否享受城镇居民养老保险金	是＝1,否＝0	0.0657	0.2478	0	1
是否享受农村社会养老保险金	是＝1,否＝0	0.3507	0.4772	0	1

老年人生活满意度的均值是 1.9683,说明受访老年人的整体生活满意度介于很满意和比较满意之间。有工作变量均值为 1.81918,说明大部分老年人均处于劳动状态。样本中老年人平均年收入为 17966 元,在具体研究中以对数表示。老年人感到孤独的频率相对较低,处于"没有"和"有"之间。老年人对养儿防老观念的认同整体较高,均值为 1.5366,处于"认同"和"依照具体情况而定"之间。受访老年人喜欢学习的均值为 2.9319,说明相当部分老年人处于学习的状态。在社会保障变量中,城镇职工基本养老金、享受机关事业单位离退休金、享受城镇居民养老保险金、享受农村社会养老保险金的比值分别是0.2334、0.1507、0.0657 和 0.3507。

二、计量模型构建

本部分构建的社会养老服务因变量是二值离散变量,因而采用 Logit 模型考察老年人社会养老服务的影响因素具有合理性。Logit 模型作为一种非线性的概率回归模型,其主要考察的是若干二分类性质的因变量与其他相关自变量之间的关系。Logit 模型适用的情形比较广泛,其因变量形式有二分类变量、多分类有序变量和多分类无序变量。本部分设定如下的回归模型:

$$Y_i = K_1 X_1 + K_2 X_2 + K_3 X_3 + K_4 X_4 + K_5 X_5 + \varepsilon_i \tag{1}$$

式(1)中,Y_i 是本部分的被解释变量,即老年人社会养老服务;X_1、X_2、X_3、X_4、X_5 分别表示本部分的解释变量,其中 X_1 表示受访者的个人基本特征,包括性别、年龄、婚姻、受教育程度、户籍;X_2 表示健康特征变量,具体包括受访者的自评健康、日常生活是否需要帮助、是否患有慢性病;X_3 代表社会经济特征,具体指老年人的生活满意度、工作情况、收入水平;X_4 表示受访者的认知特征,包括老年人是否感到孤独、对"养儿防老"的态度,以及日常的学习情况;X_5 则代表政策情况,即社会保障特征,具体指城镇职工基本养老金、机关事业单位离退休金、城镇居民养老保险金和农村社会养老保险金的享有情况。K_1、K_2、K_3、K_4 和 K_5 指的是待估计参数,ε_i 表示模型的随机误差项。

三、实证分析结果讨论

(一)老年人社会养老服务选择影响因素的分维度检验

为了检验不同变量影响的稳健性,本部分首先进行各变量的维度回归。再结合整体回归结果,考察老年人社会养老服务影响因素实证结果的稳健性。表 7-2 是老年人社会养老服务选择影响因素的分维度检验结果。依次检验了个人基本特征、健康特征、社会经济特征、认知特征、社会保障特征五个方面。在个人基本特征中,性别、年龄、婚姻变量的系数值均为负,说明男性、高龄老年人口、已婚且配偶健在老年人选择社会养老服务的概率低。教育变量结果显示,相对于小学及以下的老年人,初中、高中、大学及以上文化程度的老年人选择社会养老服务的意愿更高。户籍变量也在 1‰ 的统计水平上显著为正,表明相对于农村老年人,城镇老年人选择社会养老服务的意愿更强。单独考察健康特征变量的结果显示,健康状况好与健康状况一般的系数值均为正,且健康一般在 1‰ 的统计水平上显著。并且,日常生活需要照料的系数值在 10‰ 的统计水平上显著为负,患有慢性病的系数值虽然没有统计意义上的显著性,但也为负。

社会经济特征的单独回归结果显示,生活满意度越低的老年人,选择社会养老服务的概率越高;有工作的老年人意愿越低;收入水平越高,则会显著促进老年人的社会养老选择意愿。在认知特征中,老年人感到的孤独能够促使其选择社会养老服务。不同意养儿防老观念的老年人,接受社会养老服务的可能性更高。喜欢学习的老年人,其选择社会养老服务的概率更高。社会保障特征结果表明,享受城镇职工基本养老金和享受机关事业单位离退休金均在 1‰ 的统计水平上显著提升了老年人社会养老服务的选择意愿,而享受城镇居民养老保险金和享受农村社会养老保险金的系数值均为负值。

上述结果从不同的维度显示了老年人社会养老服务选择的影响因素及其回归结果。但由于分维度健康难以避免变量的遗漏问题，因而只做结果探讨，并与整体回归做稳健性比较，不做深入解释，如表 7-2 所示。

表 7-2　老年人社会养老服务选择影响因素的分维度检验结果

变量	模型一	模型二	模型三	模型四	模型五
个人基本特征					
性别	−0.2980*** (0.0947)				
年龄	−0.0323*** (0.0068)				
婚姻	−0.2915*** (0.1097)				
受教育程度（参照：小学及以下）					
初中	0.6791*** (0.1189)				
高中	0.8752*** (0.1337)				
大学	0.9296*** (0.1570)				
户籍	1.1441*** (0.1167)				
健康特征					
自评健康（参照：健康差）					
健康状况好	0.0795 (0.1169)				
健康状况一般		0.3511*** (0.1174)			
日常生活需要帮助		−0.4026* (0.2084)			
患有慢性病		−0.0861 (0.1006)			
社会经济特征					
生活满意度			0.2121*** (0.0486)		

续 表

变量	模型一	模型二	模型三	模型四	模型五
工作			−0.5339*** (0.1331)		
收入			0.5587*** (0.0424)		
认知特征					
感到孤独				0.1385* (0.0736)	
养儿防老的观念				0.6981*** (0.0518)	
喜欢学习				0.1408*** (0.0355)	
社会保障					
享受城镇职工基本养老金					1.2334*** (0.1142)
享受机关事业单位离退休金					0.9102*** (0.1268)
享受城镇居民养老保险金					−0.1582 (0.2076)
享受农村社会养老保险金					−0.6559*** (0.1526)
常数项	−1.2751** (0.0993)	−2.7883*** (0.5008)	−8.3486*** (0.1305)	−4.4157*** (0.4432)	−3.1992*** (0.1911)
伪 R 平方	0.0815	0.0043	0.0634	0.0564	0.0687
观测值	9519	9484	9234	7560	9467

注:***、**和*分别表示在 1%、5% 和 10% 的统计水平下显著;括号内为稳健性标准误。

(二)老年人社会养老服务选择影响因素的整体检验

为了进一步验证老年人社会养老服务选择影响因素的科学结果,本部分将做整体联合回归。模型六考察个人基本特征与健康特征的联合回归结果,模型七是在模型六的基础上,加入社会经济特征和认知特征联合回归结果,模型八则是在模型七的基础上,加入了社会保障特征,即全部解释变量的整体联合回归结果,进而考察在加入不同的解释变量以及不同的组合后回归结果的稳健性。下面将综合依据联合回归结果,具体探讨各个变量的回归结果及其经济解释,如表 7-3 所示。

表 7-3　社会养老服务影响因素的整体回归结果

变量	模型六	模型七	模型八
个人基本特征			
性别	−0.2724*** (0.0954)	−0.4636*** (0.1020)	−0.4743*** (0.1038)
年龄	−0.0307*** (0.0069)	−0.0197*** (0.0076)	−0.0178** (0.0078)
婚姻	−0.2748** (0.1103)	−0.2590** (0.1220)	−0.2824** (0.1241)
受教育程度(参照:小学及以下)			
初中	0.6894*** (0.1197)	0.3869*** (0.1337)	0.3288** (0.1385)
高中	0.8994*** (0.1348)	0.4976*** (0.1532)	0.4183*** (0.1590)
大学	0.9236*** (0.1587)	0.3697** (0.1825)	0.3133* (0.1877)
户籍	1.1854*** (0.1193)	0.5637*** (0.1538)	0.2812 (0.1850)
自评健康(参照:健康差)			
健康状况好	−0.2660** (0.1237)	−0.1980 (0.1436)	−0.2048 (0.1462)
健康状况一般	−0.0303 (0.1231)	−0.0101 (0.1389)	−0.0439 (0.1421)
日常生活需要帮助	−0.2679 (0.2187)	−0.3142 (0.2762)	−0.3024 (0.2781)
患有慢性病	0.0011 (0.1047)	−0.0576 (0.1124)	−0.0535 (0.1150)
社会经济特征			
生活满意度		0.1225** (0.0580)	0.1102* (0.0594)

续 表

变量	模型六	模型七	模型八
工作		−0.2693* (0.1622)	−0.1443 (0.1694)
收入		0.2811*** (0.0649)	0.2078*** (0.0727)
认知特征			
感到孤独		0.1649** (0.0823)	0.1662** (0.0835)
养儿防老的观念		0.4628*** (0.0571)	0.4587*** (0.0587)
喜欢学习		0.0595 (0.0411)	0.0623 (0.0422)
社会保障			
享受城镇职工基本养老金			0.3901* (0.2050)
享受机关事业单位离退休金			0.1329 (0.2162)
享受城镇居民养老保险金			−0.3863 (0.2464)
享受农村社会养老保险金			−0.4349** (0.2058)
常数项	−1.3120** (0.5139)	−5.4197*** (0.7954)	−4.6532*** (0.8742)
伪 R 平方	0.0846	0.1083	0.1142
观测值	9399	7205	7081

注：***、** 和 * 分别表示在 1‰、5‰ 和 10‰ 的统计水平下显著；括号内为稳健性标准误。

在个人基本特征的影响因素方面，性别变量的系数值在模型六至模型八中均在 1‰ 的统计水平上显著为负，表明相对于女性，男性选择社会养老服务的概率更低。原因可能是男性老年人口一般受到家庭养老观念的影响更为严重，以家庭为单位的养老模式仍然是老年人口养老的主要方式。还有，我国社会养老服务的普及程度还较低，大多数老年人认为接受社会养老服务是缺少子女照料的不得已行为。这一传统观念在男性老年人口中更加根深蒂固，所以男性老年人口接受社会养老服务的概率较低。年龄变量结果显示,随着老年人口老龄化程度的加深,接受社会养老服务的概率越低。可能是因为老年人进入深度老化后,对亲情照料和临终关怀的需求要远远高于日常的护理,因而难以接受社会养老服务。婚姻变量均在5%的统计水平上显著为负,说明相对于未婚、丧偶或者离婚的老年人,已婚有配偶的老年人接受社会养老服务的概率更低。这是因为婚姻能够让老年人彼此相伴,配偶照料能够更好地体现婚姻养老的特征。

　　个人特征中的受教育程度变量显示,相对于小学及以下文化程度的老年人,接受过初中、高中和大学及以上受教育程度的老年人选择社会养老服务的概率更高。并且初中、高中和大学及以上文化程度的老年人的回归系数值呈线性趋势,说明随着受教育程度的进一步提高,老年人选择社会养老服务的概率会增加。这说明教育程度高的老年人,不仅具有较高的文化素质,对新事物和文化的接受适应能力也相对较快和较强,能够相对容易接受社会养老服务,这与既有研究结果保持一致(田北海、王彩云,2014)。户籍变量在模型六和模型七中均具有显著的正向影响,这与王琼(2016)、武玲娟(2016)的研究结果保持一致。但本部分不同的是,在模型八中综合列入社会保障变量后,却没有统计意义显著性。这一方面说明,城镇户籍老年人对社会养老服务的需求确实高于农村老年人;另一方面则说明,随着农村社会保障制度的完善,社会经济水平的提升,农村老年人的社会养老服务也相应提升,这在一定程度上削弱了城乡之间服务供给和需求的差距。上述个体基本特征与分维度检验的结果基本一致。

　　在健康特征中,自评健康的回归结果显示,相对于健康状况较差的老年人,健康状况较好和健康状况一般的老年人选择社会服务的概率更低,但并没有统计意义显著性,这与分维度检验存在系数方向偏差;日常生活需要帮助的系数值为负,但也没有统计意义显著性。患有慢性病在模型一的系数值为正,但在模型七和模型八加入一系列解释变量后,系数值均呈现负向影响,但仍然没有呈现统计意义显著性。这些结果有以下两点值得关注:一是虽然老年人的健康状况越来越差,但并不一定能够增加其对社会养老服务的需求。这是因为健康老年人和不健康的老年人均需要一定的养老服务,老年人养老呈现出刚性的需求。二是自评健康、需要帮助和慢性病老年人对社会养老服务的影响虽然均没有统计意义显著性,但在系数值的方向和回归结果上存在差异,这说明老年人的不同健康特征对社会养老服务的影响比较复杂,应有针对性地根据老年人的需求和疾病种类的变化制定社会养老服务的内容。

在社会经济特征方面,社会满意度的系数值显示为正,说明生活满意度较低的老年人,选择社会养老服务的概率会增加。生活满意度低的老年人,可能是鳏寡孤独老年人,缺少足够的亲情关怀。黄俊辉、李放(2013)认为,收入较低、低保、五保户等老年人口,往往更有意愿选择社会养老服务。对生活满意度的考察结果也与现有研究结论呈现出一致性。工作变量的系数值为负,说明有工作的老年人选择社会养老服务的概率更低。这是因为有工作的老年人能够自食其力,提升了其居家养老的能力;并且处于工作状态的老年人,一般具备良好的行动能力和劳动供给,对社会养老服务的需求并不是十分强烈。收入变量在1%的统计水平上显著为正,表明收入越高的老年人选择社会养老服务的可能性越高。这是因为收入高的老年人对养老服务的购买力强,收入水平越高意味着服务选择主动性越强,能够选择的区间和内容种类越多,因此会提高养老服务的利用概率和效率。吴丹洁(2017)指出,老年人拥有养老独立性和社会参与,能够明显提升对社会养老服务的认同。而工作和收入是提升老年人独立性和社会参与度的具体实现方式,这与本书结论保持一致。这些结果也基本与表7-2的分维度检验相吻合。

在认知特征方面,老年人感到孤独能够在5%的统计水平上显著提升其选择社会养老服务的概率。感到孤独的老年人,相对而言会更多地缺少亲情和配偶的关怀,尤其是子女的关怀。而亲情关怀和社会养老在一定程度上存在替代性,孤独的老年人会选择社会养老服务来缓解其孤独感。选择社区或养老院等社会养老服务,能够在较大程度上促进老年人之间的群体交流,丰富的老年活动也能够提高老年人的生活乐趣,所以孤独的老年人相对有较多的社会养老需求。养儿防老的观念显示,老年人养儿防老的观念越薄弱,选择社会养老服务的概率越高。养儿防老、多子多福是我国上千年来的根深蒂固的传统观念,因而依靠子女养老和家庭养老是我国传统的养老方式。但随着社会经济的发展,养儿防老的观念在逐渐减弱,并随着社会养老服务的逐渐普及,养儿防老观念薄弱的老年人选择社会养老服务的概率会增加。常亚轻、黄健元(2019)指出,我国的传统养儿防老观念受到计划生育政策、进城农民工居住分离,以及人均预期寿命延长的影响逐渐被削弱。所以应充分发挥社会养老的作用,以保障老年人老有所养,这从侧面支撑了本书的研究结论。老年人喜欢学习与社会养老服务选择存在正相关,但没有统计意义显著性。这一方面说明,不断学习有利于老年人接受社会养老服务等新型的养老方式;另一方面说明,目前老年人的学习程度尚需进一步深入,学习程度的不足在一定程度上削弱了社会养老服务的选择,认知特征也与分维度检验保持了较强的稳健性。

在社会保障特征方面,享受城镇职工基本养老金、享受机关事业单位离退休金的系数值均为正,并且享受城镇职工基本养老金的系数值在10%的统计水平上显著;而享受城镇居民养老保险金、享受农村社会养老保险金的系数值均为负值,且享受农村社会养老保险金的系数值在5%的统计水平上显著。这些结果有三点值得讨论:一是职工养老金和机关事业单位养老金(已并轨)的待遇水平高于城镇居民养老金和新农保,所以享有前者的老年人选择社会养老服务的概率更高;二是享有新农保的农村老年人却不会选择社会养老服务,这是由于农村老年人拥有养老金后,增加的收入会被用于农村式的家庭养老;三是养老金不仅存在城乡差异,还存在城市间的内部差异。城镇居民养老金要低于企业职工和机关事业单位养老金,因而享有城镇居民养老金的老年人,即便想选择社会养老服务,由于养老金待遇较低,所以积极性也不高。社会保障特征也与分维度检验基本一致。

四、结论与分析

本节立足于2014年中国老年人追踪调查数据,运用Logit模型,测算了老年人社会养老服务选择的影响因素。研究得出以下结论:第一,从社会养老服务的利用者方面看,女性、年轻的老年人、未婚和丧偶或者离婚的老年人,以及受教育程度越高的老年人,选择社会养老服务的概率更高。第二,从老年人身体健康方面看,不同健康特征对老年人养老服务选择的影响均没有统计意义显著性,但在对系数值的判断上则存在明显差异。这表明不同健康特征对老年人社会养老服务选择的影响存在复杂性。第三,从生活、收入方面看,生活满意度低、处于有工作状态的老年人选择社会养老服务的概率更低,但老年人的收入越高则越促进了其社会养老服务的选择。第四,从情感方面看,孤独感和养儿防老观念并不被十分看重,但会提高老年人选择社会养老服务的概率。第五,从社会保障方面看,享有城镇职工基本养老金能够显著提高老年人选择社会养老服务的概率,但享有新型农村社会养老保险的老年人选择社会养老服务的概率更低。

当前,我国社会养老服务体系尚处于逐步构建阶段中,有自身的特点。依据国务院发布的《社会养老服务体系建设"十二五"规划(2011—2015)》,我国社会养老服务的具体内容应包括生活照顾、康复照护、精神照顾、紧急救助和社会参与等,并且,我国社会养老服务被界定为居家养老服务、社区养老服务、机构养老服务,传统的家庭式养老方式已经不属于社会养老服务范畴。由此可见,我国的社会养老服务处于刚起步阶段,这是因为我国人口老龄化社会尚处于雏形阶段,探索符合我国国情的社会养老服务体系应根据我国现有资源和客观情况不断创新和优化。

我国虽然与日本在人口老龄化的程度上有所不同,但是在如何面对多样性的地方资源整合,进而为当地老年人提供系统性的生活援助服务方面具有共同点,我们可以借鉴日本先进的地域综合照护服务体系,为我国多元化的社区综合服务体系构建积累经验,将社会养老服务、社区、个人居家养老服务有效衔接在一起,是今后整个社会养老服务的重要课题。

第四节　中日社会养老服务的差异性与共通性比较

一、中日人口老龄化的差异与对策

日本的老龄化程度目前排在世界第一。根据世界银行最新统计数据,2018 年底,日本的 65 岁及以上人口占其国内总人口的比例达到了 27％,比第二名意大利、第三名德国分别高出 4％和 6％。据联合国人口与社会署的统计数据,预测到 2050 年,日本的老龄化程度将达到 42.5％。与之相对应的是,中国的老龄化程度在 2018 年底为 11％的水平,日本的老龄化严重程度比中国高出 16%。① 因此,日本的老龄化程度要比中国的更加严重,严峻的老龄化形势对经济的发展产生很大的影响,尤其是老年人口的急剧增加,加重了社会养老服务的负担。老年人对社会养老服务的消费水平也随着老年人年龄的进一步老化而加重。

我国人口老龄化程度起步晚、发展快,呈现出"未富先老"以及"未备先老"的现象。在人口老龄化的发展方面,我国与日本也呈现出不同的发展趋势。日本早于我国 30 年进入人口老龄化社会,人口老龄化的惊人发展速度与我国大体一致。2007 年日本步入超老龄化社会(Hyper-aged Society)。中日两国的人口老龄化变迁速度决定了双方既可共同面对社会养老中出现的问题,也能在具体做法上求同存异、互相借鉴。

中日两国人口老龄化不仅在步入老龄化社会时间方面有所不同,在进入老龄化时两国的经济发展水平也有所不同。日本是在进入工业化社会以后、国民生活水平富裕的背景下步入人口老龄化的。并且,老龄化到来时已经形成了覆盖全体国民的"国民皆年金、皆保险"的完善的社会保障制度,即全体国民都被纳入社会保障体系中,保费采取个人和单位共同负担的形式,所有劳动者以及家属都享有医疗保险和养老保障,形成了高福利、高待遇的福利型国家。与此同时,日本在确立"福祉元年"后,随之实施一系列的针对老年人的福利政策。例如,制定《老年人福利法》,创立特别养护老人之家,并创立护理保险制度将养老护理服务法制化。在保障制度健全并实施与之相配套政策的前提下,日本步入少子老龄化社会,同时,也建立养老金随物价调整的机制,为老年人日常生活提供政府支持以及实施 70 岁及以上老人医疗免费化等措施。在健全的社会保障制度和实施福利政策的背景下,人口的变化对经济的快速发展起到了积极推动作用,经济增长的成果又作为福利又返还给了人口。

与此相比,我国在步入人口老龄化时,经济上出现了"未富先老"的情况,而制度上则出现了"未备先老"。并且,近些年沿海地区以及一线城市的经济发展出现了"且富且老"的现象。我国社会保障体系还需进一步完善,尤其是养老服务体系的建立和政府所提供的支持等需要加快和提升,城市和农村养

① 世界银行.日本人口老龄化[EB/OL].https://data.world bank.org.cn/,2018-10.

老服务差别有待缩小,农村养老保障制度需要健全,水平需要提高。此外,我国人口老龄化与日本还有一处不同的是,近年来我国失独家庭和无子女老年人数量逐渐增加,随着计划生育这一代已经开始进入老龄化阶段,由于存在无子女的老年人数呈现出上涨趋势,2012 年我国失独家庭达到 100 万个,每年约有 7.6 万个失独家庭产生。① 虽然,从结果上来看,就像前文所述,日本也有鳏寡孤独老年人从而形成的“无缘社会”,但是中日两国对失独家庭和无子女老年人这一社会问题的本质认识大相径庭,日本是在切断所有社会交际网而与社会隔绝的情况下形成无缘老人,这种情况很大程度上被归类为老年贫困的范畴之内;而我国则是因子女意外事故伤亡而造成的家庭结构突然坍陷,尤其是针对独生子女这一代的老年人家庭,从精神层面、物质以及保障方面都应重视和着手行动起来。

因此,中日两国在面临人口老龄化问题上,应该基于自身国情并且对比两国的差异点进行对策研讨和政策制定。日本在经历“1.57 危机”②后深刻认识到少子化问题的严重性,近年来日本政府为应对少子化而制定了“天使计划”(1994 年)、2003 年出台了《少子化对策基本法》,开展了一系列针对少子化问题的对策。2016 年,安倍首相上台后决定采取积极的财政刺激措施,挑战少子老龄化这一结构性的问题,让其成为“一亿总活跃”时代的新起点。内阁会议制定出“日本一亿总活跃计划”的相关政策,日本厚生劳动省根据其“计划”于同年 7 月份提出要实现“共生社会”。国家今后发展的主题是“皆是我事”,重点强调地域中每个国民的能动性。第一,突出构建地域福利中居民的主体地位,通过居民之间相互融合增强当地建设。第二,强调地域的主体性和能动性,发挥地域各项职能,使民生问题落实到基层来解决。小到居民日常生活各项内容,大到居民工作、生产和居住,与居民生活息息相关的问题(包括护理、育儿、疾病、残疾、就业、家庭收入、空巢化等)都包含在内。最后,通过发挥当地特色,在与公共援助体制相结合的基础上创造出一个安心、安逸,使居住、生

---

① 失独者之家. 2012 年我国失独家庭数据统计[EB/OL]. http://www.sdzzj.net/thread-3045-1-1.html,2020-10-05.

② 1975 年以后,日本生育率缓慢下降,到 1989 年,日本生育率创下 1.57 新低时,震动了日本政府和国民,被称为“1.57 危机”。

活多功能相融合的一体化且自下而上的养老服务体系,同时也要不断构造和完善一个"新型地域综合援助体制"。在"日本一亿总活跃计划"下实现共生社会,充分发挥居民的能动性,构建出一个活跃型社会。

同时,我国针对人口老龄化问题应迅速着手和开展起来,突破家庭以及个人局限的范畴逐渐上升到全社会高度,让人口老龄化问题成为当今社会共同关注的议题。人口老龄化应从保障老年人权益,拉动老年人消费,扩大就业,保障和改善民生,促进社会和谐、经济可持续健康发展等战略方向进行完善和改进。

二、中日社会养老服务体系的建设差异

日本地域福利是通过立法的形式建立起来的,并且随着不断地发展形成了地域综合照护服务体系。同时,地域综合照护服务体系通过《护理保险法》的不断改进,形成了与之相配套的实施政策和改善方式。各个市町村根据自身实际情况制定了符合当地老年人的地域综合照护服务体系,护理机构和地域层面的医院以及老年人个体之间形成了网上资源共享、点对点对接服务,减少了老年人奔走于各个机构中的麻烦,消除了他们不断适应环境的不安心理。

我国幅员辽阔、人口众多,并且地域发展不均衡。早在 20 世纪 80 年代我国就开始鼓励多样化的社会力量参与提供社会福利服务,提倡社会福利社会化,通过整合和利用多方资源,站在服务供给方的立场上,提高劳动生产率,使生产效益最大化。借鉴日本先进经验,结合我国实际情况,我国应借助社会力量,整合全社会各方资源和供给主体,在中国共产党的领导下逐步建立起多元化、多层次、整合性强的养老服务体系,并且,发展以居家为基础、社区为依托、机构为补充的、形式不断完善的养老服务供给体系。

从人口老龄化的差异比较分析来看,中日两国在社会保障状况和养老服务体系建设这两个方面存在明显的差异。日本在"有备防老"的情况下进入超老龄化社会,继而又出台一系列的政策制度和法律法规,并且于 2000 年建立起护理保险制度。然而,我国社会保障制度还处于建设中,养老服务产业也在近 5 年刚刚成型而被关注,长期护理保险也处于刚起步的状态,只在部分城市进行了试点。可以说,我国还处于刚起步阶段,而日本已经形成了成熟的养老

服务体系,我国的建设阶段明显滞后于日本。所以,从宏观层面分析,我国与日本在法律保障、政策支持、资金投入、护理机构、老年人社会参与等方面都有所差异。

为进一步加强现有的养老服务体系建设,日本政府在养老服务领域中建立起了较为全面的法律保障制度。例如,《国民年金法》《老年人福利法》《老年人保健法》《医疗和护理保健确保法》成为日本老年人福利的支柱,从制度层面保障了老年人的经济收入、福利服务的使用,以及医疗保健方面的基本权益,做到了有法可依。同时,各个市町村也配套出台护理服务政策,不断完善护理服务的供给原则和路径。

在资金投入方面,日本政府采用增税的办法,将征收的消费税用于支援社会保障中养老服务体系建设。2014年,日本政府将消费税税率从5%提高到8%,又在2019年将消费税税率提高到10%,并将提高的消费税全部用于社保的财政支出。

在护理机构方面,日本护理机构一直在培养各个服务等级的护理人员,并且开展居家上门服务。对于不能自理的独居老人,定期上门提供援助服务,掌握老年人的健康状况,帮助老年人解决实际生活问题。对于失能和半失能以及痴呆症老年人,采取密集型服务,除了日常生活起居之外,还需结合老年人的实际需求为老年人谋求一个医疗、保健、护理、娱乐相衔接的综合照护服务体系,并且,制定制度对痴呆症老年人的法律文书档案进行有序管理。

在老年人社会参与方面,日本各地的市町村基层政府、NPO以及居民自治团体组织加大了对老年人参与当地社会活动的力度:开展适合老年人思维方式和需求的福利服务活动,以此抑制"孤独死"和"无缘社会"问题的发生,同时,对当地的特殊老人给予关爱。

我国在政策扶持方面也加大了社会力量以及民间资本对养老服务业的投入。2019年,《国务院办公厅关于推进养老服务发展的意见》(国办发〔2019〕5号)进一步深化了"放管服"改革,放宽了养老机构的准入条件,优化了养老投资市场环境,从投资和融资、土地供给、税费优惠、人才培养几个方面提出了切实可行的解决措施。在资金投入方面,2019年民政部印发《关于养老、抚育、家政等社区家庭服务业税费优惠政策的公告》(2019年第76号),对社区养老服务业免征增值税,对提供房产、土地用于养老服务的企业免征契税、房产税、城镇土地使用税和城市基础设施配套费、不动产登记费等 6 项费用。在养老服务机构方面,目前,民政部门重点扶持一批具有规模化、连锁化以及品牌化的养老服务企业,将养老服务机构深入社区,发展嵌入式社区综合照护养老服务中心。

通过中日养老服务体系的差异分析,可见我国在养老服务的立法方面还有所欠缺,服务利用和供给并不能受到法律保障,依旧呈现混乱、无法可依的局面。为此,今后应加大养老服务的立法力度,保障服务的合理使用。并且,应进一步加强养老产业的宣传力度,推广"志愿型""储蓄型"养老互助模式。

三、中日社区福利建设的共通性分析

地域综合照护服务体系是现今日本社会保障制度的重要课题,各个市町村中地域政策的制定也日益彰显。日本社会保障制度以社会保险为核心,通过财政的二次分配,中央政府以及企业劳动者的资金投入流向过疏地区、个体营业者、失业者以及贫困者,最终形成"国民皆保险和年金"的福利型社会。并且,日本社会保障最大的特征是国民生活保障的基准均衡,并未因为国民职业和居住地的不同而产生较大差异,所以日本老年人拥有较为丰厚的养老金,老后经济生活水平较高,得益于可观的社会保障收入。日本早在 20 世纪 70 年代确立"福祉元年"成为福利型国家以后,国民的社会保障水平就达到全国统一的标准。日本当下的主要课题是如何以地域为核心在原居地中构建高质量、高标准、多元化的综合照护服务体系,并且,满足当地老年人多样化的需求进而制定综合性、能够解决多方问题的地域政策和法律法规。

相比之下,我国幅员辽阔,国内各个地区之间存在差异,全国范围内实现均等化的社会保障水平较为困难。即使这样,我国近年来依然不断深化社会保障制度改革,中央和地方政府也加大了社保资金的投入力度,不断提高各地区的社保水平。不过,我国国土面积广阔、人口基数巨大的基本国情使得社会保障体系中不得不存在区域性差异。更为复杂的是,随着我国居民生活水平的整体提高以及人口老龄化社会的到来,今后不但要进一步提高各地区、各人民群体的社保水平,更要构建出一个适合我国国情的高效、高质量的社区养老

服务体系,这对我国现阶段的社会养老服务体系建设也是一个巨大的挑战。

日本比我国早30年进入老龄化社会,有很多成功的经验值得我们借鉴,郑功成教授指出在社会保障领域中,中国应"远学德国、近学日本",特别是日本,其与我国有共同的文化渊源,其社会保障有较欧美国家更适宜中国借鉴的做法。日本学者大桥谦策(1995)指出,社会福利是指一个社会全体成员的个人福利的总和,应在满足个人福利的基础上构建地域福利。近年来,我国社会保障也开始重视社区福利的重要性,尤其是养老服务产业的开发更是以社区为孵化平台。2013年9月,我国国务院颁布《关于加快发展养老服务业的若干意见》,强调要加强社区养老服务设施建设与其他社区服务的功能衔接,提倡"9073"模式,70%的养老服务重点落实在社区这一平台上。所以,笔者认为,在构建我国社会养老服务体系过程中,我们应从社区开始整合资源,进而根据各地区自身特点来制定出适合该地区的居家—社区—机构统一结合的养老综合服务体系。

虽然在社会养老服务体系建设的宏观方面,即法律保障、资金投入、护理服务的费用支付等方面中日两国之间有所差异,但是在整合多样化的地域资源,为老年人提供统一的、多元化的生活援助服务等微观方面,中日之间仍然有很多共同之处。笔者尝试分析我国的社区福利与日本地域福利的共通性,并在此基础上进一步借鉴日本的成功经验。

首先,提供服务范围的共通性。日本地域综合照护服务体系规定以中学学区为单位提供服务时间在30分钟以内,以此缩短提供服务的距离,提高服务效率。目前,我国一线城市提出以"一碗汤的距离"①为标准提供居家上门服务,满足老年人"原居安老"的心理需求。日本地域综合照护服务体系是将"护理康复""医疗看护""保健预防""生活援助""居家住宅"等五项因素互相融合而形成高度的综合服务体系,市町村政府并且各个市町村的卫生部门和民政机构之间相互配合,从城市建设的角度全方位打造适合该地区的"综合照护服务体系"。为了能够更好地将医疗护理与生活援助、重症预防与各种社会资源有机融合,形成以地域为核心的网络化服务供给体系,市町村政府在每个区域

---

① "一碗汤的距离"形容距离近,指从服务点走回家汤还是热的。

中（通常为1万～2万个人口生活圈）设立了"地域综合援助中心"，进一步承担医疗和护理合作的任务以及促进居民志愿者互动工作。与其相类似，一线城市在"一碗汤的距离"的基础上，将养老机构"嵌入式"引进社区，并对零散的社区养老服务资源进行综合性的整合，确保在"一碗汤的距离"的范围内可以找到养老机构、日托中心、居家养老服务供给中心，以及零散的助浴、康复、心理慰藉、文化娱乐服务，形成"一门式"获取，方便老年人对服务的使用，并促进资源的有效供给，至于衔接各项服务的媒介机构，我国可借鉴日本的"地域综合援助中心"，进行进一步探讨和设立。

其次，"自助"和"互助"理念的共通性。日本地域综合照护服务体系是在"自助、互助、共助、公助"的理念下开展起来的。国民"自助"，即发挥独立自主的养老精神、当地居民之间形成"互助"，充分发挥市民自治的积极作用；护理保险制度对提供的服务进行监管和约束实现"共助"；国家行政机构、财政部门实行顶层设计和治理实行"公助"，这四个理念贯穿了整个体系的运营。与此相比，在我国小城镇或农村地区，当地村民在"熟人社会"的背景下可以借助"互助"理念实现居家养老。村委会以居民自愿为原则，充分发挥每个村和村民的自治，形成"自助"的意识；并且鼓励村民利用闲置房屋形成"睦邻据点"，为农村老人生活交流、参与社区公共事务探讨和精神文化娱乐活动提供场所，实现"互助"，同时也能顺带解决农村留守老人的养老问题。在共助和公助方面，有些城市，如上海出台了《关于加强本市农村养老服务工作的实施意见》，对该市农村地区养老服务水平和服务质量进行了规划和管理，一定程度上实现了"共助"，但是在公助方面，我国行政部门还应进一步加强引导，推进养老服务事业发展。

最后，社区非正式照顾的共通性。在日本，由当地居民自发组织形成的社会福利协会体现了居民的自治性。并且，社协联合当地NPO为居民提供非正式照顾服务。例如，定期举办沙龙活动、上门访问、成立自治委员会、开展茶话会活动等。同时，NPO结合当地特征，开发当地特有资源带活当地经济发展，可以说，日本的非正式照顾并未只停留在居家上门护理服务层面，还扩展到了当地产业经济领域，这得益于居民很强的自治意识以及民间组织的完善。相比较而言，在我国的一线城市中，社区也在开展一个人"住"、一群人"助"的非正式照顾活动,民间团体在社区中开展多项助老活动,对独居老人、小型化家庭给予更多的照料,缓解家庭照护者的照料压力。不过,居民自治团体组织还应不断扩充自身的功能,特别是在我国一些人口流失严重地区也可借鉴日本社协的做法,发挥当地优势,通过居民自治搞活当地经济。

四、中日养老护理服务的一致性分析

社会经济有效运行的直接动力是劳动力供给,社会养老服务体系的顺利发展依赖于充裕的劳动力供给支撑,然而,日本的劳动力总人口严重不足。日本总务省公布的数据显示,日本 2018 年的劳动力人口为 7545.1 万人,与 1992 年日本的劳动力人口峰值相比,降低了 10.1 个百分点。同时,日本劳工部数据表明,2018 年日本平均 100 名就业者总共能够获得 161 个工作机会,创下了日本 1973 年以来的最高纪录。[①] 由少子老龄化带来的劳动力人口紧缺,已成为日本劳动力市场难以持续的重要原因。而我国人口劳动力虽然出现下降趋势,但是劳动力人口的基数在 2018 年仍然维持在 8.97 亿的规模。由此可见,在劳动力供给紧缺的背景下,日本的社会养老服务势必面临着更严峻的挑战,社会养老服务人员的不足冲击了日本整个社会养老服务体系的平稳运行。

日本劳动力短缺导致护理员工的短缺。日本厚生劳动省对目前护理员工数的预测结果显示,2013 年日本有 171 万名护理员工,预计到 2025 年将达到 215.2 万人,但随着人口老龄化、严重护理需求增多,2025 年将需要 253 万名护理员工,缺口有 37.7 万名。[②] 虽然自 2000 年护理保险制度实施以来,护理员工数量不断增加,需要接受护理的人数比例呈现出微弱的下降趋势,但近年来少子化问题促使日本政府不得不改革移民政策,降低移民的门槛,以吸引更多的海外劳动力从事护理行业。与此相类似,我国一线城市也出现了"用工荒"的现象。例如,上海市在 2016 年发布的《上海养老服务发展报告白皮书》显示,上海当年拥有护理人员数量为 5 万人,到 2020 年将增加到 7.8 万人,即

① 日本総務省統計局.労働力調査年報(平成 30 年)[R].2018:25-30.
② 日本厚生労働省.2025 年に向けた介護人材にかかる需給推計(確定値)について[A].2015.

在五年间养老护理人员的增量将超过存量人员总量。^① 但是,我国人口红利正在消退,而养老服务行业正处于上升阶段,越来越需要专业化的护理人员,这就意味着原来的"40后""50后"女性护理员队伍的技能不够用,需要更加专业的年轻护理队伍,但由于护理行业薪酬待遇水平不高,造成护理员越来越难招的局面。

目前,中日护理工作人员都是通过各种科目的考试而持证上岗工作的。日本护理人员培训已经形成了成熟的体系,政府运用与工资、奖金关联的奖励制度,激励护理服务人员不断学习护理的相关服务技能,促进护理服务人员的多方培养,有效应对护理预防服务、居家护理服务。由此可见,培养大量高素质的护理服务人员是护理服务体系中不可缺少的环节。近些年,我国政府通过购买公益性岗位和补贴的方式逐渐增加对家庭护理工作人员开发的投入。同时,通过政策指导、技能培训,帮助各类有就业困难的人成功在居家护理服务行业中找到岗位;笔者护理工作人员将被纳入人才评定行列,以提高其社会地位,针对职称评估、技能水平考核认定等也出台了优惠政策;还重点发展以老年护理为主导的职业技能学校,关注老年人护理服务,鼓励学院和大学增加老年人护理服务专业课程,并在招生、收费和就业方面给予优惠政策。

此外,在提供护理服务中,日本地域综合照护服务将医疗和护理有效结合为当地居民提供康养服务。设立分级诊疗圈,构筑适合老年人的地域医疗服务体系。其中,针对非高龄老年人(一般指65岁左右)患有特定疾病,或通过接受短期治疗即可治愈的疾病,将选择以医院为中心进行救治,投入医护人员、医疗器械等资源达到"医院完结"的目标。针对高龄老年人(一般指75岁左右),特别是患有慢性病、多器官衰竭疾病的老年人,因其年老而不能完全治愈的症状,以"治疗及维持"为基本目标采取以居家疗养为主的"地域完结型医疗"。为此,日本政府为适应不同年龄段的老年人,将治疗形式从居家疗养到与医院治疗有机结合起来,根据老年患者的自身情况随时调整"医院完结"和"地域完结"的治疗模式,以此不断充实以地域为核心的居家医疗和护理服务

① 上海市民政局.解读上海养老服务发展报告[EB/OL].http://www.yanglaocn.com/shtml/20160129,2016-12-9.

的体系构建,发挥地域的能动作用。在我国一线城市中,随着老龄化程度的加深,越来越需要完善的医疗服务体系和护理专业人才,以促进保健预防、康复质量、护理服务之间的有效衔接,实现康养模式。并且,医疗机构配合社区护理,在社区中建立起专业的护理机构、上门看护的医疗护理服务体系。例如,在上海市率先建立起社区"医""养""康""护"相融合的养老服务模式,引入专业护理机构、依托当地的日间护理服务中心、形成上门护理服务团队、构建护理站作为衔接点促使老年人在一千米之内即能享用医疗、护理、康复、保健相结合的医养结合服务模式。

综上所述,在护理工作人员短缺以及培养方面,中日之间有着一定的共同之处;在社区医养结合服务体系建设方面,中国的一线城市已经具备雏形,这与日本成熟的地域医疗护理服务体系相接近,今后在二、三线城市护理资源开发和应用时,我们也可以进一步将日本已经成型的医养结合模式引入当地社区医养结合服务建设中。日本的地域综合照护服务体系以地域为基础单位,以家庭为核心提供居家上门护理服务,活用当地资源,将医疗看护、保健预防、护理康复、居家住宅、生活援助这五个因素互相整合和衔接,为当地老年人提供紧密衔接式的养老护理服务。并且,通过护理保险制度的出台,实行强制性的缴费模式并按比例报销护理费用,这在一定程度上保障了当地贫困老年人的基本护理服务需求,同时,也能对护理服务进行标准化和制度化的规范,这也对我国今后建设新型社区医养服务模式有很大的启示和借鉴意义。

本章小结

本章对中日社会养老服务的差异进行了分析,并通过对 2014 年 CLASS 数据进行调查,运用 Logit 模型测算出我国老年人社会养老服务选择的影响因素,总共做了以下工作。

第一,分析了我国人口老龄化的形成和特征。我国在先后经历了三次婴儿潮后于 2000 年进入人口老龄化社会,并呈现出"未富先老"的特征;而且,由于地理位置原因,呈现出中西部老龄化速度高于东部沿海地区的现象;城乡二元结构不均匀,农村老龄人口高于城市。随着人口老龄化的发展,我国老年人的健康状况也越来越受到关注。本章老年人的心理、患病与失能、疾病消费等情况都相应进行了总结和梳理。

第二,在养老服务的利用者方面。分析出女性、年轻的老年人,未婚、丧偶或离异的老年人,受教育程度越高的老年人,选择社会养老服务的概率越高。

第三,在老年人身体健康方面。不同健康特征对老年人社会养老服务选择的影响存在复杂性。笔者通过数据分析总结出,老年人的健康状况虽然变差,但并不一定能够增加对社会养老服务的需求。这是因为老年人身体健康与否都需要养老服务,所以服务呈现出刚性的需求;在自评健康、需要帮助和慢性病对社会养老服务的影响方面虽然均没有统计意义上的显著性,但在系数值的方向和回归结果上存在的差异,说明老年人的不同健康特征对其社会养老服务的影响比较复杂,应有针对性地根据疾病普及的变化和不同的健康需求制定社会养老服务的程序化内容。

第四,在生活、收入方面。生活满意度越低、处于工作状态的老年人选择社会养老服务的概率越低,但老年人的收入促进社会养老服务的选择。高收入老年人具有很强的服务购买力,对于养老服务的内容开发和分层具有促进作用。

第五,在情感方面。孤独感会提高老年人选择社会养老服务的概率,他们会选择社会养老服务来缓解其孤独感。选择社区或养老院等社会养老服务,能够在较大程度上促进老年人之间的群体交流,丰富的老年活动也能够提高老年人的生活乐趣,所以孤独的老年人相对有较多的社会养老需求。调查显示,老年人养儿防老的观念越薄弱,选择社会养老服务的概率越高。养儿防老、多子多福是我国上千年来的根深蒂固的传统观念,因而依靠子女养老和家庭养老是我国传统的养老方式。

第六,在社会保障方面。城镇职工基本养老金能够显著提高老年人选择社会养老服务的概率,但享有新型农村社会养老保险的老年人选择社会养老服务的概率更低。

第七,从中日人口老龄化的差异与对策、中日养老服务体系的建设差异、中日社区福利建设的共通性、中日养老护理服务的一致性这四个方面对中日社会养老进行了对比分析。笔者认为,我国虽然与日本在人口老龄化的程度上有些不同,但日本早于我国 30 年步入老龄化社会,两国虽有差异之处但我国可以借鉴日本经验采取相应的对策。虽然中日社保体系在法律法规、资金供给、养老机构和服务在宏观方面有所区别,但是在微观层面,例如社区体系建设中提供服务的范围、自助互助的理念以及社区非正式照顾方面存在共通性,并且在护理服务人才培养、医养结合体系建设等方面均有一致性。日本在地域资源整合进而为当地老年人提供系统性的生活援助服务等方面早于我国,我们可以借鉴日本先进的地域综合照护服务体系促进我国社会养老的发展。

第八章 日本地域综合照护服务体系对我国社会养老服务的启示

第一节 日本地域综合照护服务体系对我国社会养老服务政策启示

一、进一步明确我国社会养老服务政策发展目标

本部分通过借鉴日本地域综合照护服务体系的政策制定,以地域为中心在"自助、互助、共助、公助"的理念基础上将医疗看护、保健预防、护理康复、居家住宅、生活援助这五个方面的政策制定相互统一、整合、有效衔接,来了解日本当地为老年人提供的优质上门诊疗和护理服务。这些服务既节省了医疗资源开支也方便了老年人居家养老,成功实现了就地养老、医养结合、上门护理、生活援助、机构入住等多层次、多元化的养老服务行业相融合的综合照护服务体系。

目前,我国人口老龄化程度越来越严重,进入快速发展的时期。2013年我国60岁及以上人口达到2.02亿,占人口总数的14.8%,预计到2025年老年人口数将突破3亿人。[①] 为应对人口老龄化,解决民生问题,完善福利制度是

---

① 民政部. 2013 年社会发展统计公报[EB/OL]. http://www.mca.gov.cn/article/sj/tjgb/201406/201406156561679.shtml,2014-06-20.

我国政府当今首要解决的任务之一。2017 年,党的十九大报告明确指出了今后我国社会保障发展的理念和目标,首次将人民福祉一词提出来,以增进人民福祉,满足人民美好生活需求为己任,以人民发展为中心的民生思想贯穿整个社会保障体系建设。福祉不同于福利,福祉释义为幸福、利益、福利,相对于福利一词更广泛,侧重大多数人的幸福,民生福祉则强调满足大众物质生活和精神需求,并使其达到美满和幸福的状态。我国社会保障伴随着国家经济发展不断进步而升级,在解决低层次的民生诉求如温饱问题之后向更高层次的民生需求发展,"民生七有"①构成了人民群众的基本诉求,同时也是我国社会保障今后建设的基本方向。其中,就"老有所养"这一方面,十九大报告中强调构建养老、孝老、敬老政策体系和社会环境,加快老龄事业与产业的发展步伐。在增进民生福祉的前提下,随着人口老龄化的进程,构建一个完善的政策体系和舒适的养老环境迫在眉睫也势在必行。

目前,我国关于社会养老服务体系的政策制定还存在一定的问题和漏洞,政策制定主体之间缺乏整合性和统一性,多管齐下导致服务传递不到位,医疗政策和养老服务政策以及护理保健政策之间缺少互动环节,导致养老服务的递送机制并不健全。

以国务院 2013 年出台的《国务院关于加快发展养老服务业的若干意见》为标志,党和国家陆续出台了一系列与养老相关的文件和政策以及工作报告。

在社会养老服务体系建设方面,2017 年国务院印发《国务院关于印发"十三五"国家老龄事业发展和养老体系建设规划的通知》(国发〔2017〕13 号)②,提出了在"十三五"期间老龄事业发展和养老体系建设的内容,并且在社会保障、养老服务、健康支持、精神文化生活、社会参与、投入保障方面设定指标,不断健全社会保障体系、养老服务体系、健康支持体系以及繁荣老年消费市场等。

在养老生活援助服务方面,2019 年国务院印发《关于推进养老服务发展的意见》(国发〔2019〕5 号),指出养老服务行业要深化放管服改革,拓宽养老服务

① "民生七有"指幼有所育、学有所教、老有所得、病有所医、老有所养、住有所居、弱有所扶。
② 国务院.国务院关于印发"十三五"国家老龄事业发展和养老体系建设规划的通知[EB/OL].http://www.gov.cn/zhengce/content/2017—03/06/content_5173930.htm,2017-03-06.

融资渠道,扩大养老服务就业创业和养老服务消费,促进养老服务高质量发展和养老服务基础设施建设等。

在医疗看护以及保健预防方面,2015 年国务院印发《关于推进医疗卫生与养老服务相结合指导意见的通知》(国发〔2015〕84 号),明确了医疗卫生与养老服务相结合的重要性,促进医疗卫生与养老服务的发展并指明了重点工作任务。2013 年,民政部印发《关于开展全国养老护理员远程培训工作的通知》(民办函〔2013〕376 号),对养老护理人员远程培训工作内容、步骤、意义进行了总结,并明确了工作的保障措施。

在居家住宅方面,2016 年民政部印发的《关于支持整合改造闲置社会资源发展养老服务的通知》(民发〔2016〕179 号)中明确规定了整合措施,将改造闲置社会资源充分利用到养老服务行业,推动养老服务业提质升级。

此外,对于我国贫困的农村地区养老服务体系建设,2018 年民政部门印发《深度贫困地区特困人员供养服务设施(敬老院)建设改造行动计划》(民发〔2018〕127 号)[①],将贫困地区的敬老院改造列入脱贫攻坚战中,进一步明确工作目标和任务重点,统筹安排资金规划。

近年来,我国相继出台关于养老福利服务的政策建议,并提出解决我国人口老龄化发展的路径和方法,在社会养老服务体系建设中明确了政府主导地位,集聚社会多方群体力量参与和优化市场资源配置,构建一个多元化的养老服务体系。

二、强化我国政府在养老服务方面的责任

日本地域综合照护服务体系的供给主体涉及医疗、护理、住宅、家政、养老等多个方面。并且,以地域为基础单位,通过制度的实施将这几部分的资源有效衔接起来,最终通过护理保险制度对服务进行标准化和制度化的设定,确保养老服务的顺利实施。在日本地域综合照护服务体系多元化供给主体中,多半以上由民间资本社会福利法人组成,基层政府市町村只对服务进行调整和

---

① 民政部发展改革委国务院扶贫办.深度贫困地区特困人员供养服务设施(敬老院)建设改造行动计划[EB/OL].http://www.mca.gov.cn/article/gk/wj/201810/20181000012543.shtml,2018-10-17.

计划制定，整合市场化机制，充分利用当地有效资源。随着我国福利社会化理论的深入和倡导，提出兴办社会福利事业需要多方力量和多元化组织共同参与，我国的养老服务事业虽仍以居家为主体、社区为依托、机构为补充，却是整个社会共同参与、依靠社会共同力量建立起来的，应从宏观角度对我国养老事业进行政策制定和责任分析。我国政府部门应借鉴日本地域综合照护服务体系的政策整合和多元化发展的经验，在政策制度制定方面应从社会化、市场化、智慧化、专业化这四个角度进行养老服务政策的制定和责任承担。

社会化养老责任方面。我国人口老龄化与其他发达国家有所不同，我国幅员辽阔，地域发展不均衡，老龄人口基数大、规模大，空巢化和失能化的现象尤为突出，并且"未富先老"的现象极其严重。如今，少子化造成家庭基础功能薄弱，"养儿防老"的观点逐渐淡化，应依靠社会力量，整合全社会各方资源和供给主体，在中国共产党的领导下逐步建立起多元化、多层次、整合性强的养老服务体系。并且，积极鼓励民间资本投入养老领域建设中，增强居民群体的责任意识，开展自治活动形成邻里之间互助的良性循环，充分发挥当地居民委员会的作用，活跃当地社会工作者、志愿者群体，深入挖掘当地老年人的内在需求，以需求为出发点进行政策制定和调整，做到灵活衔接、随时应对、随时完善。

市场化养老责任方面。2016年国务院办公厅出台了《关于全面放开养老服务市场提升养老服务质量的若干意见》，这标志着养老服务业开始市场化。我国养老服务从福利性质逐渐走向市场机制，促进了养老服务产品的开发和服务质量的提升。并且，"银色经济"作为经济转型和产业调整的关键部分进入政策议程。今后政策制定应进一步发挥市场在资源配置中的作用，为方便市场化运作、加强市场的供给力度以及拓宽筹资渠道等给予适当倾斜，并且，对民间资本的投入给予政策扶持和资金补贴，政府应进一步增强监督和管理市场运行机制的责任感。

智慧化养老责任方面。应充分利用互联网大数据平台，提高老年人护理服务的办事效率和开展智能化养老服务供给平台建设。2012年，我国老龄办首先提出"智能化养老"的概念，积极开展养老智慧和养老服务实践活动。2015年，国务院印发《关于积极推进"互联网＋"行动的指导意见》，提出要"促进智慧健康养老产业发展"。2017年2月,工信部、民政部、国家卫计委印发《智慧健康养老产业发展行动计划(2017—2020年)》,预计在5年内建成500个智慧养老示范区,今后我国智慧养老发展将蓬勃开展起来,配套设施和计划调整也即将出台。

专业化养老责任方面。应加强养老服务专业队伍的建设,建立一套专业化、社会化、规范化的教育培训体系。为此,应以各个大专院校作为养老基地的孵化平台,有计划地在各个大专院校设置养老护理、医养康复的相关课程,并且联合当地社区养老机构和日托所,提供校外实践活动平台。还应出台各项福利服务岗位的服务标准,实行技术等级考核制和上岗资格证考评制,定期对从业人员进行阶段性的培训,不断提高服务队伍的专业水平。

在完善养老服务政策制定中,我国政府部门应在养老服务方面承担更多责任,不断促进养老公共政策和福利服务模式的创新,拓宽养老供给模式的渠道,开发和利用民间和第三方组织的有效资源,发挥其特殊作用。政府还应进一步促进居家、社区、机构之间的合作,引导老年人树立积极的养老观和消费观念,结合老年人的需求和经济能力制定分层次的服务等级和标准,满足不同层次、年龄段的老年人需求。

第二节　日本地域综合照护服务输送机制对我国的启示

一、科学判断我国养老服务输送制度的动态

养老服务的输送环节是实现养老服务的关键所在。日本地域综合照护服务体系采取自下而上的管理运营方式,以居民需求为主导开展一系列的护理服务援助活动。今后我国在居家养老服务方面也应以居民的需求为导向,围绕居民的内外需求开展一系列的护理服务。并且,确保服务供给主体的多元化和服务传递过程的顺利开展,以及丰富养老信息的传播和促进服务的专业评估。

不过,我国现如今的养老服务输送制度还存在许多不足之处。"自上而下"的供给方式一定程度上阻碍了服务的递送,不能更好地以需求为导向为居

民提供服务。政府部门的财政供给和服务供给能力有限,只能满足制度中的弱势群体,例如空巢老人、残疾老人等。

首先,服务内容种类少并且专业性不强,社会公共团体组织和企业参与养老力度小,供给主体较为单一。同时,缺少对需求和服务质量的评估。政府部门虽然提供资金补贴,但并未对社区老年居民的数量、收入状况、身体情况、子女情况进行深入调查,忽视了个人和家庭情况迥异而造成的个别需求,因此无法把握居民的多样化需求进而对需求评估并不全面。对服务质量的评估也较为随意,养老服务评价只限于签字确认服务,并未对服务实施过程和具体细节进行监督和评价。缺少专业性的评估,服务人员不受监督,没有具体评估标准难以将改进落实。

其次,递送渠道过于简单。在居家养老实际提供的服务环节中,老年人一般通过两种渠道获得服务。第一种为社区通过公告栏,张贴信息、公告、通知或通过口头宣传将服务内容传达给老年人,老年人根据自身意愿进行申请或参与;第二种为社区居委会通过对精准服务对象的把握,将筛选后的服务直接传递给老年人。不过,这两种方式都有漏洞,传统的宣传方式并不能覆盖所有社区老年人。老年人对服务信息不能完全了解,对服务利用度较低。而且第二种方式以提供精准的服务为主,需要及时更新和把握社区信息,尽量避免遗漏符合申请条件的老年人。然而,这种方式对信息传播程度较弱,老年人不能及时获得信息和服务,处于被动状态。

最后,社区老年居民缺少服务购买意识。我国老年人普遍消费观念比年轻人低,对养老服务的购买意识微弱,不明确自身需求也不确定哪些服务需购买。并且,他们对服务产品具有很强的排斥意识,再加上养儿防老的思想根深蒂固,对养老服务购买行为认可度较低。所以,在社区中仅有小部分老年居民关注养老服务产品,并在参与购买上表现出被动性。

鉴于以上情况,今后我国在养老产业中应进一步推进企业、市场和社会组织的资产投入,政府在签订生产协议的前提下负责采购市场组织生产出的服务产品,并且,政府通过简政放权赋予市场权力,或者直接补贴给部分领域的公共服务产品;动员社会多方组织、NPO法人、慈善群体、居民自治组织、志愿者组织在生活照顾、医疗保健、文体娱乐、法律咨询等方面为老年人提供援助服务,最终确保养老服务供给的多元化。

如前文所述,运用 Logit 回归模型,本书总结出了我国现阶段影响老年服务需求的因素。其中,生活收入、社会保障、情感、身体健康等方面都对服务产生了不同的影响,同时,也反映出我国老年人的实际需求情况。在今后实际服务递送过程中还应进一步把握老年人的内在需求,尤其是他们在心理和精神方面的需求,通过需求评估分析不同老年人群体的需求差异。社区工作者应进一步把握当地老年居民的实际需求情况,通过个案分析和小组讨论等多个环节及时应对社区中特殊老年人的个别需求,由此,才能做到精准把握老年人需求现状,并根据需求内容开展制度设计,有效合理地使用资源,同时也能完善养老服务市场竞争机制。

加大宣传力度,转变老年人的观念意识,通过不断完善养老服务产品和丰富产品种类使老年人对产品的购买行为从被动变成积极主动,不断增强"被服务"意识。我国养老服务起步晚,养老服务市场还不成熟,服务供给主体和供给内容以及资源的利用都尚未形成一个完整的体系,然而这是一个逐渐发展的过程,可以通过借鉴日本的经验,开发和完善体系。

二、选择适合我国的养老服务输送机制

本部分通过运用吉尔伯特理论框架对日本地域综合照护服务体系服务运行过程进行剖析。从服务输入、服务过程、服务输出、服务评估这四个方面进行概括和总结,对多元化的供给内容和网络化的服务体系开展以及费用支付、专业评估这四方面的先进经验进行借鉴和融合,总结出适合我国国情的养老服务输送机制。这里分别从供给主体划分、养老服务体系建设、费用负担、专业评估这四个方面进行总结。

供给主体划分方面。首先,把握社区内流动人口和非流动人口的人员和数量,减少社区内居民的户籍限制,掌握社区老年人的生活情况,尤其是空巢老人的日常生活状态,根据其需求定期开展上门服务活动。其次,针对社区老年人的生活状况提供服务。以老年人需求为基础,社区志愿者、居委会工作人员、社会工作者对老年人提供陪同服务、送餐业务等。最后,当地居委会还应丰富当地老年人的生活娱乐活动,争取达到社区内全覆盖的效果。开拓老年

人的娱乐项目类型,促进老年人的参与热情,社区应进一步培育更多的社会组织完善老年人的社区养老生活。为提高老年人对社会养老的认识,树立独立自主的养老观念,加强对社会养老的信赖感和被服务意识,全社会都应加大宣传养老的被服务意识,在社区中通过宣传栏、传单发放、建立微信公众号、定期宣传活动等各种形式和手段让老年人意识到护理服务的重要性,适当转变传统观念,充分利用养老服务产品开展自助性的养老生活。与此同时,开发智慧养老平台,随时更新护理、照料等最新信息确保老年人的服务使用高效性。平台实行信息共享和咨询透明化管理,子女也可通过平台信息了解到自家老人的身体状况和生活情况,方便外地子女对老年人的照顾。

养老服务体系建设方面。目前,我国居家养老的供给主体包括政府、社区、社会组织、企业等。每个组织承担的角色和内容也不相同,构成了多层次的居家养老服务体系。需要重视各个服务主体之间的相互配合,加强服务之间的衔接作用,加大对社会工作者的专业培养力度,充分运用社工的专业技能使服务得以精准和顺利实施。

费用负担方面。根据前文 Logit 回归模型分析可知,享有城市职工和机关事业单位的养老金老年人对养老服务的使用概率高于农村老年人;农村老年人即便拥有养老金也会用于家庭养老而很少会用于购买服务。由此可见,我国老年人对养老服务产品的认知和认可程度相对于发达国家还比较低,一部分原因是受养儿防老传统思想的影响,我国老年人更重视家庭养老,尽可能由子女承担养老护理工作;另一部分原因则是老年人更崇尚勤俭节约而多将养老金和生活费留给晚辈使用。这促使政府部门在服务费用负担方面应更加重视准确和公平,确保服务定价的合理性以及对服务质量的严格监管。首先,政府部门应随时对服务质量开展评估工作,确保服务品质;其次,政府部门应严格控制服务收费标准,随时制止市场暴利和坐地起价的行为;最后,政府对贫困老年人进行生活救助,补贴高额的服务费用,保障贫困老年人也能享受到最基本的护理服务。

专业评估方面。日本地域综合照护服务体系采用第三方 PDCA 循环评估模式,将计划、实施、验证、行动这四个方面有效利用起来对照护服务体系进行评估。我国学者楼研等人(2017)认为,我国养老服务评估开展需要有优良的评估标准、评估专业人才和评估模式。其中,评估工作标准是评估的基础,分为服务需求评估和服务质量评估;评估机构应为第三方评估机构,针对服务需求和服务质量开展评估工作。在我国评估体系建设中,开展多元化的评估体系建设,第三方、政府部门、社区、老年居民、评估实施机构即作为评估实施的主体以需求和服务过程为基础开展评估调查。政府部门为专业化的评估机构创造可行条件,并培育专业化的评估功能和社会组织;社区优化资源配置为老年人提供更加优质的上门服务,对老年居民加大宣传力度,使他们树立正确的评估意识,对服务给予准确的评定。同时,政府部门还应出台相应政策和制度,不断监督和管理评估主体评估活动的开展和实施过程。

第三节　日本地域医疗模式对我国的启示

一、日本居家医疗和护理合作模式的借鉴意义

我国在发展医养结合养老模式构建过程中,可以借鉴已经成型的日本医疗和护理服务相衔接的地域综合照护服务体系。日本通过将护理服务从医疗保险中分离,制定护理保险制度,并且将地域内的护理和医疗资源相融合的方式,为当地老年人提供以上门服务为主、机构照料为辅的多样化医疗和护理服务。同样,我国也以社区为服务发展的平台,以当地老年居民为被服务对象,根据当地老年人的实际需求提供切实可行的医养结合护理服务体系。2017年,党的第十九大报告中明确提出要推进医养结合事业的发展,充分发挥社会各方力量推进大健康的格局,以此缓解养老压力和应对人口老龄化带来的各种问题。

2015年,国务院转发由卫计委、民政部、发展改革委、财政部、人力资源社会保障部、国土资源部、住房城乡建设部、全国老龄办、中医药局联合印发的《关于推进医疗卫生与养老服务相结合的指导意见》(以下简称《意见》),进一步推进医疗卫生与养老护理服务相结合满足老年人多样化的需求。《意见》指出,"建立一个符合我国基本国情医养结合体制并匹配相应的政策法律法规,实现养老服务资源与医疗卫生有序共享,实现覆盖城乡、规模适宜、功能合理、

综合连续的医养结合服务网络体系,提升基层医疗卫生机构为居家老年人提供上门服务的能力,并且,所有医疗机构为老年人开设就医便利渠道,养老机构为入住老年人提供不同形式的医疗卫生服务,满足老年人的健康需求"。我国现阶段医养结合面向居家、社区以及养老机构的老年群体,在供给基本生活照顾服务的基础上提供医疗卫生服务,尤其针对痴呆症老年人和失能老年人较为有效。不过,在医养结合服务实施过程中仍存在下列问题。

第一,投入资金力度不够,供给主体不积极。我国卫生部 2010 年印发的《诊所基本标准》规定,诊所面积应在 40 平方米以上,并且具有独立的治疗室和输液观察场地。在养老机构中,需配备 2 名医师、2 名护士和若干护理技术人员,如果按最低工资 3000 元/人计算,一年的人力资源成本支出将多出 15 万～20 万元,这对刚起步、不营利的养老机构来说是难以实现的。在我国三级医院中更多关注于营利较高的常规医疗项目,对于刚起步和利润小的养老行业投资建设积极性并不高,并且实际护理费用超过护理的定价标准,医院服务项目增多反而会越来越亏损。虽然,多数社区内的日托机构与社区医院和一级医院合作,但机构提供的医疗资源和服务过于简单,无法完全满足老年居民的各项需求;大规模的养老机构虽然与三甲医院合作,但其提供的服务标准和监管内容还不明确,而且,部分养老机构与三甲医院距离过远,很难确保老年人突发疾病时能够接受及时和完善的治疗。

第二,多管齐下管理,政策难以落实。现阶段在我国养老服务领域中涉及多个政府部门的监管,这造成了多方管理分割、行业差异明显的局面。例如,养老机构归民政部门管理,居家养老服务由老龄办组织运行,医疗卫生机构由卫生部门认定管理,医疗费用报销则由社保部门管理。因此,在实际提供服务中,多重管理主体造成服务供给不连贯。例如,转型养老机构的产业能够得到政府部门一定的财政津贴,但是医疗机构直接转型却无法得到,这就有失公平的原则。并且,普通养老机构转型后无法获得医保定点授权的资格,导致很多养老机构还处于不营利的状态。由于缺乏监管力度,使得已过治疗期的老年人将养老服务的费用转移到医保报销上,钻空子的道德风险让养老机构更难以获得医保的授权,形成恶性循环。

今后我国应在医养服务衔接、医养机构申请办理、政府支持力度、保障政策制定等方面进行调整和完善。在医养服务衔接方面,要进一步规范医养服务合作签约体制,促进养老机构与所在地周围的医疗机构之间开展多样化的合作机制;进一步改建和扩建医养服务设施,在基层诊所或医疗机构中设置康复和护理病床。在申请办理方面,简化各地机构申请手续和办事流程,营造一个良好的行政环境。推进"放管服"改革,在机构审批登记过程中涉及同级别行政部门时实行"一站式"办理。遵循社会福利社会化的理念,号召社会多方群体。例如,金融机构和保险机构作为投资主体成立大型医养结合机构,实行集团化和连锁化经营模式,促进养老事业的发展。与此同时,卫健委和民政部要时刻做好行业监管的工作。加大政府支持力度和范围,从税收减免、政府服务购买、土地供应、金融产品开发和服务创新等方面开创多元化的投资渠道。在保障政策方面,对于上门医疗服务的内容、收费标准、服务种类进行规范化的政策制定。另外,加大医疗保险的监管力度,理清"医"和"养"的支付界限,规范医保的使用卫生服务范围,防止骗保、钻空子的现象发生。继续推进护理保险制度的试点工作,有必要在全国范围内针对老年群体实行护理保险制度,针对老年人的风险特征和需求开发专属产品,增加适用老年人的商业保险险种。医养结合的落脚点为社区和居家养老,符合我国养老的传统也适用于我国的国情。在"十三五"期间,我国将不断加强老龄事业的建设,促进养老服务体系发展,国家财政和政策制定方面将向居家养老和社区倾斜,发挥城乡医疗卫生机构的功能,将卫生服务延伸至社区和家庭。

二、日本地域密集型服务对我国居家上门服务的启示

日本对痴呆症的预防和防范工作开展得较早,如今已经成为社会养老服务需求领域中排在前三名的刚性需求。为确保老年人在所熟悉的原居地开展养老生活,日本在该地区内设置小规模、多功能日间照料中心,上门为老年人提供密集型护理服务,做到及时发现、及时治疗、防患于未然。参照日本先前经验,对痴呆症的防护工作应以社区为落脚点,社区即是最有效、最切合实际以及最前沿的一线预防平台。日本通过宣传和早期筛查,对痴呆症人群能够及早发现并开展长期治疗和对其家庭进行长期援助,将社区变成痴呆症预防和治疗资源整合的平台。

2019 年,我国卫健委发布《健康中国行动(2019—2030)》中有一项老年人健康促进行动。根据中国疾控中心慢性病预防控制中心最新数据显示,目前我国老年人痴呆症患病率为 5.56%,痴呆症患者人数达到 900 多万人,平均每分钟增加 1.6 个新病例,预计到 2050 年将超过 4000 万人,老年痴呆症将成为老年人公共卫生中最前端、最重要的课题之一。[①] 痴呆症是老年人患病率较高的慢性病之一,并且随着年龄的增长患病指数逐渐增高,目前还没有根治的医疗方法。中晚期的老年人患上痴呆症,给家庭和社会带来极大的照料压力,痴呆症老年人确诊后的平均寿命为 5~10 年,但自从老年人患上痴呆症那一刻起,家属就要经历一个漫长而煎熬的过程。

诱发痴呆症的因素有很多种,例如,居住环境、个人情感、遗传等。在熟悉的生活地区中有利于恢复和减少痴呆症的发病情况,并且能减少孤独感、充实精神生活。从前文所做的 Logit 回归模型中可以总结出,孤独的老年人会选择社会养老服务缓解其孤独感,进而选择社区中的护理服务或养老机构等,所以应该通过社会养老服务促进老年群体之间的交流,丰富老年活动的同时提高他们的生活兴趣。

上海市是我国针对痴呆症老年人开展预防和治疗最早的地区。在发展专业痴呆症疗养机构的同时,上海寻求社区援助项目,立足于在维系个人尊严和确保家庭幸福的基础上着手解决这一难题。2008 年,上海市第三社会福利院成立全国首家痴呆症照料中心,通过与国外合作,吸收先进制度设计经验,开展人性化服务,为痴呆症老人提供生活照顾和医疗、康复服务。该机构为痴呆症老年人营造了一个安心、温和的居住环境,如设置家庭式照顾区,重症痴呆症失能监护区,声、光、嗅觉康复室,音乐治疗室等,并且在机构内进行适老化住宅改造,安装扶手等无障碍设施。为了安抚老年人的情绪,他们还在走廊配备柔和的暖色灯光,在墙壁上挂上刺激视觉的画。除此之外,对护理服务人员进行深度培训,培育人文关怀至上的服务理念,开展由社会工作者、护理人员介入的痴呆症老年人脑力康复实践服务工作,以促进老年人社会交往,开发老年人活动兴趣,安抚其情绪。社会工作者还会进一步策划与情绪安抚相关联

---

① 规划发展与信息化司.健康中国行动(2019—2030)[A].2019.

的日常活动。

2013年,上海市普陀区长寿路街道引入社会组织"剪爱公益",通过服务购买和培育的方式,对痴呆症进行分级预防和治疗的全程管理,形成了一个从宣传普及、预防、筛查、确诊、干预、护理援助等全病程的分级诊疗模式。其中,街道开展了两项特色项目。一个是记忆黄手帕活动,这是对痴呆症的健康宣传普及活动,通过对当地志愿者进行统一培训,使其掌握痴呆症的相关知识和防护经验,再由志愿者开展公益科普讲座,将知识向社区以外的社会各界进行普及。截至2017年,通过该项目受益的人群达到2万人,整个社区居民对脑健康和痴呆症预防的意识得到极大程度的提升。另一个是记忆课堂活动,这是以当地老年活动室和日间照料机构为活动基地,联合社区周围的二级医疗机构和一级公共卫生中心,定期为55岁及以上的中老年人开展痴呆症早期筛查服务,及时发现轻度痴呆症老年人并与当地三甲医院建立绿色通道,临床确诊后回社区接受干预护理服务。由此可见,长寿街道社区将护理预防与医疗机构诊疗服务有效结合,确保了老年人及时就诊和康复治疗。

2014年,上海市静安区江宁路街道率先在社区中开展认知预防项目活动,通过有氧锻炼、日常生活技能锻炼、社会功能锻炼、健康管理、娱乐休闲活动等生活援助服务帮助社区的老年人增强认知能力,预防痴呆症疾患的发生。为促进社区内更多老年人参加活动,街道调整时间布局,设置A、B班交替进行,确保一周之内都有课程,配合学员的作息习惯和日常生活活动空间,使老年人能够迅速学以致用,提高他们的生活质量。该活动自从开展以来,已经有将近3.6万老年人参与其中并获得收益。现如今,由政府领导覆盖周围各个部门,参与社会团体合作,整个社会援助的网络化体系已经初步建成,将痴呆症可预防的观点贯彻到整个社区中,社区老年人以自助和互助的形式确保信息流通,不断完善该体系的建设和运行。

2016年,上海市老龄科学研究中心与上海体育学院联合编制了预防老年痴呆症的运动指导手册,从健身、健智、健心三个方面综合锻炼,以提高老年人的身体素质、完善认知功能、丰富精神生活。

总之,应以老年人所在社区为对象,对痴呆症老年人提供预防、干预、治疗、康复等一系列的护理服务。在我国,对痴呆症的防治工作不是一个家庭的问题,而是整个社区、街道、城市乃至整个社会的问题,应动员社会各方组织和群体加入痴呆症的预防和诊治工作中,形成以政府为主导、各方组织团体参与并提供专业化服务的痴呆症照护体系。为此,应尽快出台规章制度为痴呆症老年人搭建一个制度性的平台,通过政府购买服务的形式为痴呆症老年人构建护理服务体系,加强专业护理工作人员的专业素质和知识培养,对癌症晚期、完全失能老年人的居家养老模式进行上门护理服务,不断完善失能失智、晚期家庭的上门护理服务体系建设。

第四节　日本福利型社区对我国居家养老体系建设的启示

一、促进居民参与型社区非正式照顾体系建设

20 世纪 80 年代,西方福利国家在遭受福利危机的影响下,将福利多元主义应用并发展起来,去机构化、社区化、市场化这些概念性的词汇融入社会福利政策中被广泛应用起来。同时,日本地域福利也开始在这一时期进行理论构建和概念界定。日本地域福利更侧重于保健预防功能,由多元化供给主体提供社区照顾服务,以社会包容为核心理念针对地域中的弱势群体开展福利援助活动,并由地域中的居民、志愿者、专业人士以互助的形式完善和弥补服务供给的不足。与此同时,时任我国民政部部长崔乃夫做出了社会福利事业社会办的表态。

随着我国经济和社会的快速发展,我国老年人的需求种类和内容也逐渐增多,主要表现为生存、生理、心理、交流及回归社会的需求。不过,如今社区养老机构和服务的供给只满足了老年人的生理需求,他们心理和交流等需求还需进一步满足。我国以社区为依托、机构为补充,发展居家养老满足广大老年人的养老需求,居家养老服务具有需求个性化、内容多样化、供给主体多元化的特点,并且以社区为平台能够因地制宜,创建具有当地特色的养老服务体系。所以,社区作为一个养老体系发展的平台担负重要的责任,并且社区各方

内容的完善和配合衔接也是至关重要的,在社区中应以提供福利服务为主发展社区福利。

我国社区福利主要以提高当地居民整体生活质量为主要任务,通过社区力量利用当地资源,提供家政、护理预防、保健等包括精神文化生活在内的社会性福利服务,保证社区内的居民能够独立自主地生活。随着社区的发展、社区服务的种类增多,社区也越来越受到重视。对福利社区化(welfare communization)的研究是近年来国内外社会福利制度发展中的主要课题,主要指政府部门、非营利部门和企业团体组织共同参与社区建设,并给予社区最大的发展空间,通过整合和利用社区内的人、财、物资源以较低的成本支出和政府投入使当地居民获得较高的生活质量,并兼顾多元化的市场需求。日本在地域福利的基础上也提出了进一步促进福利型社区的构建,意欲通过护理保险制度设立地域综合援助中心,辐射周围居民群体,提供网络化的上门护理服务,并且携同其他团体组织促进多元化供给模式的形成。

近年,我国开始在一线城市的街道和片区层面设置综合养老服务中心,作为该地区的枢纽设施,连接其他机构和设施,形成"一站多点"的服务网络,并以10~15分钟的服务圈为基础向当地老年居民提供上门服务。北京市于2016年开始试点建立"养老驿站"(最初预定驿站数量为150所)并逐步开展试运营。北京市老龄办印发的《关于开展社区养老服务驿站建设的意见》提出,"各区要加强驿站建设经费保障,多渠道筹集资金,集中支持社区养老驿站建设,市财政将采取多种方式给予引导性支持"。养老驿站功能齐全,灵活性较强,大部分驿站规模在300~500平方米,具有日托、临时托管、食堂、法律咨询、金融服务、心理咨询等多项服务功能,满足老年人生活和健康需求。并且,养老驿站设置绿色通道,与当地社区的社区卫生诊所合作,老人入住驿站后,社区卫生服务中心为老人建立健康档案,提供健康体检、配药、康复训练等一系列医疗服务,如果老人有需求,还能直接通过绿色通道转院治疗。与此同时,驿站还对周边的养老服务资源,如小时工、保姆、老年餐厅等进行整合,所有服务资源都可在养老驿站这个平台上进行预定,使老人能享受到便捷服务。此外,驿站还具备离家近、收费低廉、环境熟悉等特点,这些优势甚至连一些大型养老机构都无法比拟。2019年,北京市卫生健康委、民政局会同有关部门联合制定了《医疗和养老领域开放改革三年行动计划》,提出采取"政府无偿提供设施、服务商低偿运营"方式建设社区养老服务驿站,打造社区居家养老服务枢纽中心。截至 2019 年底,北京市已建立运营 915 个社区养老服务驿站,到 2020 年规划建成 1000 个。① 由专业化的养老服务机构运营养老服务驿站,而不是由当地居委会进行管理,这一举措对于服务品质有很大的保障,能够更好地满足老年人的护理需求,为老年人提供更为便捷的服务。

　　2013 年 4 月,上海市对老年宜居社区进行试点改造,部分区县在城镇层面设立社区综合为老服务中心,连带其他服务设施,形成一站多点的网络化供给模式,既整合社区中多项养老服务资源,又促进了社区居民养老服务体系的构建,满足了当地老年人的养老服务需求。并且,每个为老服务中心根据所在社区的特征进行建设,结合社区特质和侧重点不同,建成了各式的为老服务中心。例如,在静安区芷江西路的为老服务中心以"综合"二字为宗旨,建筑面积为 2000 平方米,入驻的有街道老年协会、居家养老服务中心、社区卫生服务站等,并且引入了商业性的康复护理服务机构等专业团体。这个为老服务中心分为日间照护、康复护理、便民驿站、休闲娱乐、餐饮服务等五大区域,提供餐饮和娱乐服务,中心除了专业人员以外还有志愿者、心理咨询师以及律师等。黄浦区瑞金二路街道地小、人多、需求杂,为探索多样化的养老服务模式,其以构建一个多层次网络体系、覆盖整个区域、促进社会多元化参与的养老服务体系为目标,建立为老服务中心。中心整合了社区原有各类为老服务资源和服务项目,将老人照顾之家、日托所、食堂、医疗卫生服务点等各个板块融合在一起,梳理成 18 类和 48 小项服务内容。为老服务中心并不只是一栋楼房,而是遍及各个小区和居委会的一张服务网。另外,为老服务中心作为一个中心枢纽,在分成四片区的街道中都设有一个为老机构,还在 16 个居委会街道中配有社区公益站,用来开展政府购买的养老服务,这就形成了"地域—片区—社区"三级网络化养老服务模式,开展集中化、规模化的服务工作,向四周辐射,带动周围设施和机构的发展。2016 年,上海市老龄委出台了《上海市老龄事业发展"十三五"规划》,其中将社区为老服务设施的均衡布局设计列入重点发展

---

① 北京市卫生健康委员会.医疗和养老领域开放改革三年行动计划[A].2019.

项目之一。在此期间,上海市根据老年人的活动范围,分层次、分区域地合理布局为老服务中心点,形成一站多点的层层分级的老年综合服务圈,最终形成点线面相结合的养老、为老新格局。

北京和上海通过设置"养老服务驿站"和"社区为老服务中心"将周围养老资源整合起来。其中,上海较早地形成了服务的圈层模式,层层递进深入挖掘老年人需求,更好地满足老年人居家养老的实际需要,以就近原则根据不同需求实施不同养老服务。可以说,上海市很好地借鉴了日本地域综合照护服务体系中地域援助中心机构设置的理念,根据当地情况实行网络化的养老服务体系,充分利用当地资源构建一个福利型社区。今后应进一步在资源整合和供给主体开发方面以日本为参照对象进行完善,并逐步向二线和三线城市普及和推广。

二、构建整合式社区居家服务平台

日本地域综合照护服务体系以"自助、互助、共助、公助"的理念为基础,以社会福利协会这一居民自发组织的机构为中心,带动当地居民以互助的形式开展多样化的非正式照顾。如前文所述,根据非正式照顾的特征和具体实施内容,在我国社区中非正式照顾也越来越受提倡和流行,在社区内以各种形式被广泛宣传和开展起来。

上海于 1979 年步入老龄化社会,是我国最早步入人口老龄化社会的城市。截至 2016 年底,上海市户籍老年人口总数为 457.79 万人,占比为31.6%,到 2018 年底,户籍老年人口数突破 540 万人,预测 2045 年和 2050 年将达到高峰。[①] 2005 年,上海提出构建"9073"养老服务发展目标,"9073"指90%的老年人在家以自助或家庭成员照顾为主,自主选择各类社会服务资源,7%的老年人可以得到政府福利政策支持的社区养老服务,3%的老年人接受机构养老服务。到"十二五"末,上海基本形成了以居家为基础、社区为依托、机构为支撑的社会养老服务格局。目前,上海养老服务的开展形式和内容已成为全国的典范和代表。

---

① 上海市政府发展研究中心.上海养老服务发展报告[R].2014.

随着物质文化水平的提高,每个社区中的老年活动室成为该社区老年人精神文化的载体。1995 年,上海就普遍推广老人活动室;1998 年,上海市政府将老年活动室的建设纳入政府实事项目中,指出"每个居委会都应配有一个老年活动室"。2001 年,市政府提出"建成 100 个标准化居委会老年活动中心"的要求,"星光计划"的实施,推动了老年活动室的开展,增强了老年活动室服务的功能。上海市老年活动中心以居委会为核心通过标准化建设,不断提升社区的养老综合服务能力,增加活动中心的数量和盘活存量,利用活动室与老年人零距离沟通,使老年活动室覆盖全社区,社区老年人能就近就便接受服务。

2012 年,上海探索互助养老模式,实施"老伙伴计划",以 70 岁及以下的低龄老年人作为志愿者,为 80 岁及以上的独居老年人提供家庭互助服务。"老伙伴计划"以"健康生活方式"为主体,开展预防失能、健康科普、精神慰藉等家庭关爱和生活辅助服务,预防和降低风险的发生、提升老年人的生活质量。自2012 年起,上海全市共有 2 万名低龄老年志愿者为 10 万名高龄独居老年人提供服务;2014 年,服务范围扩大,全市招募 3 万名低龄老年人为 15 万名高龄老年人提供服务;2017 年服务范围再次拓展,4 万名低龄老年志愿者为 20 万名高龄独居者提供互助服务。"老伙伴计划"引入具有较强工作能力的志愿者,对他们开展专业培训,通过经验丰富的志愿者向其他志愿者传授工作理念和方法,社会工作者也可以加入队伍中。上海通过他助、互助、最终提升自助这三步完成了社区非正式照顾体系的构建,居委会在其中也起到很大的能动性作用。居委会对养老活动室的修建和居民活动等,起到了决定性作用,并且通过培养社区志愿者带活社区的各项功能,在节约成本的同时也搭建了一个他助的平台。

三、日本福利型社区对我国资源枯竭型城市居家养老体系建设的启示

近年来,我国人口老龄化程度不断加剧,在人口不断流失的资源枯竭型地区中显得尤为严重。例如,在东北老工业基地中,辽宁省从 2015 年开始常住人口累计减少 22.5 万人,人口自然增长率为－0.4%,65 岁及以上人口占总人

数的 14.35％。① 由此可见,在资源枯竭型地区中,少子高龄化问题远超全国水平,并且人口呈负增长趋势。这些原因都是导致经济水平不断下滑的原因之一。在此背景下实施资源枯竭型城市振兴课题,笔者认为有必要借鉴日本过疏地区社协和当地经济相融合的方式,即既带动当地经济发展,也能完善地域福利的开发。我国资源枯竭型城市数量占全国城市总数量的 1/6,实现资源枯竭型城市可持续发展是当今社会经济发展的重要课题。2013 年,国务院印发《全国资源型城市可持续发展规划的通知(2013—2020 年)》,指出到 2020 年我国要基本解决资源枯竭城市历史遗留问题,增强可持续发展能力,建立健全基本公共服务,形成资源富集地区资源开发与经济社会发展、生态环境保护相协调的基本格局,促进资源型城市可持续发展的长效机制。其中,在改善民生提高公共服务质量、资源开发、经济振兴等过程中,要以社区为落脚点,通过对资源枯竭型城市的社区建设和治理以满足群众需求等途径,加快新一轮的振兴发展。

　　不过,日本的"地域"和我国的"社区"有共同点但也有区别。首先,日语的"地域"没有明确行政界限,是开放的概念。虽然汉语的"社区"也有和日语的"地域"或英语的"community"相似之处,但大多如社区服务、社区建设等词那样有明确的行政地理边界。因此,汉语的"社区"是封闭的概念,和户籍、居住证等制度紧密相关。其次,虽然日本过疏地区地域福利主要针对农村地区,但其农村城镇化程度高并且城市与农村无户籍区别,所以日本地域福利是个广泛的概念,其中的社区建设经验可以进行比较和借鉴。最后,笔者认为,在借鉴时,以自然资源和实际情况与其相类似的地区为例,在开发该地区居家养老功能的同时,应结合当地实情带动当地产业发展,最终探索出一条适合该地区发展的道路。

　　从 20 世纪 80 年代开始,资源枯竭型城市开始了转型的历程。2007 年,国务院发布的《关于促进资源型城市可持续发展的若干意见》中第一次专门针对资源枯竭型城市可持续发展提出要制定出相关文件,建立健全的资源开发补

---

①　中商情报网.2017 年辽宁人口大数据分析:常住人口连续 3 年下降老龄化问题突出[DB/OL]. http://www.askci.com/news/finance/20180319/155220120010.shtml,2018-11-2.

偿机制和衰退产业援助机制,标志着资源枯竭城市转型全面进入试点实施阶段。2008年,国务院为专门推动资源型城市可持续发展工作,将东北地区老工业基地领导小组划入国家发展和改革委员会,成立东北振兴司,对振兴东北老工业基地起到促进和战略规划的作用。2018年9月,习近平总书记在东北三省考察,主持召开深入推进东北振兴座谈会并发表重要讲话。习总书记在会上强调,要认真贯彻新时代中国特色社会主义思想和党的十九大精神,落实党中央关于东北振兴的一系列决策部署,坚持新发展理念,解放思想,以新气象新担当新作为推进东北振兴。① 其中,关注民生问题是推进东北振兴改革的重要问题。习总书记还考察了采煤沉陷区的社区居民生活情况,提出要确保公共服务进社区,提高居民生活水平。习总书记此次考察从产业结构调整、经济开发等方面为东北老工业基地社区建设带来了新的发展契机,有必要开发社区新功能带动新兴产业发展。应以社区居家养老为契机,提供多元化养老服务,开发老年人力资源,带动产业发展,进一步解决好老工业基地资源枯竭地区的民生问题,充分发挥老年人参与经济社会活动的主观能动性和积极作用;实施渐进式延迟退休政策,逐步完善职工退休年龄政策,有效挖掘、开发老年人力资源,建立老年人才信息库;大力发展老年教育培训,支持老年人自主创业,鼓励专业技术领域人才延长工作年限。在开发老年劳动力方面,社区应发挥其能动性。以政府引导为主,并与非政府组织相配合,由社区居民按需求自主成立非营利性组织,利用社区资源满足社区老年人需求。例如,在社区内搭建有效的养老服务平台,促进社区老年人更方便地投身到各项事业中;设立社区老年活动中心和学校,提高老年人的生活热忱和学习热情等;通过活动直接与政府接触,更直接有效地把握老年人需求,不断完善社区养老体系建设,也可缓解社会养老的压力。

以人民当家做主为基础,推进基层党组织领导对社区自治机制建设。尊重居民在社区治理中的主体地位和首创精神,丰富居民自治制度的多种实现形式。通过民主选举、民主决策、民主管理、民主监督实践,扩大社区基层自治

---

① 中华人民共和国中央人民政府网.习近平在东北三省考察并主持召开深入推进东北振兴座谈会[DB/OL]. http://www.gov.cn/xinwen/2018—09/28/content_5326563.htm,2018-11-10.

范围以及丰富自治内容,同时,增强居民自我教育、自助服务和监管的意识。政府部门坚持发展社区协商民主,推进社区协商的制度化、程序化和规范化。培养居民协商意识,提供多方咨询平台为居民协商创造便利的条件,形成社区协商民主机制,促进社区民主健康发展,通过"微自治"推动民主自治向社区延伸,开展楼门栋自治。进一步制定加强基层民主的政策,克服社区居民委员会被组织化、制度化,避免社区管理服务过于刚性,进一步巩固社区自治的本质属性和居民委员会的地位。保障广大居民在民主自治的前提下实现其自我管理、自我服务、自我监督。

在我国养老服务体系中,我国现有体制下不同的政府部门有各自不同的职能与功能定位,造成在不同部门出台的养老政策之间,出现权责交叉、界限不明确、资源投入的重叠与缝隙并存等现象。政策的碎片化导致为老服务资源的分散化,造成大量的资源投入却无法切实有效满足社区老年人的需求。一方面是碎片化、低水平、重复化的社区为老服务资源供给,另一方面是老年人对集约化、专业化、多样化为老服务的需求,社区服务资源配置的低效性导致供需双方错位,这一结构性问题是为老服务供需矛盾的主要原因,也是构建和完善整体性养老服务体系亟须解决的关键问题。

在我国社区养老服务体系中还存在养老服务资源条块分割严重、资源碎片化、养老服务的市场和社会参与不充分、服务专业化程度不高、专业养老机构对社区的辐射能力不强、机构与社区和居家养老服务的有机链接薄弱等问题。为此,笔者通过借鉴日本地域综合照护服务体系的整合和连带性,对我国社区居家养老整合体系建设总结出以下 7 点:(1)以相关理论为基础,发挥社区的能动性和多种福利服务的供给机制。(2)建立长期护理保险制度,提高护理服务质量,吸引更多社会资本进入。(3)在护理保险制度的基础上出台相关配套政策,制定社区上门护理人员服务标准,实现护理服务项目的多样化,鼓励家政服务机构连锁化,塑造品牌经营,规模化经济,推动市场公平竞争。(4)规范家政、餐饮等相关行业,确保通过社区服务平台所对接的商业服务质量。(5)发挥社区志愿者和非营利组织的作用,弘扬中华传统美德,宣传以孝为先的敬老品质,社区创造条件让青年更多服务于老年人。(6)社区定期进行养老知识普及,开展保健活动,防止老年痴呆,提倡独立养老。(7)引领住宿型养老机构,利用专业优势拓展社区,为周边社区老年人提供短期护理服务和上门服务,也可直接办理入住社区的养老日托中心。

另外,中国社区居家养老评估机制尚未健全,处于不断修改和完善的进程中。通过对日本 PDCA 周期循环评估机制的学习和借鉴,可以总结出中国现阶段社区居家护理制度应从以下 3 个方面进行改进:(1)社区家庭护理服务作为一种新兴的社会公共服务,应该是"以顾客为导向",将老年人这一目标群体的需求纳入社区居家护理服务发展的核心地位,服务对象对服务质量的评价持有最终决定权。因此,关于护理服务评估应从对老年人服务流程、服务数量、服务类别等方面来进行,最后综合整体进行服务满意度测评。(2)从中国社区家庭护理服务发展现状来看,一方面,政府对社区居家护理服务的资金投入较少;另一方面,社会资本对养老服务的投入也较少,导致社区家庭护理服务的供需矛盾突出,无法满足老年人多元化的养老服务需求。为保证社区家庭护理服务进一步发展,需增加政府投资力度、鼓励更多民间资本的投入和运行参与。(3)社区老年人护理服务的效率仍有很大提升空间,所以提高中国老年人护理服务的效率将成为下一阶段社区老年护理服务的重点。

在日本地域综合照护服务体系中,社会工作者起到了重要的作用,因此培养大量高素质的社会工作者是护理服务体系中不可缺少的环节。我国今后应加大培养福利型社工的力度,政府应运用工资、奖金关联的奖励制度,激励社会工作者不断学习护理工作的相关服务技能,促进工作人员的多方培养,有效应对护理预防服务、居家护理服务。(1)政府应重视对家庭人才开发的投入,可以通过购买公益性岗位和补贴的方式来进行。(2)通过政策指导、技能培训等路径,帮助各类有就业困难的人成功在居家护理服务行业中找到岗位。随后,社工应被纳入人才评定行列,提高其社会地位并且针对职称评估、技能水平考核认定等出台相关优惠政策。(3)重点发展以老年护理为主导的职业技能学校,关注老年人护理服务,鼓励院校增加老年人护理服务专业课程,并在招生、收费和就业方面给予优惠政策。

本章小结

本章根据日本地域综合照护服务体系的先进经验，对我国社会养老服务从政策制定、输送机制、医疗和护理合作模式、福利型社区构建这 4 个方面提出建议，做了如下工作。

第一，进一步明确我国社会养老服务政策发展目标。强化我国政府在养老服务方面的责任，以社会化、市场化、智慧化、专业技术水平为出发点对我国养老服务政策提出相应建议。

第二，选择适合我国的养老服务输送机制。笔者运用 Logit 回归模型总结了我国现阶段影响老年人服务的因素、我国老年人的需求，并且提出应根据需求提供服务，整合服务的输送机制，确保服务顺利递送到老年人身边。具体以群体划分、费用负担、项目开展这三方面为出发点进行输送机制的构建。

第三，对居家医疗和护理合作模式的借鉴。借鉴日本医疗和护理服务相衔接的机制，以社区为医养结合服务发展平台，以当地老年居民为服务对象，根据老年需求提供切实可行的医养护理服务体制。并且，加强老年痴呆症家庭的社会援助，在社区中将预防、干预、治疗、康复等一系列服务衔接，动员社会各方群体加入痴呆症预防的工作中。

第四，促进居民参与型社区非正式照顾体系的构建。借鉴日本地域综合援助中心的构建和发展经验，在一线城市开展社区养老服务枢纽机构，辐射周围地区，整合当地护理服务资源。同时，促进居民参与型社区非正式照顾体系的形成，在自助、互助的前提下完善非正式照顾的各项环境和服务种类，发挥居民自治的积极性，开拓居委会的功能，进一步整合社区服务平台，精简各部门的办事流程，完善服务衔接过程。最后，根据日本过疏地区中社会福利协会的组织作用，对我国人口流失严重的资源枯竭型城市的社区福利和经济产业相融合发展提出建议。

第九章 结 论

日本本书通过梳理日本地域福利理论的变迁和分析护理保险制度的修订,剖析了日本地域综合照护服务体系的整体内容;运用地域福利理论的变迁,深入研究了该体系的理论基础,并结合日本典型案例考察了该体系在当地的实际运行情况;通过梳理护理保险制度的成立背景、修订内容,探究了该体系的服务供给主体、服务对象、服务过程以及在各个领域中的应用,并对我国社会养老服务给出更科学、更全面的启示。本书运用吉尔伯特福利政策分析维度,从需求把握、供给主体、输送过程、经费来源这4个维度对整个体系中政策类别和内容进行归纳和总结,对该体系的全方位界定和运行有了深刻的认识,这与已有研究相比更具有创新意义、更符合研究实际;通过个案分析方法对地域综合照护服务体系中开展的医养结合模式、社区照顾模式、市民社会参与型模式、特殊地区福利发展模式进行总结和评析,通过研究该体系在代表性地区的应用以及具体运行过程,对我国社会养老服务体系的建设提出了政策性建议。最后,根据2014年CLASS调查数据,运用Logit模型,测算出我国老年人社会养老服务选择的影响因素,并对中日老龄化社会养老共通性及差异性进行了分析。

在已有研究中并未将我国社会养老服务和日本地域综合照护服务进行对比分析,也并未总结它们的相似和差异之处,本书立足于这点对日本地域综合照护服务体系和我国社会养老的内容从宏观到微观层面进行对比分析,总结出两者在服务范围、互助理念、社区非正式照顾等方面存在共同之处,而两者在法律法规和资金投入等方面存在差异。结合以上内容,完善我国如今的社会养老服务机制,加强养老服务模式建设,对我国今后养老服务业的开展具有跨时代的意义。

　　本书系统地研究了日本地域综合照护服务体系,虽然在现有条件基础上笔者努力做到最好,但仍存在不足。例如,在实证研究方面,由于日本研究所数据申请手续非常严格,从国内申请有些困难。所以,实证分析受到了很大的限制;对于日本各地区中 65 岁及以上老年男女的需求对护理服务的影响有哪些、65 岁及以上老年男女的需求对非正式照顾和正式照顾的影响,以及服务质量的相关研究等还很欠缺;还有,田野调查研究不足。地域综合照护服务体系是一项以人为本的实践性很强的服务体系,所以,了解每个人的切身感受正是对潜在需求的挖掘过程。不过,由于客观原因,笔者无法亲自去进行调查,一定程度上阻碍了政策分析的实效性。总之,笔者能力有限,相关研究有待后续继续完善。

参考文献

[1]阿玛蒂亚·森,玛莎·努斯鲍姆.生活质量[M].龚群,译.北京:社会科学文献出版社,2008:11-35.

[2]边恕,黎蔺娴,孙雅娜.社会养老服务供需失衡问题分析与政策改进[J].社会保障研究,2016(3):23-31.

[3]蔡杨.日本社区参与式治理的经验及启示——基于诹访市"社区营造"活动的考察[J].中共杭州市委党校学报,2018,116(6):43-47.

[4]曹献雨,睢党臣.人口老龄化背景下我国养老问题研究趋势分析[J].经济与管理,2018,32(6):25-30.

[5]常亚轻,黄健元.农村"养儿防老"模式何以陷入窘境?[J].理论月刊,2019(3):138-144.

[6]陈文斯.地域福祉背景下的日本地域生活支援网络研究[D].长春:吉林农业大学,2016.

[7]陈亚鹏.上海市老年弱势群体的社区照顾体系研究[D].上海:上海交通大学,2009.

[8]程翔宇."社区为依托"的养老服务有效吗——基于老年人生活质量的检验[J].社会保障研究,2019(3):25-32.

[9]村上信.日本政府福祉政策的历史演变[J].福祉研究,2018(00):98-105.

[10]邓玲.从"居民自发"到"互动合作"——城市社区的环境治理实践及其社会效应[J].领导科学论坛,2018,131(21):62-74.

[11]丁建定.居家养老服务:认识误区、理性原则及完善对策[J].中国人民大学学报,2013,27(2).

[12]杜鹏,王永梅.中国老年人社会养老服务利用的影响因素[J].人口研究,2017,41(3):26-37.

[13]多吉才让.关于社会福利社会化的几个问题[J].中国社会工作,1998(4):4-7.

[14]封铁英,曹丽.养老机构老年人社会支持、健康自评与养老服务使用实证研究[J].西安交通大学学报(社会科学版),2018,38(4):64-71.

[15]封婷.日本老龄政策新进展及其对中国的启示[J].人口与经济,2019(4):79-93.

[16]GILBERT N,TERRELL P.社会福利政策引论[M].沈黎,译.上海:华东理工大学出版社,2013:104-193.

[17]宫天文.社会福利社会化中政府责任探析[J].山东社会科学,2009(7):69-71.

[18]顾亚明.日本分级诊疗制度及其对我国的启示[J].卫生经济研究,2015(3):8-12.

[19]郭芳.日本小规模多功能服务的喜与忧[J].社会政策研究,2017(6):43-52.

[20]国务院办公厅.国务院关于加快发展养老服务业的若干意见(国发〔2013〕35号)[A/OL].http://www.gov.cnzwgk2013-09/13/content_2487704.htm,2013-09-13.

[21]韩君玲.日本民生委员制度及其启示[J].华东政法大学学报,2012,15(2):56-62.

[22]和气康太,罗佳.日本地域福利的开展与地域福利计划[J].社会福利(理论版),2012(6):19-21.

[23]侯慧丽.社会养老服务类型化特征与福利提供者的责任定位[J].中国人口科学,2018(5):83-93,128.

[24]胡宏伟,李佳怿,汤爱学.日本长期护理保险制度:背景、框架、评价与启示[J].人口与社会,2016,32(1):94-103.

[25]胡澎.非营利组织在日本社会治理中的作用[J].社会治理,2015(1):148-153.

[26]胡澎.日本养老护理 NPO 的产生、发展与作用[J].世界知识,2018(23):20-21.

[27]黄健元,贾林霞.社会主要矛盾视角下社会养老服务模式平衡发展研究[J].广西社会科学,2018(9):148-152.

[28]黄金卫.日本的社区福利及町内会[J].探索与争鸣,2000(8):35-37.

[29]黄俊辉,李放,赵光.农村社会养老服务需求意愿及其影响因素分析:江苏的数据[J].中国农业大学学报(社会科学版),2015,32(2):118-126.

[30]黄黎若莲."福利国"、"福利多元主义"和"福利市场化"[J].中国改革,2000(10):62-63.

[31]黄万丁.居家养老之日本经验及启示[J].中国民政,2015(15):36-38.

[32]贾云竹.北京市城市老年人对社区助老服务的需求研究[J].人口研究,2002,26(2):44-48.

[33]江立华,沈洁.中国城市社区福利[M].北京:社会科学文献出版社,2008:14-65.

[34]江武忠,沈玫廷.社区化长期照护体系——台湾嘉义市个案管理模式为例[R].第四届世界华人地区长期照护会议,2006-10.

[35]解芳芳,朱喜钢.中日社区居家养老模式对比研究——基于社会嵌入理论视角[J].中国名城,2016(11):75-82.

[36]康越.日本的"金色计划"及其主要成效[J].科学社会主义,2014(1):149-152.

[37]康越.日本失智老年人照护对策分析[J].北京社会科学,2014(11):123-128.

[38]李书雅.实地研究法及其应用研究[C].中国武汉决策信息开发中心,决策与信息杂志社,清华大学经济管理学院.决策论坛——科学制定有效决策理论学术研讨会论文集(下).北京:《科技与企业》编辑部,2015:2.

[39]李珍.社会保障理论[M].北京:中国劳动社会保障出版社,2013:31-55.

[40]梁誉,林闽钢.论老年照护服务供给的整合模式[J].中共福建省委党

校学报,2017(7):88-95.

[41]林万亿.福利国家——历史比较的分析[M].台北:台北巨流图书有限公司,2006:36-78.

[42]刘继同,于燕燕.日本社区福利制度的历史、现状、前景与经验[J].社会福利(理论版),2012(6):14-16.

[43]刘晴暄.日本社区照顾社会化利弊探析[J].福建论坛(人文社会科学版),2012(5):183-188.

[44]刘晓梅,李歆,乌晓琳.日本地域综合支援网络的创新与启示[J].财经问题研究,2018(5):104-110.

[45]柳清瑞,吴少凡.论日本福利国家的理论渊源[J].日本研究,2015(3):23-28.

[46]楼研,许虹.居家养老服务与管理[M].杭州:浙江大学出版社,2017:103-109.

[47]卢学晖.日本社区治理的模式、理念与结构——以混合型模式为中心的分析[J].日本研究,2015(2):52-61.

[48]罗佳.日本地域福利的理论变迁[J].社会福利(理论版),2012(6):24-27.

[49]马岚.人口老龄化背景下的江苏养老服务[J].唯实,2019(3):66-69.

[50]MISHRA R.社会政策与福利政策[M].郑秉文,译北京:中国劳动社会保障出版社,2007:30-46.

[51]牧里每治,罗佳.日本地域福利的居民参与和协动[J].社会福利(理论版),2012(6):22-23.

[52]牧里每治,野口定久,河合克義.地域福祉[M].有斐閣,1995:200-223.

[53]彭华民,平野隆之.福利社会理论制度和实践[M].北京:中国社会科学出版社,2016:57-59.

[54]平冈公一.日本的社会福利改革与新社会风险[J].社会保障研究,2012(2):21-26.

[55]平力群,田庆立.日本构建"地域综合照护体系"政策理念的提出及

其制度化[J]. 社会保障研究，2016(5):98-104.

[56]钱宁.社区照顾与中国社会福利制度的改革[J].中国青年政治学院学报,2002(4):94-99.

[57]秦桂娟.构建依托社区服务的新型养老模式[J].南京人口管理干部学院学报,2001(4):17-19.

[58]日本内閣府.平成16年版、平成28年版少子化社会白書(全体版)[A].2004,2016.

[59]沈冠辰,朱显平.日本社区经济发展探析[J].现代日本经济,2017(3):18-27.

[60]沈洁.城市社区福利服务体系与运作机制探讨[J].社会福利,2002(12):4-10.

[61]沈洁.从国际经验透视中国社区福利发展的课题[J].社会保障研究,2007(1):53-75.

[62]沈洁.日本社会福利发展的历程[J].社会主义研究,1992(4):43-46.

[63]石玎.居家养老概念辨析、热点议题与研究趋势[J].社会保障研究,2018,60(5):57-64.

[64]史蒂文森.社区照顾——概念和理论[C]//夏学銮.社区照顾的理论、政策与实践.北京:北京大学出版社,1996:19.

[65]宋金文.日本护理保险改革及动向分析[J].日本学刊,2010(4):107-120,159.

[66]苏畅.天津市城市居家养老模式研究[D].天津:天津大学,2007.

[67]田北海,王彩云.城乡老年人社会养老服务需求特征及其影响因素——基于对家庭养老替代机制的分析[J].中国农村观察,2014(4):2-17.

[68]田青.老人社区照料服务[D].上海:华东师范大学,2010.

[69]田香兰.日本地域福利体制研究[J].社会工作,2010(8):34-36.

[70]田香兰.日本社区综合护理体系研究[J].社会保障研究,2016(6):71-75.

[71]田香兰.日本医疗护理供给制度改革与医疗护理一体化[J].日本问

题研究,2017,31(4):61-68.

[72]田香兰.日本医疗护理制度改革与社区综合护理体系建设[J].南开日本研究,2016(00):173-182.

[73]田毅鹏.地域社会学:何以可能?何以可为?——以战后日本城乡"过密—过疏"问题研究为中心[J].社会学研究,2012,27(5):184-203,245.

[74]田原.日本城市社区养老服务的经验与启示[J].当代经济,2010(9):40-41.

[75]同春芬,张健.居家养老概念研究综述[J].中共青岛市委党校青岛行政学院学报,2017(4):67-73.

[76]王洁非,宋超.基于福利多元主义的社区养老供需研究[J].统计与决策,2016(1):99-102.

[77]王琼.城市社区居家养老服务需求及其影响因素——基于全国性的城市老年人口调查数据[J].人口研究,2016,40(1):98-112.

[78]王思斌.社区照顾对中国社会的借鉴意义[J].社会工作研究,1994(3):1-6.

[79]王永梅.教育如何促进老年人使用社会养老服务?——来自北京的证据[J].兰州学刊,2018(11):187-198.

[80]吴丹洁.农村中年居民养老观念对养老方式影响因素研究[J].科学决策,2017(2):44-60.

[81]吴茵,万江.日本老年人福利制度的变迁与养老设施的建设[J].住区,2014(1):141-148.

[82]伍海霞.城市第一代独生子女父母的社会养老服务需求——基于五省调查数据的分析[J].社会科学,2017(5):79-87.

[83]武川正吾,龚剑.日本的福利国家体制[J].社会保障研究,2005(1):95-104.

[84]武川正吾,李莲花,李永晶.福利国家的社会学[M].朱珉译.北京:商务印书馆,2011:11-53.

[85]武川正吾,罗佳.日本地域福利的理论与政策[J].社会福利(理论版),2012(6):17-18.

[86]武玲娟.农村老年人社区养老服务需求及其影响因素分析——基于第四次中国城乡老年人生活状况抽样调查山东省数据[J].山东社会科学，2018(8):97-103,152.

[87]小岛克久，王茜铃.日本经济发展与社会保障:以长期护理制度为中心[J].社会保障评论，2019,3(1):78-90.

[88]谢志平.日本的社区福利模式[J].中国劳动，2013(4):27-29.

[89]熊跃根.转型经济国家中的"第三部门"发展:对中国现实的解释[J].社会学研究,2001(1):89-100.

[90]徐隽倬，韩振燕，梁誉.支付意愿视角下老年人选择社会养老服务影响因素分析[J].华东经济管理,2019,33(8):167-173.

[91]徐倩，陈友华.典型福利体制下社会养老服务国际比较与启示[J].山东社会科学,2019(2):59-64.

[92]杨刚，纪政.日本的共同募捐运动[J].社会福利,2009(2):41-42.

[93]杨刚.日本地域福利的现状及其走向——以东京都调布市"生活支援照看网络"为例[J].经济社会体制比较,2008(4):104-110.

[94]杨燕绥.人口老龄化不是社会老化,是社会进步[C]// 中国养老金融50人论坛.养老金融评论,2019:5.

[95]杨锃.从家庭照顾到社会护理——迈向"最优混合"的日本护理保险制度[J].社会建设,2016,3(4):16-24,52.

[96]野口定久，史迈.日本的地域福祉理念和理论的发展[J].社会政策研究，2018,12(3):113-129.

[97]叶江峰等.整合型医疗服务模式的国际比较及其启示[J].管理评论,2019,31(6):199-212.

[98]易松国，鄢盛明.养老院老人与居家老人健康状况比较分析[J].中国人口科学,2006(3):73-79.

[99]于燕燕.人口结构失衡与日本地域福利政策的发展[J].城市发展研究,2013,20(2):57-61,70.

[100]余杰，Mark W. Rosenberg，程杨.北京市老年人居家养老满意度与机构养老意愿研究[J].地理科学进展,2015,34(12):1577-1585.

[101]俞祖成.日本非营利组织:法制建设与改革动向[J].中国机构改革与管理,2016(7):40-45.

[102]张持晨.基于社区组织理论的空巢老人"SMG"健康管理模式研究(理论篇)[J].中国老年学杂志,2017(20):240-242.

[103]张红凤,罗微.养老服务资源对老年人社会养老服务需求的影响研究[J].中国人口·资源与环境,2019,29(4):168-176.

[104]张继元.社区福利核心概念和发展路径的中日比较[J].社会保障评论,2018,2(3):135-149.

[105]张恺悌.社区服务:家庭养老的延伸和补充[J].老年人,2000(1):8-9.

[106]张乐川.日本 NPO 参与养老服务供给的机制与效果分析[J].现代日本经济,2018(1):84-94.

[107]张娜,苏群.农村老年人居住意愿与社会养老服务体系构建研究[J].南京农业大学学报(社会科学版),2014,14(6):62-69.

[108]张昀.日本长期护理保险制度及其借鉴研究[D].长春:吉林大学,2016.

[109]张忠利,刘春兰.日本福利国家体制及面临的挑战[J].北京理工大学学报(社会科学版),2008,10(1):75-79.

[110]章晓懿,刘帮成.社区居家养老服务质量模型研究——以上海市为例[J].中国人口科学,2011(3):83-92.

[111]赵丽宏.城市居家养老生活照料体系研究[J].学术交流,2007(10):123-125.

[112]赵向红.社区照顾养老福利政策:逻辑分析框架与构建思路[J].社会科学家,2017(5):65-70.

[113]钟慧澜.中国社会养老服务体系建设的理论逻辑与现实因应[J].学术界,2017(6):65-77,322-323.

[114]周驰,翁嘉,章宝丹.日本医养结合养老模式及其对我国的启示[J].医学与哲学(A),2018,39(12):37-40.

[115]周加艳,沈勤.日本长期护理保险 2005—2017 年改革述评与启示

[J].社会保障研究,2017(4):101-112.

[116]周娟.日本社会福利事业民营化变革及其对我国的启示——以日本老年看护服务民营化为例[J].湖北社会科学,2008(4):66-68.

[117]朱秋莲,谭睿.日本护理保险制度的发展趋势、问题及启示——基于保险支出状况的分析[J].老龄科学研究,2015,3(2):72-79.

[118]朱晓卓.居家养老服务中政府责任的思考[J].老龄科学研究,2016,4(10):16-24.

[119]ードする医療と介護 Next(第1巻4号)[M].大阪府:メディカ株式会社,2015:29-32.

[120]愛知県市政府名古屋医疗.名古屋医療圏保険医療計画[A].2014.

[121]白澤政和.ケアマネジメントの本質:生活支援のありかたと実践方法[M].东京都:中央法规出版株式会社,2018:200-232.

[122]村上正泰.病院の再編・統合と地域づくり:山形県における取り組み[C].辻哲夫,田城孝雄,内田要.まちづくりとしての地域包括ケアシステム持続可能な地域共生社会をめざして.东京都:東京大学出版会,2017:79-92.

[123]大桥謙策.地域福祉論[M].东京都:財団法人放送大学教育振興会,1995:50-55.

[124]大石佳能子.いつまでも自分らしく過ごせるまちづくり:横浜市青葉区の地域包括ケアシステム事例と考察[C]//辻哲夫監修,田城孝雄,内田要編.まちづくりとしての地域包括ケアシステム持続可能な地域共生社会をめざして.东京都:東京大学出版会,2017:43-59.

[125]地域包括ケア.地域総括ケア研究会報告書－今後の検討のための論点整理－[R].地域包括ケア研究会,2008:6-28.

[126]丰岛泰子.地域総括ケアシステムの実現[C]//宮崎徳子,豊島康子,立石広昭.地域包括ケアシステムのすすめ－これからの保険・医療・福祉.京都市:株式会社ミネルヴァ書房,2016:6-23.

[127]服部万里子.最新図解でわかる介護保険の仕組み[M].7版.东京都:日本実業出版社,2018:25-30.

［128］釜石市市政府.釜石市統計書（平成 29 年版）［A］.2017.

［129］岡本秀明.高齢者の社会活動とそれに対するフェルト・ニーズ（felt needs）：実証的研究の提案［J］.生活科学研究誌,2005(4)：281-295.

［130］岡村重夫.地域福祉論［M］.新装版.东京都：光生館株式会社,2016：11-57.

［131］高橋純一.高齢者の買い物を配達便とスーパーと社協が代行岩手県西和賀町社会福祉協議会［J］.地域包括ケア時代の互助の築き方増刊,2017(18)：64-72.

［132］高野龍昭.これならわかる＜スッキリ図解＞介護保険［M］.2 版.东京都：翔泳社株式会社,2015：44-45.

［133］宮島俊彦.地域包括ケアシステムの推進について［J］.Public Health,2012,61(2)：73-74.

［134］广田熏.改正高年齢雇用安定法の解説と企業実務［M］.东京都：日本法令株式会社,2012：174-180.

［135］鶴ヶ島社会福祉協議会.オール市民発で普段着の支援から地域包括ケアまで［J］.地域包括ケアをリ

［136］横藤田誠.地域医療を支える法制度［C］//宮崎徳子監修者,豊島康子,立石広昭.地域包括ケアシステムのすすめ－これからの保険・医療・福祉.京都市：株式会社ミネルヴぁ書房,2016：45-86.

［137］吉田友彦.地域に根差した新たな住宅政策の展開住宅と空き家の未来と近居［C］//田城孝雄,内田要.まちづくりとしての地域包括ケアシステム持続可能な地域共生社会をめざして.东京都：東京大学出版会,2017：177-193.

［138］金子光一.社会福祉のあゆみ［M］.东京都：有斐閣株式会社,2014：203-244.

［139］京極高宣.現代福祉学の構図［M］东京都：中央法規出版,1990：25-30.

［140］井倉一致.医療と地域包括ケアシステム［C］//宮崎徳子監修者,豊島康子,立石広昭.地域包括ケアシステムのすすめ－これからの保険・医

療・福祉,京都市:株式会社ミネルヴぁ書房,2016:40-44.

　　[141]老人保健増進等事業.地域におけるワンストップ相談支援体制確立に向けた課題.高齢者と障碍者へのワンストップ相談支援体制の確立のためのケアマネジメントのあり方に関する調査研究報告書[R].2013(3):35-43.

　　[142]冷水豊.老いと社会－制度・臨床への老年学的アプローチ[M].東京都:有斐閣株式会社,2002:20-38.

　　[143]鈴木五郎.地域福祉の展開と方法[M].東京都:史創社,1981:29-30.

　　[144]門美由紀.地域福祉の理論と方法[M].3版.東京都:弘文堂株式会社,2017:101-102.

　　[145]MIDGLEY J.社会開発の福祉学[M].萩原康生,译.東京都:旬報社株式会社,2003:26-30.

　　[146]MURRY G R.(コミュニティ・オーガニゼーション理論・原則と実際－)[M].修订増加版.岡村重夫,译.東京都:全国社会福祉协会,1968:42-46.

　　[147]平野隆之,小木曽早苗,朴俞美,奥田佑子.高知県との地域福祉共同研究プロジェクトの展開と成果アクションリサーチのプロセス分析から[J].日本福祉大学社会福祉論集第137号,2017(9):85-99.

　　[148]前田大作.実践と方法をめぐって地域福祉と社会福祉方法論[C]//岩田正美,野口定久,平野隆之.リーディング日本の社会福祉.東京都:日本図書センター,2011:238-300.

　　[149]日本財務省.社会保障について[A].2018.

　　[150]日本福祉大学アジア福祉社会開発研究センター.地域共生の開発福祉－制度アプローチを超えて[M].京都府:ミネルヴァ書房,2018:53-70.

　　[151]日本国立社会保障・人口問題研究所.平成26年社会保障統計年報[R].社会保障研究資料,2014(14):335-342.

　　[152]日本厚生労働省.老健局高齢者支援課認知症・虐待防止対策推進室.認知症施策の現状[A].2014.

[153]日本厚生労働省.平成22年、26年、29年、令和元年厚生労働白書－厚生労働省改革元年－[A].2010,2014,2015,2017,2019.

[154]日本厚生労働省.終末医療に関する意識調査等検討会報告書[R].終末期医療に関する意識調査等検討会,2014.

[155]日本厚生労働省老健局高齢者支援課.高齢者住まいの施策について－地域包括ケアシステムの構築－[A].2015.

[156]日本厚生労働省医政局総務課,地域医療計画課,医事課,看護課.医療介護総合確保推進法(医療部分)の概要について[A].2014.

[157]日本厚生労動省地域ケア会議運営に係る実務者研修企画委員会.地域ケア会議の運営について[A].2013.

[158]日本厚生統計協会.保険と年金の動向2013/2014[A].2013.

[159]込山爱郎.日本护理保险制度的现状与课题[C]//张季风,少子老龄化社会中国日本共同应对的路径与未来.北京:社会科学文献出版社,2019:100-121.

[160]三菱UFJリサーチ&コンサルディング.地域包括支援センターの業務実態に関する調査研究事業報告書[R].老人保健健康増進等事業,2019:31-34.

[161]三菱UFJリサーチ&コンサルディング.生活困窮者の就労支援に関するモデル事業報告書[J].セーフティネット支援対策等事業補助金社会福祉推進事業,2013:15-31.

[162]三浦文夫.社会福祉政策の今後の課題[J].月刊福祉全社協第60巻,1977(10):40.

[163]森詩恵.高齢者の生活支援サービスからみた介護保険改正とその変遷～介護保険制度導入時から2014年介護保険改正まで[J].大阪経大論集,2016,67(7):29-46.

[164]森雅志.路面電車によるコンパクトシティ富山市の高齢化対策[C]//田城孝雄,内田要.まちづくりとしての地域包括ケアシステム持続可能な地域共生社会をめざして.東京都:東京大学出版会,2017:25-42.

[165]山口道弘.無縁介護－単身高齢社会の老い・孤立・貧困[M].2

版.东京都:現代書館株式会社,2013:17-23.

[166]山崎丈夫.地域住民組織とNPOが協働したコミュニティづくり[J].コミュニティ政策,2003(1):79-92.

[167]上野谷加代子,原田正樹.地域福祉の学びをデザインする[M].东京都:有斐閣株式会社,2016:172-175.

[168]社会福祉士養成講座編集委員会.高齢者に対する支援と介護保険制度[M].4版.东京都:中央法規出版株式会社,2015:130-136.

[169]水尻弘明.農福連携で障碍者の自立と地域の活性化をどりーむ・わーくす北海道余市町[J].地域包括ケア時代の互助の築き方増刊,2017(18):56-63.

[170]水野博達.介護保険と階層化・格差化する高齢者[M].东京都:明石書店株式会社,2015:17-36.

[171]水野正延.精神看護の変化[C]//宮崎徳子,豊島康子,立石広昭.地域包括ケアシステムのすすめ－これからの保険・医療・福祉.京都市:株式会社ミネルヴぁ書房,2016:143-148.

[172]小松美砂.老人看護の変化[C]//宮崎徳子,豊島康子,立石広昭.地域包括ケアシステムのすすめ－これからの保険・医療・福祉.京都市:株式会社ミネルヴぁ書房,2016:162-165.

[173]岩本淳子.がん患者の看護と在宅の看取り[C]//宮崎徳子,豊島康子,立石広昭.地域包括ケアシステムのすすめ－これからの保険・医療・福祉.京都市:株式会社ミネルヴぁ書房,2016:127-134.

[174]野村総合研究所.な市町村支援ツールの作成に関する調査研究事業[J].老人保健健康増進等事業,2015:155-165.

[175]野村総合研究所.地域総括ケアシステムにおける在宅医療・介護連携推進事業のあり方に関する調査研究事業[J].老人保健健康増進等事業,2019:6-8.

[176]野田沙池子.地域連携の確立が経営にも好影響――スタッフの思いが連携システムを強化していく[J].Nursing Business,2009(6):568-571.

[177]一番ケ瀬康子等.护理福利学探究[M].北京:中国社会出版社,

2009:158-169.

[178]永田干夫.地域福祉组织论[M].东京都:全国社会福祉協議会,1981:101-139.

[179]右田纪久惠.自治型地域福祉の展開[M].京都府:法律文化社株式会社,1993:4-45.

[180]早川和男,岡本祥浩.居住福祉の論理[M].東京市:東京大学出版会,1995:171-189.

[181]中村剛・樋口裕也.中山間の小さな拠点:高知県の集落活動センター[C]//辻哲夫,田城孝雄,内田要.まちづくりとしての地域包括ケアシステム持続可能な地域共生社会をめざして.东京都:東京大学出版会,2017:61-76.

[182]中央法规出版编集部.社会福祉用語辞典学[M].7版.东京:中央法规出版社,2007:366-367.

[183]中野いく子.ソーシャルサービス・ニードと現行サービス[C]//直井道子,中野いく子,和気純子.高齢者福祉の世界.补订版.东京都:有斐閣株式会社,2014:132-148.

[184]仲村優一,一番ケ瀬康子,右田紀久惠.エンサイクロペディア社会福祉学[M].东京:中央法规出版社,2007:25-30.

[185] BERGEN A. Case management incommunity care: concepts, practices and implications for nursing[J]. J Adv Nurs,1992(17):1106-1113.

[186]BRADSHAW J G. The taxonomy of social need[C]//McLachlan. Problemsand progress in medical care, seventh series. Oxford: Oxford University Press,1972:15-62.

[187]CAPITMAN J A. Community-based long-term care models, target groups, and impacts on service use [J]. The gerontologist, 1986 (26): 389-397.

[188] CHAPPEII N L, DLITT B H, HOLLANDCR M J, et al. Comparative costs of home care and residential care[J]. Gerontologist,1996 (44):389-400.

[189]FINIAYSON G. Citizen. State and Social Welfare in Britain 1830—1990 [M]. Oxford:Clarendon Press,1994:96-104.

[190] FROLAND, C. Formal and informal care: Discontinuities in a continuum[J]. The social service review,1980(54):572-587.

[191]GORDON M. Community care for the elderly: Is it reaily better? [J]. Can med assocj,1993(148):393-396.

[192]GREEN J H. Long-term home care research[J]. NLN Publ. ,1983(11):125-143.

[193]GRIGGS E. Producing welfare: amodern agenda[M]//Miller C. Basingstoke, Palgrave. London:British Journal of Social Work,2004.

[194]HOLLANDER M J,CHAPPELL N L. A comparative analysis of costs to government for home care and long-term residential care services, standardized for client care needs [J]. Canadian journal on aging-revue canadienne du vieillissement,2007(26):149-161.

[195]JACOBSEN S J,JACOBSE D J,JACOBSON J L,et al. Prediction of prostate volume in community dwelling men[J]. Urology,2007(70):332.

[196]JISKA C M,ALEKSANDRA, P G. Loneliness in older persons:A theoretical model and empiricalfindings[J]. International psychogenatrics,2008(19):279-294.

[197] JOHNSON N. Mixed economies of welfare [M]. Hemel Hempstead: Prentice Hall, 1999:22-25.

[198]KEMPER P,APPLCBAUM R, HARRIGAN M. Community care demonstrations: What have we learned? [J]. Health care financ rev,1987(8):87-100.

[199]POWELL M. Understanding the mixed economy of welfare[M]. Bristol: The Policy Press,2007:67-92.

[200] ROSE R, SHIRATORI R. Introduction [M]//ROSE R&SHIRATORI R. The welfare state east and west. Oxford: Oxford University Press, 2007:100-121.

[201]SHARFSTCIN S S, NAFZIGCR J C. Community care: costs and benefits for a chronic patient[J]. Psychiatric services,1976(27):170-173.

[202]SKELLIE F A,MOBLEY G M,COAN R E. Cost-effectiveness of community-based long-term care: current findings of Georgia's alternative health services project[J]. American journal of public health, 1976 (72): 353-358.

[203]SPICKER P. Principles of Social Welfare[M]. London: Routledge, 1988:20-45.

[204]TENNSTEDT S L,CRAWFORD S L,MCKINLAY J B. Is family care on the decline? A longitudinal investigation of the substitution of formal long-term care services for informal care[R]. The Milbank Quarterly,U. K., 1993.

[205]WALKER A. Community care and the elderly in Great Britain: theory and practice[J]. Int J Health Serv. ,1981(11):541-557.

[206]WISTOW Q,HARDY B. Joint management in community care[J]. Journal of management in medicine,1991(5):40-48.

[207]WORRALL G,KNIGHT J. Short report: Care for people aged 75 and older. Independence, community care, and institutional care [J]. Canadian family physician,2003(49):623-625.

后　记

本书最后一句落笔时,内心百感交集。

当初选择这个题目,曾经犹豫许久。一则这个选题不那么"时尚",二则相关资料搜集比较困难。

冥思苦想之中,眼前总浮现我在日本留学期间的一些场景。那时,我在当地市民会馆打工教汉语。学生多半是当地的老年人,他们每次来都会带一些自家种的蔬菜给我。课堂上大家都积极发言、认真朗读,虽是晚课,却洋溢着别样的活力,让孑然一身的我觉得生趣盎然。其中一位"学生",65岁退休之后考上了社会福祉士,他告诉我退休后依旧要发挥余热,选择去养老院做护工护理老年人。每当我打趣问他"那您就不需要护理了吗",他总兴奋地告诉我自己还很年轻,在养老院90多岁的高龄人群里自己是个健康的"青壮年"。他那种"莫道桑榆晚,为霞尚满天"的精神状态总是震撼着我。

日本有个关于姥舍山的传说,描述在物质极度贫乏的地区要将家中70岁及以上老年人背到山上而孤老至死,很多老人为了不连累子女,主动"破坏"自己,证明自己老了不中用申请提前上山,牺牲自己而成全全家。这个传说在日本很流行,警示年轻人要敬老、孝老。当然这只是传说中的故事,在现实中是"家有一老如有一宝"。如今日本国民4个人中就有1位老年人,他们总自豪地说"我们国家都是宝"。

不论是现实还是传说,日本养老事业都给我留下了深刻印象。

硕士毕业回国之后,我开始了博士求学之路。记得从回国之初,我年迈的姥姥就从未外出活动。姥姥每天借助辅助推车在屋子中走来走去,再后来只能坐着或躺着,她已经属于半失能的状态了。今年过年,姥姥拉着我的手嘘寒问暖,虽然她身体状态并不理想,但精神还不错。但是,就在一个月前,母亲告诉我姥姥已经糊涂了，不认识她了，我半信半疑地和姥姥视频，听到姥姥问我"你是谁"那一刻，我多么想立刻放下手头工作飞奔到她面前去唤醒她的记忆，痴呆症发病之快让我们措手不及，而作为他们的家属最为痛心。

就实际情况而言，我国老龄化发展速度并不亚于日本，进一步完善养老服务体系势在必行。在我的家乡，老龄化率已经接近20%，老年事业发展成为必须开展的课题。在我的周围，老年人正在积极主动地适应着老龄化的到来：邻居一位65岁的阿姨孜孜不倦地照顾一位80岁患有阿尔茨海默病的年迈老人；楼下一位70岁的老教师还依旧勤勤恳恳地工作在第一线，坚持拿粉笔为学生认真演算；健身房里叔叔和阿姨们换上专业的运动服活跃在舞蹈教室器械旁边。这些情景都深深地让我感觉到，我们国家的老年人并不老，他们的朝气、他们的时尚、他们的可爱、他们的敬业依旧散发着一种光芒，引导着我们年轻人去前进、去奋斗！这些充满正能量的精神应该成为全社会的宝贵财富。世界是属于我们的，更是属于这些值得尊重的老年人的。感恩他们为我们创造了世界，而我们能做的应该是无限地回馈和报答！

在日本求学期间，我曾去当地养老机构实习，深切感受到他们对老年人无微不至的服务精神。每天早上6点进行早餐喂食、8点进行例会报告，每个房间确认、做记录，层出不穷的每日活动等都让我深深体会到护理关怀和服务的重要性。跟导师去老龄化和人口流失严重的德岛县做调查，我惊奇地发现当地老年人采集树叶，做成商品，销售到东京高级的日料餐厅，做日料的点缀，这种灵活的手工产业带活了当地经济，也丰富了当地老年人的生活。为此，我认为有必要将日本与养老相关的服务、理念、特色等带回来，为中国的居家老年服务工作尽自己的一份绵薄之力，当然，也是对自己留学五年如梦如影、酸甜苦辣、苦中作乐的岁月画上圆满的句号。

时光荏苒，距离开启留学之路那一年一晃已过11年，为祖国效力的意愿也愈发强烈。这即是想研究这一领域的动力。

在这里，我要感谢我的导师赵建国教授。记得读博期间，有幸去听赵老师的《中国传统文化与生涯规划》讲座。恩师第一章讲的就是中国孝道文化，恩师对"人之行，莫大于孝""老吾老，以及人之老；幼吾幼，以及人之幼"等知识点的讲授使我颇受感动和启发，继而课后认真思考，为写作埋下种子。在确定选题和写作期间,承蒙恩师的悉心指导,我找到了研究思路和研究方法,"经师易得,人师难求",感恩今生遇此良师,只能更加勤奋刻苦,秉承恩师的学术风范,不负恩师的期望。

我还要感谢我的父母。感谢他们的开明、感谢他们给我遮风挡雨、感谢他们的无微不至、感谢他们的爱,让我多了一份"任性"、可以继续做个追梦的人。而我却永不知如何更好地报答,唯有积极生活、坚强勇敢、拼搏努力、永不言败,让他们多一份安心、多一份静心、多一份舒心,更多一份开心。我从小到大都生长在一个充满爱的环境中,我将把这份爱传递给更需要关爱的老年人,在养老问题研究探索的道路上愈加执着和坚定。因此,我的学术之路才刚刚开始。

邵思齐

2020 年 6 月